Staats- und sozialwissenschaftliche Forschungen

herausgegeben

von

Gustav Schmoller und **Max Sering.**

Heft 181.

H. Ludewig, Geldmarkt und Hypothekenbank-Obligationen.

München und Leipzig,
Verlag von Duncker & Humblot.
1915.

Geldmarkt und Hypothekenbank-Obligationen.

Von

Hans Ludewig.

München und Leipzig,
Verlag von Duncker & Humblot.
1915.

Altenburg
Piererscke Hofbuchdruckerei
Stephan Geibel & Co.

Vorwort.

11 413,32 Millionen Mark, fast $11^1/_2$ Milliarden, betrug Ende 1912 der Betrag der von den deutschen Hypothekenbanken ausgegebenen Obligationen. Gewaltige Summen des deutschen Nationalvermögens werden durch die Hypothekenbanken mit ihrer weit ausgebreiteten Organisation angesammelt und dem Boden- und Kommunalkredit, größtenteils jedoch dem ersteren, nutzbar gemacht.

So spielen die Hypothekenbanken auf dem Geld- und Kapitalmarkte eine große Rolle, denn durch ihre vermittelnde Tätigkeit im Kreditverkehr erfüllen sie eine doppelte Funktion: als Geldgeber ermöglichen sie dem Realkredit Suchenden die Befriedigung seines Geldbedarfs zu Bedingungen, die im allgemeinen für den Schuldner erheblich günstiger, besonders in bezug auf langjährige Unkündbarkeit sind, als sie der Privatkapitalist zu geben vermag.

In ihrer Funktion als Geldnehmer dagegen bieten die Hypothekenbanken durch ihre Pfandbriefe und Kommunalobligationen dem Sparkapital eine günstige und sichere Anlagemöglichkeit. Vermittelst einer ausgedehnten Organisation für den Absatz ihrer Emissionspapiere, durch besondere Vorteile, die sie den Banken für den Vertrieb ihrer Pfandbriefe gewähren, durch eine zweckmäßige Stückelung ihrer Obligationen u. a. m. haben sie auch den kleinen Sparer für den Erwerb von Hypothekenbank-Obligationen zu interessieren und auf diese Weise den Strom des Sparkapitals aus den kleinsten Quellen an die Zentralstellen des Geldverkehrs zu lenken vermocht.

Die Hypothekenbanken sind so gewichtige Faktoren auf dem Kapitalmarkt geworden, aber auch auf dem Markte für kurzfristigen Kredit, für Diskonten und „Tägliches Geld" ist ihre Bedeutung nicht zu unterschätzen, da sie häufig in der Lage sind, größere Barmittel, die ihnen durch lebhaften Verkauf von Pfandbriefen oder durch Rückzahlung von Hypotheken zugeflossen sind, auf kürzere Zeit zinstragend anzulegen, bevor dieselben ihrem eigentlichen Zweck, dem Realkredit, zugeführt werden. In den Berichten über den Geldmarkt im Handelsteil größerer Zeitungen liest man sehr oft, besonders an den Quartalsschlüssen, Hinweise auf den Einfluß der Hypothekenbanken auf den Markt für kurzfristigen Kredit.

Auf der anderen Seite sind die Hypothekenbanken wiederum in erheblichem Maße abhängig vom Geld- und Kapitalmarkt, da sie auf den Verkauf ihrer Obligationen angewiesen sind, um sich die Mittel für ihre Beleihungstätigkeit zu verschaffen.

Naturgemäß wird aber der Absatz von Obligationen von der jeweiligen Lage des Kapitalmarktes stark beeinflußt. Ist ein starkes Angebot von Anlage suchendem Kapital vorhanden, können die Banken große Summen zu günstigen Kursen absetzen. Im gegenteiligen Falle stockt der Absatz vielleicht ganz oder läßt sich nur unter Bewilligung eines niedrigeren Preises bewerkstelligen.

Ebenso wie für die Hypothekenbanken als Pfandbriefschuldnerin ist für den Besitzer desselben, den Pfandbriefgläubiger, die Lage des Geld- und Kapitalmarktes, und die dadurch ausgeübte Beeinflussung der Pfandbriefkurse von Bedeutung, denn es kann dem Kapitalisten nicht gleichgültig sein, einmal, welchen Kurs er für Hypothekenbank-Obligationen anlegen muß, dann auch, ob sein Besitz an diesen Papieren eventuell starken Kursverlusten ausgesetzt ist.

Endlich ist auch für den Kredit suchenden Grundbesitz der Kursstand der Pfandbriefe von hervorragender Wichtigkeit. Denn bei hohem und stabilem Kurse sind die Hypothekenbanken in der Lage, der Nachfrage nach Leihkapital in größerem Umfange und besonders auch billiger zu genügen. Können die Banken ihre Obligationen nur unter Pari absetzen, so fällt der entstehende Disagio-Verlust auf den Hypothekenschuldner zurück, der hohe Zinsen und Abschlußprovision bezahlen und so den Ausfall tragen muß.

So ist ein stabiler Kurs der Hypothekenbank-Obligationen nicht nur für den Kapitalisten, sondern für die ganze Volkswirtschaft von erheblicher Bedeutung.

Der Zweck der vorliegenden Arbeit ist nun, die Zusammenhänge zwischen dem Verlauf der abwechselnden Goldanspannung und -entspannung und den Kursen der Hypothekenbank-Obligationen festzustellen und einen Vergleich mit den gleichzeitigen Kursbewegungen der Staatsanleihen vorzunehmen.

Es soll weiter untersucht werden, welche Faktoren außerdem auf die Kursbewegung der Hypothekenbank-Obligationen nennenswerten Einfluß auszuüben imstande sind; endlich auch, ob und wie durch diese Faktoren und die Lage des Geld- und Kapitalmarktes das ganze Pfandbriefgeschäft der Hypothekenbanken beeinflußt wird.

Als Grundlage für die Untersuchung wurden die Jahre 1905—1909 gewählt, da gerade diese Periode Zeiten ganz verschiedener Konjunktur einschließt.

1905 brachte den Friedensschluß im russisch-japanischen Kriege und eine Zeit normaler Wirtschaftsverhältnisse, welche bis 1906 andauert und Ende dieses Jahres von einer Periode stärkster Geldkrisis unterbrochen wurde, welche ihren Ursprung in Amerika nahm und in deren Folge ein Rückgang der Konjunktur auf vielen Gebieten des produktiven Erwerbslebens eintrat, der bis Herbst 1908 dauerte.

1908 war ein Jahr, welches in seinem ganzen Verlauf an der Börse große Zurückhaltung und sehr geringes Interesse für Dividendenwerte verzeichnete. im letzten Quartal jedoch einen starken Aufschwung für Anleihewerte brachte. Endlich 1909 Rückkehr zu ruhigeren Verhältnissen, Wiederaufschwung der Konjunktur und lebhafterer Börsenverkehr sowohl für Anlage- wie für Dividendenwerte.

Die Betrachtung der Zeit von 1905—1909 gestattet also eine Untersuchung, die fast sämtliche möglichen Verhältnisse der Geld- und Börsenlage zu berücksichtigen gestattet.

Die Grundlage für die vorliegende Arbeit bildeten für die Statistik der Kurszettel der Berliner Börse, für den Text die reichhaltige Berichterstattung über Börse, Geldmarkt usw. im Handelsteil der Frankfurter Zeitung, deren in Frage kommenden Jahrgänge vollständig zur Verfügung standen, sowie die Geschäftsberichte der deutschen Hypothekenbanken und vieler Großbanken.

Ferner wurde an sämtliche Hypothekenbanken ein Fragebogen versandt, der Auskunft erbat über die Organisation des Pfandbriefvertriebes, die Höhe der Absatzbonifikationen, die Regulierung der Pfandbriefkurse seitens der Banken usw.

Das Ergebnis dieser Umfrage war jedoch nicht sehr zufriedenstellend. Von den 35 Banken, an welche der Fragebogen versandt wurde, gaben 9 überhaupt keine Antwort. Von den 26 antwortenden lehnten 6 eine Auskunft vollständig ab, 14 gaben eine unvollständige Antwort, indem sie die Auskunft über einige Punkte — besonders die Höhe der Absatzbonifikationen — „aus geschäftlichen Rücksichten“ verweigerten, und nur 6 Banken beantworteten sämtliche Fragen.

Endlich wurden noch bei verschiedenen Hypothekenbanken, Banken und Bankfirmen, sowie an der Berliner Börse zahlreiche persönliche Erkundigungen eingezogen, die teilweise wertvolle Aufschlüsse über Pfandbriefgeschäft und Börsenhandel in Pfandbriefen ergaben.

Die Einteilung des Stoffes war gegeben.

Nach Aufstellung der Kurstabellen war zunächst eine historische Darstellung des Geldmarktes sowie der Börse für festverzinsliche Papiere zu geben, um dann im zweiten Teil auf Grund der erhaltenen Unterlagen eine kritische Untersuchung anzustellen.

Vorausgeschickt ist eine Darstellung des Handels in

Hypothekenbank-Obligationen, bei der die mannigfachen Unterschiede, die gerade auf diesem Gebiete des Effektenhandels gegenüber anderen — Staatsanleihen, Dividendenwerten u. a. — festzustellen sind, hervorzuheben waren.

Zu den einzelnen Tabellen sei noch folgendes bemerkt:

In Tabelle 1—5 sind die Kurse der Berliner Börse für die wichtigsten deutschen Staatspapiere und die Pfandbriefe der meisten bedeutenderen Hypothekenbanken verzeichnet. Es wurden in Betracht gezogen jeweils die neueste Serie, die am Anfang eines Jahres zur Notiz gelangte, und die betreffende Serie das ganze Jahr hindurch in ihrer Kursentwicklung verfolgt. Durch diese Methode wird die Beeinflussung der Kurse bei Emission einer neuen Serie mit längerer Unkündbarkeit als die zuletzt notierte besonders erkennbar.

Aus den in Tabelle 1—5 aufgezeichneten Kursen wurden die graphischen Darstellungen berechnet. Diejenigen für die einzelnen Jahre zeigen dieselben Stichtage wie die Tabellen; in der Darstellung für die ganze Periode 1905—1909 wurde der Monatsdurchschnitt eingezeichnet.

Inhaltsverzeichnis.

Literaturverzeichnis.

Dannenbaum, Deutsche Hypothekenbanken. Berlin 1911.

Ehrlich, Das Reichshypothekenbankgesetz in seiner wirtschaftlichen Bedeutung. Berlin 1909.

Eßlen, Konjunktur und Geldmarkt. Berlin 1909.

Fränken, Der Staat und die Hypothekenbanken in Preußen. Abh. aus dem staatsw. Seminar zu Münster i. W. Leipzig 1904.

Frankenberg, Die gemischten und reinen Hypothekenbanken in Deutschland. Würzburger Dissertation 1910.

Göppert-Seidel, Hypothekenbankgesetz. 2. Aufl. Berlin 1911.

Hecht-Schulte, Art. „Hypothekenbanken“ und „Landeskreditkassen“ im Handwörterbuch der Staatswissenschaften. 3. Aufl.

Müller-Fürer, Die Hypothekenbanken und die Sicherheit der Hypothekenpfandbriefe. Berlin 1902.

Schulte, Die deutschen Bodenkredit-Institute 1900—1909. Leipzig 1911.

Zeitschriften.

Frankfurter Zeitung und Handelsblatt. Jahrg. 1905—1910.
Der deutsche Ökonomist. Jahrg. 1900—1910.
Die Bank, Monatshefte für Finanz- und Börsenwesen.
Das Bankarchiv.
Geschäftsberichte fast sämtlicher deutscher Hypothekenbanken.
Geschäftsberichte vieler Großbanken.
Einzelne Artikel in Tageszeitungen.
Zirkulare usw. von Hypotheken- und anderen Banken.

Einleitung.

Der Börsenhandel in Hypothekenbank-Obligationen.

Der Handel in Hypothekenbank-Obligationen an der Börse unterscheidet sich wesentlich von dem Verkehr in den übrigen Wertpapiergattungen. Bei diesen treffen Angebot und Nachfrage an der Börse zusammen, soweit nicht bereits in den Kontoren der Banken Kompensationen vorgenommen werden, was infolge der in den letzten 10 Jahren rapide fortgeschrittenen Konzentrationen im Bankgewerbe in immer größerem Umfang stattfindet. Mit anderen Worten:

Will jemand ein Kapital in einem bestimmten Wertpapier anlegen, so gelangt sein Kaufauftrag durch Vermittlung seines Bankiers — oder, falls er selbst Börsenmitglied ist, direkt — an die Börse und wird hier bei vorhandenem Angebot ausgeführt. Umgekehrt kann der Kapitalist sich seines Besitzes von Wertpapieren an der Börse entledigen, aber nur in dem Falle, daß gleichzeitig ein Anlage-Suchender das betreffende Papier begehrt und den verlangten Preis oder Kurs zu zahlen bereit ist.

Die Kurse sind also je nach dem Umfange von Angebot und Nachfrage täglichen Schwankungen unterworfen und unterliegen keiner weiteren Beeinflussung. Ausnahmen hiervon sind die Fälle, daß nach einer Neuemission das betreffende Konsortium eventuell eine Zeitlang „interveniert", um den Kurs nicht unter den Subskriptionspreis sinken zu lassen, bis die betreffende Emission fest „klassiert", d. h. in dauernden Besitz übergegangen ist, oder daß bei außergewöhnlichen Vorkommnissen ein Bankhaus, welches dem das betreffende Wertpapier ausstellenden Institut nahesteht, den Kurs reguliert. Auch hier wird es sich meistens um „Aufnehmen" von an die Börse kommenden Angebot handeln, um allzu große Kursstürze zu vermeiden.

Im Gegensatz hierzu ist der Börsenkurs der Hypothekenbank-Obligationen — wir haben hier speziell den Kurs der jeweiligen neuesten Serien im Auge — nicht das Ergebnis des freien Spieles von Angebot und Nachfrage. Vielmehr sind die an der Börse abgeschlossenen Geschäfte zum allergrößten Teil Verkaufsaufträge von Kapitalisten, während als ständige Käufer für ihre eigenen Pfandbriefe die Hypothekenbanken selbst auftreten.

Ihre Ursache hat diese außergewöhnliche Tatsache hauptsächlich in der Vertriebsorganisation der Hypothekenbanken für ihre Pfandbriefe. Bei allen übrigen Wertpapieren wird meist der Weg der öffentlichen Subskription beschritten, der in kurzer Zeit zum Ziele führt und einen vollständigen Absatz einer Emission im Publikum ermöglicht, und nach deren Beendigung der Markt des betreffenden Papieres meist — abgesehen von den oben erwähnten Ausnahmefällen — sich selbst überlassen bleibt.

Daneben ist in den letzten Jahren der Modus mehr in Aufnahme gekommen, daß Banken Anleihen fest übernehmen — meist handelt es sich um nicht besonders große Summen —, um sie dann an ihre Klienten „freihändig" zu verkaufen. Hierzu ist eine große, feste Kundschaft erforderlich, wie sie sich die Banken in der Ära der Konzentrationen immer mehr herangezogen haben.

Anders bei den Hypothekenbanken. Von diesen wird das als Unterlage zur Pfandbriefausgabe dienende Hypothekenmaterial sukzessive erworben, und ebenso erfolgt der Verkauf der Pfandbriefe nach und nach im Laufe des Geschäftsjahres. Nur wenige Institute bedienen sich der öffentlichen Zeichnung. Die meisten bewirken für eine auszugebende Serie Pfandbriefe — im allgemeinen 20 - 40 Mill. Mk. — eine Zulassung zum Börsenhandel und zur offiziellen Notierung, und setzen ihre Pfandbriefe dann freihändig durch Vermittlung meist eines festen Stammes von Bankfirmen an das Anlage suchende Publikum ab. Als Anreiz für eine lebhafte Verkaufsvermittlung vergüten sie den Bankfirmen sogenannte Bonifikationen, über welche später noch zu sprechen sein wird.

Die Hypothekenbanken geben ihre Obligationen nun nicht zu einem festen Preise ab, vielmehr bildet die Grundlage für diese Verkäufe stets der Börsenkurs des betreffenden oder des vorhergehenden Tages.

Es liegt auf der Hand, daß bei diesem Verkaufsmodus in den Geschäftsbetrieb der Hypothekenbanken ein unsicherer und unregelmäßiger Faktor hineingetragen würde, wenn der Börsenkurs der Obligationen häufigen und größeren Schwankungen unterworfen wäre. Angenommen z. B. den Fall, daß durch ein verhältnismäßig kleines Angebot an einem sich selbst überlassenen Markte der Kurs erheblich, vielleicht ½ oder 1 % gedrückt würde, und auf Grund dieses Tageskurses dann größere Summen Pfandbriefe von der betreffenden Hypothekenbank seitens verschiedener Bankfirmen auf Grund einer vorliegenden, laufenden Offerte akzeptiert würden. Es entständen dann der Bank möglicherweise bedeutende Ausfälle, die vermieden wären, wenn die Bank durch Aufnahme des angebotenen Materials den Rückgang des Kurses verhindert hätte.

Um nun derartigen Schwankungen der Pfandbriefkurse entgegenzuwirken, sind die Hypothekenbanken an der Börse stets Käufer ihrer eigenen Obligationen. An den Börsenplätzen, an welchen sich Niederlassungen von Hypothekenbanken befinden, sind diese Mitglieder der Börse, anderenfalls werden ihre Interessen durch eine befreundete Bankfirma wahrgenommen.

Den Erfolg dieser Tätigkeit der Hypothekenbanken zeigt ein Blick auf die angefügten Kurstabellen, aus denen zu ersehen ist, daß tatsächlich eine große Stabilität der Pfandbriefkurse erreicht wird. Viele Pfandbriefe haben oft monatelang einen unveränderten Kurs zu verzeichnen, während Veränderungen, sei es nach oben oder nach unten, nur langsam und schrittweise eingetreten sind.

Neben der Regulierung der Kurse fördern die Hypothekenbanken durch ihre ständige Bereitschaft, ihre Obligationen anzukaufen, auch die Beliebtheit, und damit die Nachfrage, ihrer Pfandbriefe, denn ein Kapitalist wird sich gern einem Papier zuwenden, von dem er genau weiß, jederzeit einen Käufer finden zu können, falls er zur Veräußerung gezwungen sein sollte. Ebenso ist beim Publikum ein Papier beliebter, dessen Kurs nur geringen Schwankungen unterliegt, während plötzliche stärkere Kursbewegungen manche Käufer abschrecken.

Man wird vielleicht nach diesen Ausführungen den Einwand machen können, daß der Börsenkurs der Hypothekenbank-Obligationen diesen Namen gar nicht verdiene, vielmehr eine rein willkürliche Festsetzung des Verkaufspreises ihrer Pfandbriefe seitens der einzelnen Hypothekenbanken sei.

Dieses ist jedoch nicht der Fall. Vielmehr haben die Hypothekenbanken in ihrer Kurspolitik verschiedene Faktoren zu berücksichtigen, von denen der wichtigste die Aufrechterhaltung der Konkurrenzfähigkeit ihrer Obligationen gegenüber anderen Anlagepapieren ist. Dieser Punkt ist besonders zu Zeiten steigenden Geldwertes und steigender Zinssätze von Bedeutung.

Kommt aus diesen oder anderen Gründen starkes Angebot in Anlagepapieren, die einen freien Markt haben, an die Börse, und schlagen die Kurse dieser Papiere eine sinkende Richtung ein, so wird es den Hypothekenbanken auch nicht möglich sein, die Kurse ihrer Obligationen auf bisheriger Höhe zu halten. Wollten die Hypothekenbanken dies auch versuchen, so würde die große Spannung zwischen den Kursen der Hypothekenbank-Obligationen und den gesunkenen

Kursen anderer gleichwertigen Papiere zu Tauschoperationen reizen, und dadurch solches Angebot hervorrufen werden, daß die Banken sehr bald an der Grenze ihrer Aufnahmefähigkeit angelangt und schon durch die Aufzehrung ihrer flüssigen Mittel gezwungen wären, sich dem Sinken der Kurse nicht weiter zu widersetzen. Ebenso würden bei Realisationen von Wertpapieren zwecks Geldbeschaffung besonders Hypothekenbank-Obligationen verkauft werden, die ja den besten Erlös erzielen würden. Endlich würde der Pfandbriefverkauf vollständig stocken, da Anlage-Suchende sich den niedriger im Kurse stehenden gleichwertigen Papieren zuwenden würden.

Gerade ein flotter Absatz von Pfandbriefen ist aber für die Hypothekenbanken notwendig, da sonst ihre Leistungsfähigkeit als Darlehnsgeber erheblich leiden oder gar ganz zu Ende gehen würde, was eine vollständige Stockung ihrer Geschäftstätigkeit bedeuten würde.

Diese kurzen Hinweise mögen genügen, um darzulegen, daß es den Banken unmöglich ist, gegen den Strom zu schwimmen und bei sinkender Tendenz der Anlagepapiere den Kurs ihrer Obligationen vor Rückgängen vollständig zu bewahren. Daß sie bei steigender Tendenz die Kurse erhöhen werden, ist ganz natürlich; allerdings kann auch dieses nicht willkürlich getan werden, sondern immer nur bis zu einer Höhe, die den Obligationenabsatz nicht gefährdet und die Nachfrage nicht abschreckt [1].

Im folgenden soll nun zunächst untersucht werden, wie sich die Kurse der Hypothekenbank-Obligationen im Verhältnis zum Geldmarkt und zur Bewegung der Kurse der deutschen Staatsanleihen gestaltet haben.

---

[1] Vgl. auch Dannenbaum, Deutsche Hypothekenbanken. Berlin 1911, S. 80 ff. — Ehrlich, Das Reichshypothekenbankgesetz in seiner wirtschaftlichen Bedeutung. Berlin 1909, S. 144 ff.

Erster Teil.

Geld- und Anleihemarkt in den Jahren 1905—1909.

Erstes Kapitel.

Das Jahr 1905.

A. Allgemeine Übersicht.

Das Jahr 1905 war für das gesamte deutsche Wirtschaftsleben ein überaus günstiges. Der allgemeine Ausstand der Bergarbeiter im Ruhrrevier zu Anfang des Jahres hatte keine allzu großen Schädigungen zurückgelassen, der Russisch-Japanische Krieg dauerte zwar noch während der größeren Hälfte des Jahres an, allein er bildete für den allgemeinen Aufschwung kein Hindernis. Im Gegenteil hatte er der deutschen Industrie wertvolle Aufträge eingebracht und die Schiffahrtsgesellschaften erzielten nach dem im August geschlossenen Frieden von Portsmouth durch Rücktransporte russischer Truppen große Einnahmen.

Aber nicht nur in Deutschland war ein allgemeiner Aufschwung in Handel und Industrie zu konstatieren, auch in England, Belgien und den Vereinigten Staaten herrschten ähnliche erfreuliche Zustände, die sich in höheren Ziffern des Außenhandels, der Eisenbahneinnahmen, in lebhafter Tätigkeit der Banken und der Börsen äußerten.

Erleichtert wurde die günstige Gestaltung des Wirtschaftslebens durch den sehr flüssigen Geldmarkt, der in den ersten acht Monaten des Jahres herrschte. Durch die am 11. Oktober 1904 erfolgte Erhöhung des Diskontsatzes auf 5 % war es der Reichsbank gelungen, große Mengen Gold aus dem Auslande heranzuziehen — besonders aus London, wo die Bank von England an ihrem 3 %-Satze festhielt — und damit ihren Status sehr zu kräftigen. So war sie in der Lage, ihren Satz am 10. Januar auf 4 % und am 25. Februar auf 3 % zu ermäßigen. Auch der Privatdiskont sank bereits in den ersten Tagen des Jahres bis auf $2^{3}/_{4}$ % und hielt sich den größten Teil des Jahres beträchtlich unter dem Reichsbanksatze. Sein Durchschnitt im ersten Halbjahr betrug 2,21 %. Eine mittelbare Unterstützung der internationalen Geldflüssigkeit bildete auch die Tatsache, daß die kriegführenden Nationen einen beträchtlichen Teil der durch Begebung großer Anleihen erhaltenen Guthaben im Auslande — Rußland in Paris und Berlin, Japan besonders in London, nach Begebung der 30 Millionen £-Anleihe im Juli, auch in Berlin — stehen ließen, teils um Kriegsbestellungen damit zu bezahlen, teils, besonders Rußland, zur Sicherung der Währung [1].

Einen wie großen Einfluß diese russischen und japanischen Guthaben auf den Geldstand ausgeübt hatten, zeigte sich im Herbst des Jahres, als nach Einstellung der Feindseligkeiten beide Staaten keine Veranlassung mehr hatten, hohe Guthaben im Auslande bereitzuhalten [2].

„Alle jene Faktoren, die bisher als geldentziehend nicht besonders ins Gewicht gefallen waren, traten jetzt mit einem Male hervor: die Bedürfnisse der durch kostspielige Kolonialkämpfe geschwächten Reichskasse; der Geldbedarf einer üppig emporgeschossenen Spekulation, sei es an den Fondsbörsen, sei es an den Produktenmärkten, sei es im Bau- und Terrainwesen; die wachsenden Ansprüche der durch andauernde Leichtigkeit der Zinssätze in ihrer starken Expansion ermunterten Industrie; die Festlegung großer Mittel im Auslandhandel, dessen Regsamkeit durch die in den neuen Handelsverträgen nahenden Erschwerungen forciert wird“ [3].

So nahm, vom August ab in raschem Tempo, der auf über 1100 Mill. Mk. angesammelte Metallbestand der Reichsbank fast unaufhaltsam ab, und diese sah sich gezwungen, den Diskontsatz zuerst am 11. September auf 4 %, dann in rascher Folge am 3. Oktober auf 5 %, am 4. November auf $5^1/_2$ % und am 11. Dezember auf den ungewöhnlichen Satz von 6 % zu erhöhen.

Der Durchschnittssatz der Reichsbank für das ganze Jahr 1905 stellte sich auf 3,81 % gegen 3,32 % im Jahre vorher, der Durchschnitt des Privatdiskontes in Berlin auf 2,84 % gegen 2,19 %.

Im Zusammenhang mit der großen Geldflüssigkeit und der regen Bautätigkeit konnten auch die Hypothekenbanken auf ein befriedigendes Geschäftsjahr zurückblicken.

Der Reingewinn von 37 Banken [4] stieg um 5,57 Mill. Mk., die Durchschnittsdividende von 8,04 auf 8,14 %.

---

[1] Vgl. Eßlen a. a. O. S. 187 ff.
[2] Ebenda S. 189.
[3] Frankfurter Zeitung vom 31. Dez. 1905, II.
[4] Vgl. die Zusammenstellung im II. Morgenblatt der Frankfurter Zeitung vom 23. März 1906.

Das Beleihungsgeschäft der Banken war ein lebhaftes, die Mehrzahl derselben schreibt in ihren Geschäftsberichten, daß gute Hypotheken während des ganzen Jahres in genügender Zahl angeboten waren. Allerdings berichtet z. B. die Deutsche Hypothekenbank in Meiningen, daß die Bank den beanspruchten Zinssatz in vielen Fällen selbst bei weitestem Entgegenkommen nicht zugestehen konnte.

Auch die Frankfurter Hypothekenbank schreibt, daß „unter dem Einfluß allseitiger Konkurrenz gleichzeitig die Schwierigkeit gewachsen sei, gute Hypotheken mit einem, wenn auch nur bescheidenen Zinsüberschuß zu erhalten“. Ebenso berichtet die Preußische Hypotheken-Aktien-Bank, daß die Darlehnssucher unter dem Einfluß der großen Geldflüssigkeit vielfach übertriebene Ansprüche stellten.

Der Zinsfuß für „Institutsgelder“ stellte sich auf 4—4 1/8 bis 4 1/4 % — vgl. Tabelle 10 —, doch ist anzunehmen, daß der 4 %-Satz die Minderheit bildete, 4 1/8—4 1/4 % der großen Mehrzahl der Beleihungen zugrunde lagen.

Von größter Bedeutung war jedoch die Geldflüssigkeit für den Pfandbriefabsatz der Hypothekenbanken.

Der Gesamtumlauf — vgl. Tabelle 7 — der Hypotheken-, Kommunal- und Kleinbahnobligationen betrug am 31. Dezember 1905 8399 Mill. gegen 7875 Mill. Mk. Ende 1904. Die Steigerung beträgt mithin 524 Mill. Mk.

Wie eng der Pfandbriefabsatz mit den Geldmarktverhältnissen zusammenhängt, erhellt aus der Tatsache, daß der weitaus größere Teil der Steigerung auf das erste Halbjahr entfällt, während sich im zweiten Halbjahr die Gesamtsumme des Umlaufes nur um zirka 165 Mill. Mk. erhöhte. Noch deutlicher würde dies zu erkennen sein, wenn die Hypothekenbanken sich allgemein entschließen würden, ihren Status monatlich zu veröffentlichen, statt nur halbjährlich, wie es jetzt das Hypothekenbank-Gesetz vorschreibt. Seit Jahren pflegen dies bereits die Preußische Bodenkredit-Aktienbank und die Preußische Zentral-Bodenkredit A.-G. zu tun, doch lassen sich hieraus keine allgemeinen Folgerungen ziehen, da diese Gesellschaften einen zu geringen Prozentsatz aller Banken bilden. Da außerdem die Preußische Zentral-Bodenkredit A.-G. ihre Papiere nicht sukzessive verkauft, sondern ihre Emissionen im ganzen zur Subskription auflegt, so würden ihre Ausweisziffern nicht mit berücksichtigt werden können.

Wie sich die umlaufenden Hypothekenbank-Obligationen nach dem Zinsfuß zusammensetzen, soll in einem späteren Abschnitt besprochen werden, zunächst wollen wir im folgenden untersuchen, wie sich der Geldmarkt und die Kurse der Pfandbriefe im Laufe des Jahres 1905 gestaltet haben.

B. Geldmarkt und Anleihekurse 1905.

Wie bereits oben erwähnt, setzte schon in den ersten Tagen des Januar an allen Börsenplätzen eine große Geldflüssigkeit ein, die bereits am 10. Januar die Reichsbank veranlaßte, ihren Diskontsatz um 1 % auf 4 % zu ermäßigen. Trotzdem bestand weiter eine ziemlich große Spannung zwischen offizieller Rate und Privatdiskont, welcher auf 2 3/4 — 1/2 — 3/8 % zurückging. Die Reichsbank versuchte mehrfach durch Begebung von Reichsschatzscheinen aus ihrem Bestande im offenen Markte den Privatdiskont zu erhöhen, doch hatte sie nur wenig Erfolg [1]. Auch verschiedene Neuemissionen, so die einer 4 1/2 % russischen Staatsanleihe von 500 Mill. Mk., konnten den Geldüberfluß nicht merklich beeinflussen, ja vermehrten ihn noch, da z. B. die russische Regierung den größten Teil des Erlöses bei den Emissionsbanken beließ, die ihn in Form von „Täglichem Geld" dem Markte wieder zur Verfügung stellten. So sank der Satz für letzteres bereits in der zweiten Januarwoche auf 1 1/4 %!

Die Geldflüssigkeit verfehlte nicht, ihre Wirkung auf den Anlagemarkt auszuüben. Speziell Hypothekenbank-Obligationen begegneten reger Nachfrage [2], die sich allerdings in den Kursen noch nicht stark ausprägte. Heimische Anleihen konnten erst gegen Ende des Monats ihren Kursstand um ein geringes bessern, da am Anfang desselben das Anlage suchende Publikum im Hinblick auf die russische Anleihe, die zu mäßigem Emissionspreise bevorstand, zurückhaltend war. Auch übte die unsichere Lage Rußlands, sowohl im Osten, wo Port-Arthur gleich am Anfange des Jahres fiel, als auch im Innern, einen ungünstigen Eindruck auf Staatspapiere aus, der durch Gerüchte über eine angebliche Spannung in den englisch-deutschen Beziehungen noch verstärkt wurde.

Weiteren Überfluß an Geld brachte der Februar. Schon in den ersten Tagen sank der Privatdiskont auf 2 und 1 7/8 %, und es entstand eine fast unnatürliche Spannung von über 2 % zwischen dem offiziellen Satz der Reichsbank und dem Privatdiskont — eine Spannung, die die Reichsbank auch durch weitere Begebung von Schatzscheinen nicht zu vermindern vermochte, so daß sie ihre Rate am 14. Februar auf 3 1/2 %, und bald darauf, am 25. Februar, auf 3 % ermäßigte und dadurch wieder etwas mehr Fühlung mit dem offenen Markt erhielt. Daß sie mit der Ermäßigung so zurückhaltend war, hatte seinen guten Grund darin, daß der größte Teil des dem offenen Markte zur Verfügung stehenden Geldes aus dem Auslande stammte und daher leicht zurückgezogen werden

---

[1] Frankfurter Zeitung vom 23. Januar 1905, A.
[2] Ebenda vom 8. u. 22. Januar 1905, II.

1905

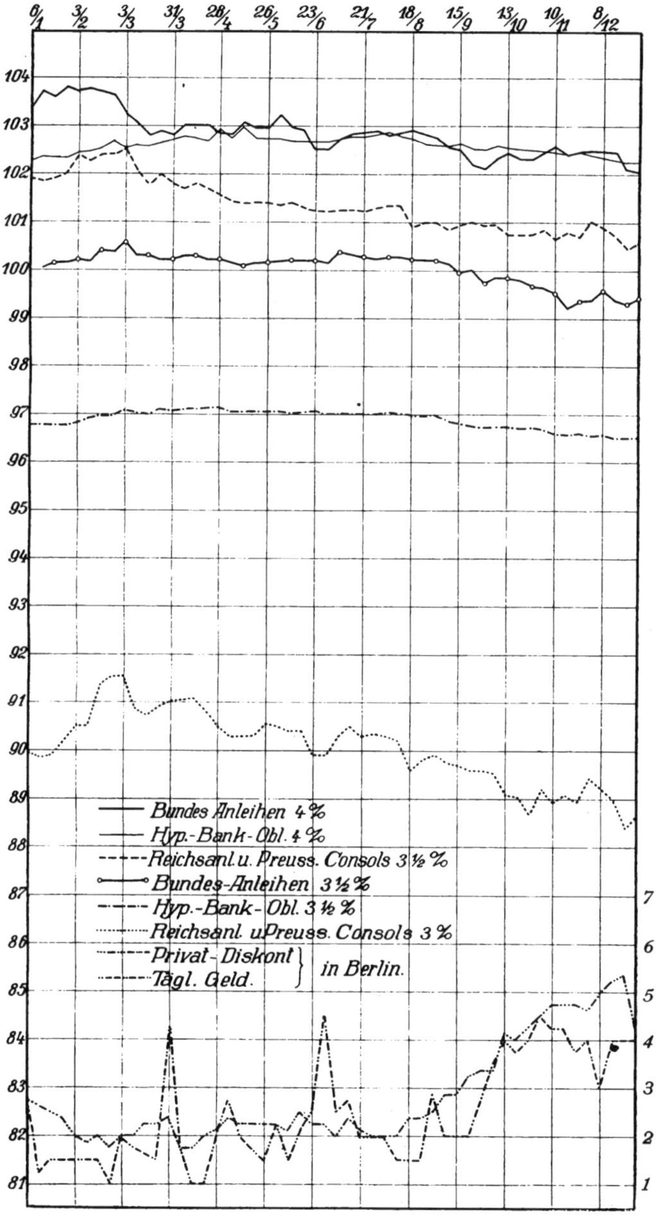
6/1
3/2
3/3
31/3
28/4
26/5
23/6
21/7
18/8
15/9
13/10
10/11
8/12
104
103
102
101
100
99
98
97
96
95
94
93
92
91
90
89
88
87
86
85
84
83
82
81
7
6
5
4
3
2
1
Bundes Anleihen 4 %
Hyp.-Bank-Obl. 4 %
Reichsanl. u. Preuss. Consols 3 ½ %
Bundes-Anleihen 3 ½ %
Hyp.-Bank-Obl. 3 ½ %
Reichsanl. u. Preuss. Consols 3 %
Privat-Diskont
Tägl. Geld.
in Berlin.

konnte[1]. „Auf dem Geldmarkte war das Angebot derartig groß, daß man schließlich zu jedem Satze Geld erhalten konnte. Trotzdem waren die vorhandenen Beträge gar nicht unterzubringen“ und „die Geldplethora fängt an, geradezu eine Kalamität zu werden, weil man nicht mehr weiß, was mit dem angebotenen Gelde anzufangen ist“[2]. Auch die verschiedenen Neuemissionen, Staatsanleihen — so 60 Mill. 3½% bayerische Anleihe —, Stadtanleihen und Industrieobligationen in großer Zahl führten keine Verminderung des Geldangebotes herbei, und wurden vom Publikum stark überzeichnet und rasch aufgenommen.

In den Kursen der fest verzinslichen Papiere kommt der leichte Geldstand jetzt mehr zum Ausdruck. Werfen wir einen Blick auf Tabelle 1, so finden wir die Kurse während des Februar in aufsteigender Linie, die ihren Höhepunkt in den ersten Märztagen erreicht. Am stärksten gewinnen 3% Reichsanleihen und Konsols, die ihren Kurs um 1½% verbessern, auch 3½% Anleihen begegnen reger Nachfrage, und die am 10. Februar zur Zeichnung aufgelegte 60 Mill. Mk. 3½% Bayerische Anleihe erlangte einen vollen Erfolg. Für Reichsanleihen war auch das Ausland als Käufer am Markte, und zwar fiel es besonders auf, daß neben London und Paris auch Italien zum ersten Male, besonders 3%, Reichsanleihen kaufte, das früher nur Schuldner des Auslandes gewesen war[3]. Auch Gerüchte über bald bevorstehende Friedensverhandlungen in Ostasien, die besonders in London auftraten, verfehlten nicht, ihren günstigen Eindruck auf den Markt zu machen.

Bei Hypothekenobligationen drückte sich die anhaltend vorhandene Nachfrage jetzt auch im Kurse etwas mehr aus, indem verschiedene Kategorien — so Preußische Bodenkredit- und Zentral-Bodenkredit-Pfandbriefe u. a. — wenn auch geringe Kursbesserungen erzielen konnten.

Im März ist der Rückgang deutscher Staatsanleihen auffällig, der besonders 3% Reichsanleihen und Konsols trifft und diese in kurzer Zeit fast ein volles Prozent im Kurse sinken läßt. Hierfür lassen sich verschiedene Gründe anführen: Einmal die Ungewißheit über den Geldbedarf des Reiches, zu dessen Befriedigung man eine größere Anleihe erwartet, was zu Abgaben der Spekulation führte, dann auch Verkäufe aus dem Invalidenfonds in großen Beträgen, von denen ein Teil an der Börse realisiert wurde[4]. Gegen Ende des Monats

[1] Frankfurter Zeitung vom 12. Februar 1905, II.
[2] Ebenda vom 5. u. 26. Februar 1905, II.
[3] Ebenda vom 16. u. 18. Februar 1905, A.
[4] Ebenda vom 19. März 1905, II. — Eine andere Ursache hat allerdings der scharfe Rückgang der 4prozentigen Bayr. Staatsanleihe von 103 auf 101,25. „Die Verkäufe, die in diesem Papier gemacht wurden, gingen wahrscheinlich von der Erwägung aus, daß die Kündbarkeit

waren auch Staatsanleihen wieder fester, da einmal der regelmäßige Anlagebedarf zum Quartalswechsel eintrat, andererseits auch die Wahrscheinlichkeit wuchs, daß das Reich und Preußen bei der bevorstehenden Anleiheemission wieder zum 3 1/2 %-Typ zurückgreifen werde, um den 3 % Anleihen eine längere Schonzeit zu geben, in der das noch schwimmende Material besser klassiert werden könnte. Durch diese Erwägung wurden besonders 3 % Werte günstig beeinflußt.

Am Geldmarkt machte sich vorübergehend eine kleine Versteifung bemerkbar, die Mitte März regelmäßig einzutreten pflegt, hauptsächlich im Zusammenhang mit der Ansammlung größerer Beträge bei den Banken zum Zwecke der Dividendenausschüttung. Sie äußerte sich durch geringes Anziehen des Privatdiskontes, während „Tägliches Geld" weiter in großen Mengen zur Verfügung stand.

Hypothekenpfandbriefe konnten ihren Kursstand noch verbessern, so Deutsche Hypothekenbank-, Preußische Boden- und Zentral-Bodenkredit-Pfandbriefe. Eine Ausnahme machen nur Meininger 3 1/2 % Pfandbriefe die von 99 auf 98 % zurückgehen. Die Erklärung hierfür finden wir im Geschäftsbericht der Bank für 1905, wo diese schreibt, daß der Umlauf 3 1/2 % Pfandbriefe, Emission X, gesteigert werden konnte, nachdem sich die Bank entschlossen hatte, den Kurs auf 98 % zu ermäßigen. Der Rückgang hat sich also nicht an der Börse gebildet, sondern ist von der Bank absichtlich herbeigeführt worden, ein treffendes Beispiel für das in der Einleitung Gesagte.

Nachdem zum Quartalswechsel die Geldsätze etwas angezogen hatten, wie dies ja auch gar nicht anders zu erwarten war, gingen sie in den ersten Tagen des April wieder schnell zurück, und der Geldüberfluß wurde bald wieder so groß, wie vor dem Quartalschluß.

Auf Reichsanleihen und Konsols übte die definitive Ankündigung, daß sich das Reich entschlossen hatte. zum 3 1/2 %-Typ zurückzukehren, einen günstigen Einfluß aus, zumal bei der Zeichnungseinladung denjenigen Kapitalisten, die sich einer Sperrverpflichtung unterzogen, Vergünstigungen eingeräumt wurden. Man erwartete, daß hierdurch den „Konzertzeichnern" wirksam entgegengetreten würde, und die Stücke der neuen Emission nicht so bald an den Markt kommen würden. Infolgedessen entwickelte sich lebhaftes Geschäft zu leicht anziehenden Kursen, das nach Bekanntwerden des günstigen Erfolges der Subskription — allein auf Sperrstücke wurde der aufgelegte Betrag von 300 Mill. Mk. fast doppelt gezeichnet, auf freie Stücke ca. 4000 Mill. Mk. — sich noch verstärkte.

der Anleihe nur noch bis zum 1. Mai 1906 ausgeschlossen ist, d. h. die bayrische Regierung von diesem Tage an die ganze Anleihe kündigen und konvertieren kann." Frankfurter Zeitung v. 18. Mai 1905, A.

Allerdings erfüllten sich die Erwartungen bezüglich Fernhalten von Konzertzeichnern nicht[1], denn in der zweiten Hälfte des Monats kamen größere Beträge aus der neuen Emission herrührender Stücke an den Markt, die nur zu weichenden Kursen aufgenommen wurden. Dazu kam noch, daß sich die Börse mehr mit Politik beschäftigte und einem alarmierenden Artikel des „Matin" über die Marokkofrage viel Beachtung schenkte. Die französische Verstimmung fand auch darin ihren Ausdruck, daß für französische Rechnung in Berlin größere Beträge 3 % Reichsanleihe in ostentativer Weise zum Verkauf gebracht wurden, und französische Banken ihre Guthaben in Berlin zurückzogen[2]. Dieser letztere Umstand in Verbindung mit der am 26. April fälligen Einzahlung auf die neue Reichsanleihe bewirkte dann auch eine merkliche Versteifung der Zinssätze am offenen Markt.

Auf Hypothekenbank-Obligationen übten die geschilderten Vorgänge gar keinen Einfluß aus, und die Kurse sind im April fast durchweg unverändert.

Die beiden folgenden Monate Mai und Juni standen unter dem Zeichen ausgesprochener Zurückhaltung und Geschäftsstille an den Börsen, nicht nur in Berlin, sondern auch in London und Paris. Den Grund hierfür bildeten einmal unerquickliche Vorgänge in New York, wo an der Börse ein scharfer Rückschlag eingetreten war, und einige Banken ihre Zahlungen einstellten; dann vor allem die auswärtige Politik, auf welche sich die Aufmerksamkeit der Börse im hohen Maße richtete. Die Marokkofrage mit ihren Verstimmungen zwischen Deutschland und Frankreich, die Anfang Juni zum Rücktritt des Ministers Delcassé führte, beeinflußte die Kurse der heimischen Anleihen zeitweise ungünstig, zumal auch Frankreich wieder große Posten, besonders 3 %, Reichsanleihen auf den Markt warf[3], die dieser nur nach und nach verdauen konnte. Ferner wirkte die vollständige Vernichtung der russischen Flotte bei Tsuschima geradezu verblüffend auf die Berliner Börse, doch wurden andererseits gerade hierdurch die Hoffnungen auf baldigen Frieden in Ostasien wieder verstärkt[4].

So sehen wir auf dem Markte der Staatsfonds Schwankungen, die sich jedoch in ganz geringen Grenzen halten und erst gegen Ende Juni zu einem etwas stärkeren Rückgang, vornehmlich der 3 % Anleihen führen.

Der Anlagebedarf war zu dieser Zeit überhaupt sehr gering[5], und auch das Geschäft in Hypothekenbank-Obligationen

---

[1] Frankfurter Zeitung vom 23. April 1905, I und 29. April 1905, A.
[2] Ebenda vom 29. April 1905, A.
[3] Ebenda vom 7. Mai und 2. Juli 1905, II.
[4] Ebenda vom 4. Mai 1905, II.
[5] Ebenda vom 14. Mai, 21. Mai, 25. Juni 1905, II.

mäßig; die Kurse derselben waren im allgemeinen unverändert, gegen Ende des Semesters zeigen 3 1/2 % Bayerische Hypotheken- und Wechselbank, Deutsche Hypothekenbank, 3 1/2 und 4 % Preußische Bodenkredit-Pfandbriefe geringe Kursrückgänge, während andere Obligationen, so 3 1/2 % Hamburger Hypothekenbank- und 3 1/2 und 4 % Zentralboden-Pfandbriefe ihren Kurs sogar noch etwas erhöhen konnten.

Auch die fast andauernd herrschende Geldflüssigkeit war nicht imstande, den Anlagemarkt nachhaltig zu beleben. Zwar hatten sich die Zinssätze in den ersten Maitagen etwas versteift, was den Grund darin hatte, daß durch die Ende April stattgefundene Vollzahlung der neuen Reichsanleihe, so wie die am 15. Mai fällige Einzahlung auf russische Schatzwechsel dem Markte große Beträge entzogen waren [1]. Allein da die russischen Gelder in Deutschland verblieben [2], auch Belgien und Frankreich große Guthaben in Berlin hielten [3], stand Geld wieder in großen Mengen zur Verfügung, so daß sich der Privatdiskont andauernd auf 2 1/4 % hielt, sogar teilweise darunter ging (9. Juni 1905), und „Tägliches Geld" bis auf 1 1/2 % sank. Ultimogeld war zu dem niedrigen Satz von 2 3/4—2 5/8 % in solchen Mengen angeboten, daß nur ein Teil Unterkommen fand [4]. Die Versteifung des Privatdiskontes Mitte Juni war die zu dieser Zeit im Hinblick auf den Semesterschluß stets eintretende und ohne lange Dauer.

Dem Geldmarkt schenkte die Börse im folgenden Monat Juli größere Beachtung, da sie annahm, daß die Geldflüssigkeit nicht mehr von langer Dauer sein werde [5]. Die Reichsbank war zum Semesterwechsel sehr stark in Anspruch genommen, Frankreich hatte infolge Anziehens des Privatdiskontes in Paris seine Guthaben in Berlin sehr reduziert, und Japan appellierte an den internationalen Geldmarkt mit einer neuen Anleihe von 30 Mill. £, von denen 10 Mill. £ in Deutschland zur Zeichnung aufgelegt wurden und zur Festlegung flüssigen Geldes beitrugen [6].

So zogen die Geldsätze, die sich nach dem Ultimo wieder ermäßigt hatten, gegen Mitte des Monats leicht an, der Privatdiskont stieg von 2 auf 2 3/8 %, „Tägliches Geld" auf 2 3/4 %. Gegen Ende des Monats war Geld wieder stärker angeboten, Privatdiskont und „Tägliches Geld" zu 2 % erhältlich, auch für die Ultimoliquidation standen zu 3 – 2 7/8—3/4 % genügende Summen zur Verfügung.

Auf den Anleihemarkt wirkten in der ersten Hälfte des Monats verschiedene Momente günstig ein: Stärkerer Anlage-

---

[1] Frankfurter Zeitung vom 7. Mai 1905, II.
[2] Ebenda vom 20. Mai, A., 2. Juli II.
[3] Ebenda vom 4. Juni, II.
[4] Ebenda vom 4. Juni, II.
[5] Ebenda vom 12. Juli, A.
[6] Ebenda vom 9. Juli 1905, I.

bedarf im Zusammenhang mit der Halbjahrswende; die Mitteilung, daß sich das Reichsanleihekonsortium nach Ausverkauf seiner Bestände aufgelöst habe; sowie Deckungen von Blankoengagements[1], besonders in 3 % Reichsanleihe, die in Hinblick auf die günstigere politische Lage — Verschwinden der Marokkofrage aus der Diskussion, sowie die Ernennung des Grafen Witte zum russischen Friedensdelegierten, und damit stärkere Friedensaussichten — ausgeführt wurden.

So bemerken wir am 14. Juli etwas höhere Kurse für 3 % Reichsanleihen und Konsols, auch Hamburger und 4 % Badische Anleihen sind gebessert. Zu Ende des Monats bröckeln jedoch die Kurse im Zusammenhang mit den geringeren Umsätzen[2] wieder leicht ab. Hypothekenbank-Obligationen haben ihren Kurs teilweise erhöht, so 4 % Frankfurter-, Zentralboden- und Rheinische Hypothekenbank-Pfandbriefe.

Im August ist ein stärkerer Rückgang der Reichsanleihen und Konsols auffällig, der die Börse in hohem Maße verstimmte, da er trotz leichten Geldstandes eintrat. Der Privatdiskont versteifte sich zwar um ein geringes, da die Geldgeber in Hinblick auf die Erwartung größeren Geldbedarfs im Herbste zurückhaltend waren, auch am 16. August auf die neue japanische Anleihe Einzahlungen fällig waren. Jedoch war „Tägliches Geld" im Überfluß vorhanden — der Satz ermäßigte sich auf $1^1/_4$ % — und zur Ultimo-Liquidation standen große Beträge zu $2^7/_8$ % zur Verfügung.

Am Fondsmarkte herrschte in der ersten Hälfte des Monats ausgesprochene Geschäftslosigkeit[3], bis um den Medio herum große Beträge, besonders 3 % Anleihen, sowohl für inländische als auch für Pariser Rechnung zum Verkauf kamen, die zu den bereits erwähnten Kursrückgängen führten, zumal dem Markte von keiner Seite eine Unterstützung zuteil wurde. Als Grund für die Mattigkeit führt die Frankfurter Zeitung das starke Anwachsen des Schatzwechselbestandes bei der Reichsbank an[4], in deren Ausweis vom 15. August der Effektenbestand um 24 Mill. Mk. zugenommen hatte, was besonders bemerkenswert war, da die Bank gegen japanisches Geld Schatzscheine abgegeben hatte[5]. Aus dem sich hier zeigenden großen Geldbedarf des Reiches schloß die Börse auf eine neue, in absehbarer Zeit bevorstehende Anleihe. Ende des Monats trat auf den Friedensschluß von Portsmouth an der Börse eine allgemeine Hausse ein, doch konnten Staats-

[1] Frankfurter Zeitung vom 9. Juli 1905, I.
[2] Ebenda vom 23. Juli 1905, II.
[3] Ebenda vom 6. u. 13. August 1905, II.
[4] Ebenda vom 19. August 1905, A.
[5] Ebenda vom 17. August 1905, A.

anleihen hiervon nur wenig profitieren, da vielfach Tauschoperationen gegen russische Papiere vorgenommen wurden[1].

Hypothekenbank-Obligationen litten unter Geschäftslosigkeit und waren im Zusammenhang mit der Mattigkeit auf dem Fondsmarkte teilweise leicht rückgängig, so Preußische Boden- und Zentralboden-, sowie 4% Frankfurter und Rheinische Hypothekenbank-Pfandbriefe.

Der Monat September brachte einen Wendepunkt auf dem bis dahin so überaus flüssig gewesenen Geldmarkt. Zunächst sah sich die Bank von England am 7. September gezwungen, ihren Satz von 2½%, den sie im Vergleich zu früheren Jahren bis verhältnismäßig lange in den Herbst hinein hatte aufrechterhalten können, auf 3% zu erhöhen.

Maßgebend hierfür war weniger die zeitige Lage des Geldmarktes, als vielmehr die Befürchtung stärkeren Goldabflusses nach dem Auslande[2] — eine Befürchtung, die sich als wahr erwies, denn trotz der Erhöhung dauerten die Goldentnahmen aus der Bank in erheblichem Umfange an, neben denen sich auch rege ausländische Nachfrage auf dem offenen Goldmarkte bemerkbar machte. So entschloß sich die Bank am 28. September ihren Satz weiter auf 4% zu erhöhen[3].

Die Einwirkung dieser englischen Maßnahmen auf den deutschen Geldmarkt konnte nicht ausbleiben.

Nachdem die Reichsbank Ende August stark in Anspruch genommen war, hatten auch Anfang September statt der erwartenden Rückflüsse weitere Inanspruchnahmen stattgefunden, so daß sich die Position der Bank gegenüber dem Vorjahr erheblich ungünstiger gestaltet hatte. Die Gründe hierfür waren starker Geldbedarf teils der Industrie, teils der Börse, deren Engagements nach der kräftigen Aufwärtsbewegung des Sommers stark angeschwollen waren[4]. Um nun die zum Quartalswechsel zu erwartenden Ansprüche möglichst einzuschränken, gleichzeitig wohl auch als Warnungssignal für die Börse[5], nahm die Reichsbank am 11. September eine Diskonterhöhung um ein volles Prozent auf 4% vor. Da diese Erhöhung schon einige Zeit vorher erwartet war, war der Privatdiskont schon vorher auf 2⅞% gestiegen, auf welcher Höhe er sich eine Zeitlang hielt, um im letzten Drittel des Monats weiter auf 3¼—3⅜% anzuziehen. Dagegen war „Tägliches Geld“ im ganzen Monat zu dem niedrigen Satz von 2% reichlich angeboten, da vor der Diskonterhöhung bei der Reichsbank zu dem alten Satz starke Diskontierungen vorgenommen waren, deren Erlös dem Markte zur Verfügung

[1] Frankfurter Zeitung vom 1. September 1905, II.
[2] Ebenda vom 7. September 1905, A.
[3] Ebenda vom 28. September 1905, A.
[4] Ebenda vom 11. September 1905, A.
[5] Ebenda.

stand. Ultimogeld war zu $4^7/_8$—$4^3/_4$ % angeboten, also zu einem gegen den Vormonat um 2 % höheren Satz — es zeigte sich eben das Bestreben, bei der Unsicherheit des Geldmarktes Geld auf nicht zu lange Zeit festzulegen.

Die Rückwirkung dieser Geldverteuerung auf den Markt der festverzinslichen Papiere konnte naturgemäß nicht ausbleiben. Zwar hatten zu Anfang des Monats größere Käufe in Reichsanleihen stattgefunden, die von französischer wie englischer Seite ausgegangen waren [1], allein auch hierdurch konnte der Kurs nicht günstig beeinflußt werden, mit jeder schwachen Börse sanken vielmehr die Kurse der heimischen Anleihen, ohne von günstigeren Stimmungen zu profitieren [2].

So sehen wir Staatsanleihen, besonders 4 %, zu Ende des Monats durchweg auf einem niedrigeren Niveau als zu Beginn, und auch Hypothekenbank-Obligationen konnten sich dem Einfluß teuereren Geldes nicht entziehen und erlitten fast ausnahmslos Kurseinbußen.

Auch im Oktober zeigte der Anlagemarkt durchweg schwache Haltung, die durch die anhaltende Geldknappheit bedingt war — die Reichsbank setzte am 3. Oktober den Diskont auf 5 % hinauf, da andauernd starke Ansprüche an sie gestellt waren, und der Privatdiskont erhöhte sich auf $4\,^1/_8$—$4\,^1/_4$ %, nachdem die Reichsbank, um die Kontrolle des Marktes nicht zu verlieren, Schatzscheine im offenen Markte begeben hatte [3]. — Zwar wirkte zu Beginn des Monats das beim Quartalswechsel stärker hervortretende Anlagebedürfnis einem erheblicheren Sinken der Kurse entgegen [4], jedoch konnte dieser Anlagebedarf dieselben auch nicht zu einer Aufwärtsbewegung veranlassen. Mit dem Anhalten der Geldknappheit wurde das Angebot in Anleihen und Pfandbriefen vielmehr sehr erheblich, da durch den Verkauf dieser Papiere vielfach der Geldbedarf gedeckt wurde [5]. So verlassen denn Staatsanleihen mit teilweise erheblichen Kurseinbußen den Monat — 3 % Anleihen waren fast ein volles Prozent niedriger —, während Hypothekenpfandbriefe sich größtenteils auf den im Vormonat ermäßigten Kursen halten konnten, teilweise aber auch weiter nachgeben mußten, so Preußische Bodenkredit-Pfandbriefe, 4 % Braunschweig - Hannoversche und Meininger Hypothekenbank - Pfandbriefe. Dagegen erholten sich Preußische Zentralbodenkredit-Pfandbriefe, sowohl $3\,^1/_2$ als besonders 4 %, von ihren niedrigen Kursen des September.

---

[1] Frankfurter Zeitung vom 8. September 1905, A.
[2] Ebenda vom 10. September 1905, II.
[3] Ebenda vom 9. Oktober 1905, A.
[4] Ebenda vom 7. Oktober 1905, A.
[5] Ebenda vom 15. und 22. Oktober 1905, II.

Im November zeigte der Geldmarkt verschiedenes Aussehen. Während man zu Anfang des Monats etwas leichteren Geldstand erwartet hatte [1], setzte die Reichsbank am 4. November, völlig unerwartet für die Börse, ihren Diskontsatz weiter von 5 auf 5 ½ % hinauf. Der Grund für diese Maßnahme war in der starken Anspannung zu suchen, die der Ausweis für Ende Oktober gezeigt hatte, sowie in der Steigerung des Londoner Wechselkurses, welche die Gefahr eines Goldabflusses näher rückte. In den ersten Novembertagen suchte die Bankleitung durch Begebung von Schatzscheinen im offenen Markt ihren Status zu erleichtern, konnte aber nur den verhältnismäßig geringen Betrag von 8—10 Mill. Mk. unterbringen und bewirkte trotzdem schon hierdurch eine Steigerung des Privatdiskontes von 4 ⅛ auf 4 ½ % [2].

Gegen Mitte des Monats wurde das Geldangebot etwas größer [3], wenn dies auch in den Sätzen kaum zum Ausdruck kam. Beruhigend wirkte, daß die Bank von England der Reichsbank nicht mit einer Diskonterhöhung folgte, und daß die Geldverhältnisse in New York sich zuletzt wieder günstiger gestalteten, nachdem dort die Zinssätze großen Schwankungen ausgesetzt gewesen waren, und „Tägliches Geld" zeitweise bis 25 % bedungen hatte [4].

Ende des Monats wurde die Nachfrage nach Geld in Berlin wieder stärker. „Tägliches Geld" war verhältnismäßig leichter, da bei der Unsicherheit der weiteren Entwicklung des Geldmarktes vielfach das Bestreben vorhanden war, Geld nicht zu lange festzulegen. Auch benutzte Japan die infolge der revolutionären Vorgänge in Rußland erfolgte Verschiebung der neuen russischen Anleihe, auf welche sich die Haute Finance schon vorbereitet hatte, um seinerseits eine Anleihe von 50 Mill. £ zu emittieren, von denen in Deutschland am 29. November 3,25 Mill. £ zur Subskription kamen.

Auf dem Anleihemarkt folgte auf die Ermattung Ende Oktober im Einklang mit dem etwas leichteren Geldstande zunächst eine Erholung, von der besonders 3 % Anleihen profitieren konnten. Nach einer kleinen Reaktion setzte sich die gute Haltung Mitte des Monats bei teilweise lebhaftem Geschäft fort [5], die sich in den letzten Tagen des Monats zu auffallender Festigkeit gestaltete, deren Hauptursache u. a. Tauschoperationen gegen russische Werte infolge der schon erwähnten Vorgänge in Rußland waren [6].

---

1 Frankfurter Zeitung vom 5. November 1905, II.
2 Ebenda vom 4. November 1905, A.
3 Ebenda vom 19. November 1905, II.
4 Ebenda vom 18. November 1905, A.
5 Ebenda vom 19. November 1905, II.
6 Ebenda vom 1. Dezember 1905, A.

Auch für Hypothekenbank-Obligationen, die während des größten Teils des Monats wenig gehandelt waren, zeigte sich in der letzten Woche mehr Begehr[1]. Allerdings kam dies in den Kursen nur wenig zum Ausdruck, z. B. bei 4 % Preußische Bodenkredit-Pfandbriefe, während mehrfach die Geldknappheit die Kurse ungünstig beeinflußte — so bei 3 ½ % Hamburger, 3 ½ und 4 % Rheinische und 4 % Braunschweigisch-Hannoversche Hypothekenbank-Obligationen.

Nachdem die Ultimoregulierung glatt verlaufen war[2] — wenn auch zu dem teueren Satz von 5 ⅞—5 ¾ % —, zeigte der Geldmarkt im ersten Drittel des Dezember ein merkwürdiges Bild: Während der Diskontsatz auf 4 ⅝—5 % ging, war „Tägliches Geld" zu 3 % reichlich angeboten, da die Seehandlung größere Summen auf kurze Termine zur Verfügung stellte. Die Ansprüche an die Reichsbank wurden jedoch immer größer[3], so daß sich das Institut gezwungen sah, am 11. Dezember zum vierten Male im Jahre eine Diskonterhöhung vorzunehmen und zwar auf 6 %. Diese Maßnahme war eine Folge der starken Inanspruchnahme der Bank, einmal durch Industrie und Handel, die vor dem Inkrafttreten der neuen Handelsverträge am 1. März 1906 große Summen für ihre angespannte Tätigkeit bedurften[4]; dann durch das Reich, was seinen Ausdruck fand im Anwachsen des Schatzscheinbestandes der Reichsbank auf ca. 156 Mill. Mk. Auch der Umstand, daß große Summen durch die Interventionskäufe in russischen Renten festgelegt und dadurch dem offenen Geldmarkt entzogen waren, trug zur Versteifung des letzteren bei[5].

Wie richtig die Maßnahme der Reichsbank war, zeigte sich sehr bald, denn es konnten große Mengen Gold importiert werden, die dem stark zusammengeschmolzenen Metallbestand der Reichsbank wieder auffüllten[6]. Als Folge der Diskonterhöhung zog auch der Privatsatz wieder auf 5 ¼—5 ⅜ % an, doch wurden dem Markte größere Summen aus dem Auslande zur Verfügung gestellt[7] und eine große Sorge genommen, da die am 23. Dezember fällige Einzahlung auf japanische Anleihe weiter in Deutschland belassen wurde[8]. In den letzten Tagen des Monats, nachdem die Ultimoversorgung zu 7—7 ¾ % erledigt war, trat ein größeres Geldangebot, speziell für kurze Termine, hervor, da besonders die Hypothekenbanken und die Seehandlung als Käufer von Diskonten an den Markt kamen.

---

1 Frankfurter Zeitung vom 3. Dezember 1905, II.
2 Ebenda vom 2. Dezember 1905, A.
3 Ebenda vom 10. Dezember 1905, II.
4 Eßlen a. a. O. S. 189.
5 Frankfurter Zeitung vom 11. Dezember 1905, A.
6 Ebenda vom 13., 15., 16., 23., 30. Dezember 1905, A.
7 Ebenda vom 15. Dezember 1905, A.
8 Ebenda vom 13., 21. Dezember 1905, A.

Hierdurch ermäßigte sich der Privatdiskont rapide auf 4 1/4 %, so daß das Jahr mit einer Spannung von 1 3/4 % zwischen Reichsbank- und Privatdiskont schloß, eine Tatsache, die den Markt eine baldige Reduktion des hohen Banksatzes im neuen Jahre erhoffen ließ.

Für heimische Anleihen machte sich in der ersten Hälfte des Monats größere Nachfrage geltend, besonders für russische Rechnung[1], ohne daß dies jedoch in besseren Kursen zum Ausdruck kam. In der zweiten Hälfte trat wieder eine starke Verflauung ein, einmal infolge des teueren Geldes, dann auch infolge französischer, durch politische Erwägungen hervorgerufener Verkäufe[2], so daß Anleihen teilweise den tiefsten Kurs des Jahres erreichten. Erst in den letzten Tagen des Monats setzte auf bessere Aussichten des Geldmarktes, sowie Anlagebegehr zum Jahreswechsel, eine leichte Erholung ein. Hypothekenbank-Obligationen waren ebenfalls größtenteils wenig begehrt; teils verharrten sie auf dem bereits ermäßigten Niveau, teils gaben sie weiter nach.

Zweites Kapitel.

Das Jahr 1906.

A. Allgemeine Übersicht.

Die günstige Konjunktur der deutschen Industrie hielt auch im Jahre 1906 an. „Gleich zu Beginn des Jahres nahmen der Handelsverkehr und die Gütererzeugung eine ungewöhnliche Ausdehnung an, weil zum 1. März das Inkrafttreten der durch die neuen Handelsverträge bedingten Zollerhöhungen bevorstanden. Von den letzteren war allgemein eine starke Beeinträchtigung des Handels und der Produktion erwartet. Diese Wirkung ist jedoch nicht eingetreten. Die gesamte volkswirtschaftliche Lage zeigte sich durch die vorausgehende Entwicklung so gekräftigt, daß die Aufwärtsbewegung keinen Stillstand erfuhr, vielmehr alle Hemmnisse und Widerstände erfolgreich überwunden werden konnten." „Die politischen Sorgen, welche die europäische Diplomatie vor und während der Marokkokonferenz in Algeciras in Atem hielten, vermochten im allgemeinen ebensowenig wie die fortdauernde Unsicherheit der Verhältnisse in Rußland die produktive Erwerbsarbeit einzuschränken[3]."

Die Hochkonjunktur in der Industrie bewirkte, neben außerordentlichen Vorgängen am internationalen Geldmarkte,

[1] Frankfurter Zeitung vom 9. Dezember 1905, A., vom 10., 17. Dezember 1905, II.
[2] Ebenda vom 20. Dezember 1905, A.
[3] Geschäftsbericht der Diskontogesellschaft für 1906.

eine starke Verteuerung des Geldes in Deutschland. War die Reichsbank in das Jahr 1905 mit einer Diskontrate von 5 % eingetreten, die sie bereits am 10. Januar auf 4 % ermäßigen konnte, so sehen wir Anfang 1906 einen Satz von 6 % bestehen. Dieser blieb bis 18. Januar in Geltung, wo eine 1 %-Ermäßigung eintrat. Die in voller Tätigkeit befindliche Industrie stellte nun solche Ansprüche an das Zentralinstitut, daß zum Quartalswechsel die Anspannung alle früheren Ausweise übertraf: Mit der Rekordsumme von 236,18 Mill. Mk. kam die Bank in die Notensteuer, und erst Ende Mai konnte sie ihre Rate um ½ % auf 4½ % ermäßigen.

„Inzwischen aber waren auf dem internationalen Geldmarkte zu den Störungen durch die Handelspolitik, zu den Marokkokonflikten und zu den starken Geldtransaktionen, die mit der im April abgeschlossenen großen Russenanleihe zusammenhingen, noch neue Wolken von Westen her hinzugekommen. Die miserabele Geldverfassung der Vereinigten Staaten, die allen Anforderungen von Wissenschaft und Praxis in gleicher Weise Hohn spricht, macht den New Yorker Geldmarkt gegenüber den Ansprüchen der dortigen Konjunktur vollständig versagen. Exorbitante Zinssätze wurden eine alltägliche Erscheinung; die New Yorker Banken konnten trotz aller ihnen von dem Schatzsekretär geleisteten Hilfe zu wiederholten Malen nicht die gesetzliche Deckung aufrechterhalten [1].“

Die Folge davon war, daß Amerika mit allen Mitteln Gold aus Europa herüberzuziehen suchte, welche Bemühungen sich naturgemäß auf den ersten Goldmarkt der Welt, London, in erster Linie richteten. Die Bank von England konnte zwar ihre infolgedessen Anfang Mai vorgenommene Diskonterhöhung von 3½ auf 4 % am 21. Juni wieder rückgängig machen, allein „von Ende August ab kamen immer größere Posten amerikanischer Finanztratten über das große Wasser, um in London, Paris und Berlin, zu welchem Preise auch immer, Unterkunft zu suchen; traten die Amerikaner mit immer neuen Maßnahmen hervor, um unbeirrt durch die gegen sie gerichteten Wechselkurse, ihren unzureichenden Kassenbeständen durch europäisches Gold aufzuhelfen. Und da alle kleinen Mittel, insbesondere die von der Bank von England geübte Differenzierung der amerikanischen Wechsel, gegen diese Praktiken nichts auszurichten vermochten, so gab das Londoner Institut das Zeichen zur Anziehung der Diskontschraube. Am 13. September erhöhte die Bank von England ihren Satz wiederum von 3½ auf 4 %, worauf am 18. September die

---

[1] Frankfurter Zeitung in ihren „Rückblicken auf das Wirtschaftsjahr 1906“ vom 29. Dezember 1906, II.

deutsche Reichsbank mit der Steigerung ihrer Rate von 4 1/2 auf 5% antwortete. Einen Monat später, am 10. und 11. Oktober, gingen beide Institute um ein volles Prozent in die Höhe, am 19. Oktober erhöhte die Bank von England von neuem ihren Satz um ein ganzes Prozent und kam damit gleichfalls auf den von dem deutschen Zentralinstitut bereits eine Woche vorher eingenommenen Stand von 6%[1]."

Während aber die Bank von England mit dieser Rate bis zum Jahresschluß auskam, und die Bank von Frankreich bei dem von ihr seit Jahren festgehaltenen Satz von 3% bleiben konnte, mußte die Reichsbank am 18. Dezember eine weitere Erhöhung auf 7% eintreten lassen, da ihr Status noch andauernd weit über das vorjährige Maß hinaus angespannt blieb, und infolge des hohen Satzes für Ultimogeld weitere Ansprüche in Aussicht standen. So stellte sich der Durchschnittssatz des Reichsbankdiskonts auf 5,15% gegen 3,82% des Vorjahres, der Privatdiskont in Berlin im Jahresdurchschnitt auf 4,04% gegen 2,84% 1905.

Das Geschäft der Hypothekenbanken hatte naturgemäß unter den gespannten Geldverhältnissen zu leiden, die besonders den Pfandbriefabsatz ungünstig beeinflußten. Die stark beschäftigte Industrie stellte durch Kapitalerhöhungen große Ansprüche an das Anlage suchende Kapital, dem die eine hohe Rente bringenden Dividendenpapiere größeren Anreiz boten, als die niedrig verzinslichen Anleihen. Weiter wurde der Kapitalmarkt durch große Mengen Staats- und Stadtanleihen in Anspruch genommen, die den Absatz der Hypothekenbank-Obligationen verringerten. Der Umlauf von Emissionspapieren der Hypothekenbanken betrug Ende 1906 8762 Mill. Mk., also nur 363 Mill. Mk. mehr, als Ende 1905. Die Zunahme entfällt zum allergrößten Teil auf 4% Papiere, während der Umlauf der 3 1/2% bei den meisten Instituten zurückging. Hatten so in bezug auf den Pfandbriefabsatz die Hypothekenbanken unter den teueren Geldsätzen zu leiden, so bewirkten diese andererseits ein Anziehen der Zinssätze für Hypotheken. Nach dem Geschäftsbericht für 1906 des Vereins Berliner Grundstücks- und Hypothekenmakler stellten sich die Sätze für „Institutsgelder" auf 4 1/8—4 1/2% gegen 4—4 1/4% im Vorjahr. Die Hypothekenbank in Hamburg berichtet, „daß sich der Durchschnittszinsfuß bei den diesjährigen Abschlüssen auf 4 1/3% gegen 4 1/5% im Vorjahr stellt[2]." Hypothekenmaterial war stets reichlich vorhanden, da einmal, wie bereits oben erwähnt, das Kapital reichlich Gelegenheit zu hohe Rente bringender Anlage hatte, ferner der schleppende Pfandbriefabsatz die Hypothekenbanken zur Zurückhaltung im Be-

---

[1] Frankfurter Zeitung a. a. O. vom 29. Dezember 1906, II.
[2] Geschäftsbericht für 1906, S. 5.

leihungsgeschäft zwang, und endlich der Umstand, „daß unter den Versicherungsgesellschaften, die bekanntlich am Hypothekengeschäft wesentlich beteiligt sind, einzelne wegen Erfüllung ihrer Verpflichtungen aus den amerikanischen Katastrophen nur im geringen Maße Hypotheken erwerben konnten und sogar ihre Hypothekenbestände an den Markt bringen mußten[1]."

B. Geldmarkt und Anleihekurse 1906.

Wie bereits oben hervorgehoben, war kurz vor Jahresschluß 1905 der Privatdiskont an der Berliner Börse rapide gesunken, so daß zum Jahreswechsel eine starke Spannung zwischen dem offiziellen Satz der Reichsbank und der Rate des offenen Marktes entstanden war. In den ersten Tagen des neuen Jahres setzte sich der Rückgang des Marktsatzes bis auf 3 7/8 % fort und erst durch Begebung von Schatzscheinen gelang es der Reichsbank, den Satz wieder auf 4 1/4 % zu erhöhen und die Kontrolle des Marktes wieder einigermaßen zu erlangen[2]. Die Tatsache, daß die Schatzscheine vom Markte nicht übermäßig schnell aufgenommen wurden[3], sowie daß der Reichsbankausweis für die erste Januarwoche immer noch eine starke Anspannung zeigte, bewies, daß von einer größeren Geldflüssigkeit noch nicht die Rede sein konnte. Diese Umstände, sowie der hohe Stand der Devisenkurse, die einen Goldabfluß befürchten ließen, bewirkten, daß die Reichsbank erst am 18. Januar ihren Satz um 1 % auf 5 % ermäßigen konnte, während im Vorjahr, wie wir gesehen haben, bereits am 10. Januar eine Diskontermäßigung hatte stattfinden können. Trotzdem war der Reichsbanksatz von 5 % sowohl im Vergleich zu den Sätzen in London und Paris, als auch im Diskontsatz des Vorjahres ein recht hoher — ein Umstand, der teilweise auf die starken Ansprüche der Industrie zurückzuführen war, welche eine angespannte Tätigkeit zeigte, um vor Inkrafttreten der neuen Handelsverträge noch von den alten Zollsätzen möglichst viel zu profitieren. Dies zeigte sich auch darin, daß der Privatdiskont erst gegen Ende des Monats langsam stärker wich, und auch „Tägliches Geld" erst zu dieser Zeit billiger wurde. Ultimogeld hielt sich auf verhältnismäßig niedrigem Satze, was seinen Grund in geringer Nachfrage hatte, da die Engagements infolge der unsicheren politischen Lage — Marokko! — und den unsicheren Aussichten der Industrie infolge der neuen Handelsverträge, sehr gering waren. Den Markt der festverzinslichen Papiere beeinflußten verschiedene

---

[1] Geschäftsbericht der Preußischen Pfandbriefbanken 1906.
[2] Frankfurter Zeitung vom 6. Januar 1906, A.
[3] Ebenda vom 14. Januar 1906, II.

1906

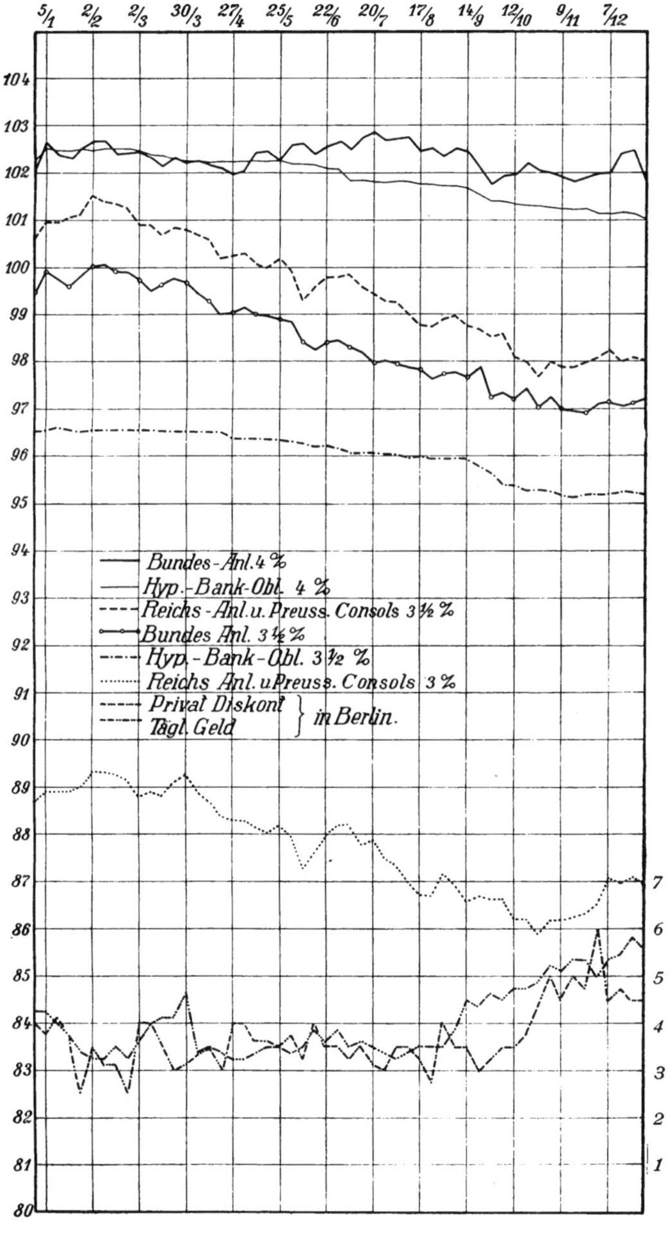
5/1
2/2
2/3
30/3
27/4
25/5
22/6
20/7
17/8
14/9
12/10
9/11
7/12
104
103
102
101
100
99
98
97
96
95
94
93
92
91
90
89
88
87
86
85
84
83
82
81
80
7
6
5
4
3
2
1
Bundes-Anl. 4 %
Hyp.-Bank-Obl. 4 %
Reichs-Anl. u. Preuss. Consols 3½ %
Bundes Anl. 3½ %
Hyp.-Bank-Obl. 3½ %
Reichs Anl. u. Preuss. Consols 3 %
Privat Diskont
Tägl. Geld
in Berlin.

Umstände, die sich teilweise in ihren Wirkungen aufhoben. Lebhafter Anlagebedarf machte sich zu Anfang des Monats bemerkbar, konnte aber in Kursbesserungen keinen Ausdruck finden, da einmal Befürchtungen über etwaige Zwischenfälle auf der Algeciraskonferenz zu Abgaben führten [1], ferner Verkäufe aus dem Reichsinvalidenfonds auf den Markt drückten [2], und auch die Befürchtung geäußert wurde, daß die infolge Aufhebung der Zollkredite für Getreide am 1. März frei werdenden größeren Beträge heimischer Anleihen an den Markt kommen würden [3]. So sind die Kursveränderungen nur geringfügiger Natur, was auch von Hypothekenbank-Obligationen gilt, für die sich zu Anfang des Monats Nachfrage zeigte, die jedoch nicht übermäßig stark war.

Im Februar herrschten eigentümliche Verhältnisse auf dem Geldmarkt, wo besonders die starke Spannung zwischen Reichsbank- und Privatdiskont bemerkenswert war. Auf dem offenen Markte war Geld flüssig, und die Reichsbank war genötigt, größere Summen Schatzscheine zu begeben, um ein weiteres Sinken des Privatdiskonts zu verhindern [4]. Die für Ende des Monats erwartete Diskontermäßigung mußte das Institut vorerst hinausschieben, da die hohen Devisenkurse — besonders die Devise London war stark begehrt infolge hoher Marktrate in London und Kursrückganges der Minen-Shares — einen sofortigen starken Goldabfluß befürchten ließen.

Wie auf die ganze Börse, so wirkte auch besonders auf Anleihen die Ungewißheit über den Ausgang der Algeciras-Konferenz lähmend. Zu Anfang des Monats verursachte zwar die Geldflüssigkeit lebhaftere Nachfrage nach Staatsanleihen, so daß diese um ein geringes im Kurse anziehen konnten. Doch fingen die letzteren bald an, abzubröckeln, da die Geldflüssigkeit zu größeren Neuemissionen, sowohl bayerischer und württembergischer Staatsanleihen, wie verschiedener Stadtanleihen führte, welche dann den Markt beunruhigten, außerdem neue Anleihen des Reiches und Preußens bevorstanden. So standen denn Anleihen zu Ende des Monats durchweg niedriger, selbst die in der neueingebrachten Reichsstempelgesetznovelle vorgesehene Ermäßigung des Umsatzstempels auf Anleihen des Reiches und der Bundesstaaten, resp. Abschaffung desselben auf Schatzanweisungen, machte keinen Eindruck auf den Markt. Hypothekenbank-Obligationen veränderten ihre Kurse nicht, obgleich sich zeitweise lebhaftere Nachfrage geltend machte [5].

---

[1] Frankfurter Zeitung vom 7. Januar 1906, II.
[2] Ebenda vom 14. Januar 1906, II.
[3] Ebenda vom 22. Januar 1906, A., 28. Januar 1906, II.
[4] Ebenda vom 17. Februar 1906, A.
[5] Ebenda vom 11., 18. Februar 1906, II.

Auch im März standen Börse und Geldmarkt unter dem Einfluß der unsicheren politischen Lage infolge der langsamen Fortschritte auf der Algeciras-Konferenz, wodurch bewirkt wurde, daß einmal die ausländischen, besonders französischen, Gelder dem Berliner Markte nicht mehr zur Verfügung standen[1], dann, daß die heimischen Geldgeber zurückhaltend und nicht geneigt waren, Geld auf längere Zeit festzulegen[2]. Dieser letztere Umstand bewirkte, besonders in der zweiten Hälfte des Monats, daß „Tägliches Geld" billiger wurde, dagegen der Privatsatz stieg, wozu auch Ansprüche zum Quartalswechsel beitrugen. Da auch die Anforderungen an die Reichsbank ziemlich hoch blieben, die Devisenkurse auf ihrem hohen Stande verharrten — nur aus Rußland kamen Goldsendungen zur Auffüllung russischer Guthaben[3] — konnte eine Diskontermäßigung der Reichsbank naturgemäß nicht in Frage kommen.

Der teuere Geldstand übte natürlich auch seine Wirkung auf den Anleihemarkt aus, auf welchem zwecks Geldbeschaffung Verkäufe vorgenommen wurden[4]. Auch kamen Anleihen aus den allmählich freiwerdenden Zolldepots an den Markt[5], der diese nicht ohne Rückgänge aufnahm. Erst in den letzten Tagen des Monats machte sich Anlagebedarf bemerkbar, der die Kurse günstiger beeinflußte, doch standen größeren Steigerungen die Aussicht auf die bevorstehenden Neuemissionen des Reiches und Preußens im Wege[6].

Hypothekenbank-Obligationen hatten gleichfalls unter den steifen Geldverhältnissen zu leiden und die Nachfrage war gering, so daß, wo überhaupt Kursveränderungen zu verzeichnen waren, dies Kursrückgänge waren, so bei 3 1/2 % Rheinischer Hypothekenbanken, 3 1/2 und 4 % Preußischen Bodenkredit-, 4 % Deutschen, Hamburgischen Hypothekenbank-, Preußischen Zentralboden- und Preußischen Pfandbriefbank-Pfandbriefen. Der Rückgang um 1/2 % bei 4 % Hamburgischen Hypothekenbank-Pfandbriefen ist darauf zurückzuführen, daß die Bank eine neue Serie mit längerer Unkündbarkeit zur Emission brachte und den Kurs der nunmehr ausverkauften Serie zurückgehen ließ.

Das Hauptereignis des Monat April war die Emission einer russischen Anleihe von dem Riesenbetrage von 2250 Mill. Fr., die in Frankreich, England und Österreich zur Subskription aufgelegt wurde. Deutschland war daran nicht direkt beteiligt, doch war anzunehmen, daß die deutschen Großbanken Konsortialbeteiligungen übernehmen würden, und daß auch

---

1 Frankfurter Zeitung vom 17. März 1906, A.
2 Ebenda vom 24. März 1906, A.
3 Ebenda vom 17., 23. März 1906, A.
4 Ebenda vom 11. März 1906, II.
5 Ebenda vom 10. März 1906, A.
6 Ebenda vom 1. April 1906, II.

das deutsche Kapital zu Anlagezwecken größere Beträge zeichnen würde. Im Hinblick darauf, daß so das bestehende Anlagebedürfnis des deutschen Publikums zum großen Teil befriedigt werden würde — zumal auch eine 4 1/2 % Chilenische Anleihe von ca. 76 Mill. Mk. in Deutschland und England am 10. April zur Emission kam — entschlossen sich die Reichs- und preußische Regierung, die Ausgabe von neuer Reichsanleihe und Preußischer Konsols, die für Ende Mai in Aussicht genommen war, schon Anfang April vorzunehmen. Die Anleihe im Gesamtbetrage von 560 Mill. Mk. wurde am 5. April an das übliche Konsortium begeben und bereits am 11. April zur öffentlichen Zeichnung aufgelegt. Auf die Ankündigung, daß die neue Anleihe wieder 3 1/2 % sein sollte, wichen 3 % Anleihen stärker, aber auch von 3 1/2 % Anleihen kam viel Material an die Börse, die im Umtausch gegen die neue Anleihe verkauft wurden [1]. Der Erfolg der Emissionen war kein glänzender, da die 260 Mill. Mk. Reichsanleihe doppelt, die 300 Mill. Konsols nur 1 1/2 mal gezeichnet wurden, und es kam bald nach der Zuteilung viel Angebot an den Markt, da viele Subskribenten in Erwartung vielfacher Uberzeichnung und entsprechender Reduktion bei der Zuteilung sehr hohe Beträge gezeichnet hatten. Als nun auf Sperrzeichnungen der volle Betrag, auf freie Stücke 50 % zugeteilt wurden, stellte es sich heraus, daß viele Zeichner höhere Summen abzunehmen hatten, als sie übernehmen wollten und konnten. Man suchte das zu viel zugeteilte Material an der Börse wieder abzusetzen, wodurch starke Kursrückgänge entstanden. In der dritten Aprilwoche sank die neue Anleihe sogar unter den Emissionspreis. Auch die Anleihen der Bundesstaaten, 3 1/2 % mehr wie 4 %, hatten infolge der Mattigkeit des Fondsmarktes Rückgänge zu erleiden. Hypothekenbank-Obligationen waren wenig begehrt, konnten ihr Kursniveau jedoch besser behaupten; immerhin traten auch hier Rückgänge bei verschiedenen Gattungen ein.

Die Lage auf dem Geldmarkt blieb während des größten Teils des Monats ziemlich abgespannt, nachdem der Reichsbankausweis per ultimo März eine sehr starke Inanspruchnahme des Instituts gezeigt hatte. Zwar hatte die Bank von England am 5. April ihren Satz um 1/2 % ermäßigen können, und in Deutschland war der Privatdiskont etwas zurückgegangen; an eine Diskontermäßigung konnte aber die Reichsbank angesichts der hohen Devisenkurse nicht denken. Erst gegen Ende des Monats gestaltete sich der Geldmarkt leichter, da die Seehandlung größere Beträge zur Verfügung stellte, so daß die Ultimoabwicklung zu niedrigerem Satze als im Vormonat erledigt werden konnte [2].

---

[1] Frankfurter Zeitung vom 15. April 1906, II.
[2] Ebenda vom 29. April 1906, II.

Der Geldmarkt im Mai stand weiter unter dem Druck hoher Devisenkurse, und zwar hatten diese ihre letzte Ursache in der Zerstörung San Franciscos durch das furchtbare Erdbeben im April, durch welches riesige Werte vernichtet waren. Zur Hilfeleistung für die zerstörte Stadt, zur Unterstützung für die obdachlosen Einwohner, letzten Endes auch für einen baldigen Wiederaufbau derselben, waren gewaltige Summen erforderlich, zu deren Aufbringung Amerika mit allen Mitteln seinen Kredit in Europa nutzbar machte. Dies vollzog sich vielfach in der Form, daß Amerika in Berlin und Paris gegen langfristige Wechselverbindlichkeiten Londoner Zahlungsmittel kaufte, um dann mit den so in London geschaffenen Guthaben Gold zum Export nach Amerika anzukaufen [1]. In London entstand infolgedessen eine so starke Nachfrage nach Gold, daß die Bank von England zum Schutze ihres Bestandes am 4. Mai ihre erst kurz vorher ermäßigte Rate wieder um ½ % auf 4 % erhöhen mußte. Die Befürchtung, daß auch die Reichsbank diesem Schritte folgen müßte, bewahrheitete sich nicht, da trotz der meist über den Goldpunkt gestiegenen Wechselkurse Goldexporte in größerem Umfange nicht stattfanden. Als gegen Ende des Monats die Devisenkurse wieder gesunken waren, konnte das Zentralinstitut vielmehr die sehnlichst erwartete Ermäßigung ihrer Rate um ½ % vornehmen. Der Privatdiskont war im Laufe des Monats infolge von Ansprüchen des Handels und der Industrie, die sich beide eines lebhaften Geschäftsganges erfreuten, von 3 ¼ % auf 3 ½ % gestiegen.

Der Markt der Anleihen behielt seine Schwerfälligkeit. Es kamen größere Beträge zum Verkauf, und stärkere Kursrückgänge wurden nur dadurch vermieden, daß das Konsortium rechtzeitig intervenierte und größere Summen Anleihen, man sprach von 150—200 Mill. Mk., aufnahm [2]. Wenn auch hierdurch der Markt von schwimmenden Material entlastet wurde, so konnten doch weder die Diskontermäßigung, noch die Verhandlungen des Reichstages über die Stempelfreiheit für inländische Staatsanleihen die Kauflust anregen [3].

In den letzten Tagen des Monats fanden sehr große Verkäufe von Versicherungsgesellschaften statt, die sich für ihre aus dem Brande San Franciscos herrührenden Verpflichtungen Mittel verschaffen mußten [4]. Dadurch wurden die Kurse weiter geworfen, so daß 3 ½ % Reichsanleihen und Konsols — zum ersten Male wieder seit 1901! — unter pari sanken.

---

[1] Frankfurter Zeitung vom 5. Mai 1906, A. Eßlen a. a. O. S. 192, 195 ff.

[2] Frankfurter Zeitung vom 19. Mai 1906, A.

[3] Ebenda vom 20., 27. Mai 1906, A.

[4] Ebenda vom 1. Juni 1906, A. Vgl. auch Eßlen a. a. O. S. 195.

Für Hypothekenbank-Obligationen bestand absolut keine Nachfrage [1], doch behaupteten sie ihre Kurse im allgemeinen.

Im Juni herrschte an der Börse große Geschäftsstille. Auf dem Geldmarkt war anfangs für längere Termine eine gewisse Zurückhaltung der Geldgeber zu beobachten [2], da man hohe Sätze für den Semesterwechsel erwartete, dagegen war „Tägliches Geld" reichlicher angeboten. So versteifte sich die Rate für Privatdiskonten von 3 3/8 auf 3 7/8 % gegen Mitte des Monats. Nachdem dann die Lage auf dem internationalen Geldmarkte sich gebessert hatte, so daß die Bank von England ihren Satz am 21. Juni wieder auf 3 1/2 % ermäßigen konnte, und da die Seehandlung die großen, um den 22. fälligen Beträge prolongierte [3], bekam der Geldmarkt ein leichteres Aussehen, und der Marktsatz wich auf 3 5/8 %, um erst zum Schluß des Monats, im Hinblick auf den Ultimo und den Semesterwechsel, wieder leicht anzuziehen. Der Anleihemarkt zeigte in der ersten Juniwoche ein sehr trübes Bild. Es kamen so große Mengen Anleihen an den Markt, daß das Konsortium in Anbetracht der großen, schon aufgenommenen Summen mit seinen Interventionskäufen sehr zurückhaltend wurde, sogar den Gedanken erwog, den Markt ganz sich selbst zu überlassen [4]. Dazu kam, daß der Reichsinvalidenfonds 17 Mill. Mk. deutscher Anleihen an der Börse begab, da die eingeforderten festen Offerten als zu niedrig abgelehnt waren [5]. Diese Umstände bewirkten im ersten Drittel des Monats ein starkes Sinken der Kurse, was auf die gesamte Börse ungünstig einwirkte. Um die Mitte des Monats kam dann eine Wendung, da durch die niedrigeren Kurse neue Käufer angelockt wurden, und die bessere Haltung des Anleihemarktes hielt bis zu Ende des Monats an, da sich zum Semesterwechsel weiterer Anlagebedarf bemerkbar machte, auch die am 1. Juli eintretende Umsatzsteuerfreiheit für Staatsanleihen der Spekulation Anregung bot [6]. Pfandbriefe waren während des ganzen Monats wenig begehrt [7] und konnten sich der allgemeinen Mattigkeit der Anlagewerte nicht entziehen. Sie wiesen zum größten Teil Kursrückgänge gegen den Anfang des Monats auf.

Auch im Monat Juli hielt die Geschäftsstille an der Börse an, abgesehen von einigen aufregenden Tagen, die durch die Vorgänge in Rußland, Auflösung der Duma u. a., hervorgerufen wurden. Am internationalen Geldmarkt blieben die Goldansprüche Amerikas bemerkenswert, die eine weitere Er-

---

[1] Frankfurter Zeitung vom 13., 27. Mai 1906, II.
[2] Ebenda vom 8. Juni 1906, A.
[3] Ebenda vom 24. Juni 1906, II.
[4] Ebenda vom 6. Juni 1906, A.
[5] Ebenda vom 8. Juni 1906, A.
[6] Ebenda vom 24. Juni, 1. Juli 1906, II.
[7] Ebenda vom 24. Juni 1906, II.

mäßigung der englischen Diskontrate für dieses Jahr aussichtslos machten [1]. Am Berliner Geldmarkt erfuhr der Privatdiskont Anfang des Monats eine halbprozentige Ermäßigung, hervorgerufen durch starke Wechselankäufe, besonders seitens der Hypothekenbanken [2]. Daß die Situation am Geldmarkt weiter mit Vorsicht zu beurteilen war, bewies die starke Inanspruchnahme der Reichsbank zum Semesterwechsel, die alle Erwartungen übertraf [3], sowie die Tatsache, daß nach Befriedigung des Wechselbedarfs der Hypothekenbanken eigentlich nur „Tägliches Geld" reichlicher angeboten war — ein Umstand, der wiederum aus der Zurückhaltung der Geldgeber zu erklären war, Geld auf längere Termine festzulegen. Die Ultimo-Liquidation vollzog sich leicht, da die spekulativen Engagements an der Börse nur einen geringen Umfang hatten.

Am Anleihemarkt erwies sich die bereits oben erwähnte Hoffnung, daß die Umsatzsteuerermäßigungen für Staatsanleihen lebhaftere Nachfrage und bessere Kurse hervorrufen würden, als trügerisch [4] und die in dieser Hoffnung eingegangenen Spekulationen wurden realisiert, was im Zusammenhang mit neuen Blankoabgaben ein Abbröckeln der Kurse während des ganzen Monats hervorrief. Besonders schwach waren 3 % Anleihen, die vielfach gegen 3½ % getauscht wurden. Die Nachfrage nach Hypothekenbank-Obligationen war gering [5], und die Kurse zeigten meist Rückgänge für den Monat. Eine starke Konkurrenz erwuchs Staatsanleihen und Pfandbriefen dadurch, daß die Städte mit ihren Anleihen vielfach wieder zum 4 %-Typ übergingen und große Summen davon an den Markt brachten [6].

Auch im August zeigten die Staatsanleihen eine sehr schwache Haltung und geringe Widerstandsfähigkeit, so daß schon geringes Angebot genügte, um die Kurse zum Sinken zu bringen [7]. Da nun in der ersten Hälfte erhebliche Mengen Anleihen von Hypothekenbanken und Versicherungsgesellschaften zur Bereitstellung flüssiger Mittel an die Börse gebracht wurden [8], traten erhebliche Rückgänge, zwischen ½ und 1 %, ein, die besonders 3 und 3½ % Anleihen betrafen. Für Hypothekenbank-Obligationen bestand weiter wenig Nachfrage, und teilweise sanken auch diese weiter im Kurs.

Der Geldmarkt zeigte im August ein wenig verändertes Bild; erst gegen Schluß machte sich größere Flüssigkeit be-

---

[1] Frankfurter Zeitung vom 21. Juli 1906, A.
[2] Ebenda vom 8. Juli 1906, II.
[3] Ebenda vom 7. Juli 1906, A.
[4] Ebenda vom 8. Juli 1906, II.
[5] und [6] Ebenda vom 8., 15. Juli 1906, II.
[7] Ebenda vom 12., 19. August 1906, II.
[8] Ebenda vom 10. August 1906, A.

merkbar, die auch bei den Anleihen eine kleine Erholung der Kurse ermöglichte [1].

Diese Flüssigkeit war jedoch im folgenden Monat September nicht von langer Dauer und zwar waren es die Verhältnisse des New Yorker Marktes, welche auch auf Europa ihre Wirkung ausübten. In New York war infolge der Bedürfnisse für San Francisco, für die Erntebegebung und, last not least, für die an der Börse bestehenden umfangreichen spekulativen Engagements eine lebhafte Nachfrage nach Geld entstanden, die den Satz für Tagesgeld zeitweise bis auf die exorbitante Höhe von 40 % emporschnellen ließ [2]. Deshalb suchte New York wiederum, wie bereits im April infolge des Erdbebens in San Francisco, unter Benutzung jeglichen ihm offenstehenden Kredites Kapital aus Europa heranzuziehen. Es entstanden in Europa infolge dieser Kredittransaktionen sehr große Verpflichtungen an Amerika, zu deren Erfüllung Goldexporte nach dort nötig wurden [3]. Vornehmlich hatte der Londoner Goldmarkt hierunter zu leiden, wo an einem Tage, neben Ankäufen im offenen Markte, der Bank von England über 1 Mill. £ Gold für Amerika entzogen wurden [4]. Auch aus Deutschland fanden Goldexporte, wenn auch nur in geringen Mengen, statt.

Unter diesen Umständen mußte die Bank von England ihre Rate am 13. September um ½ % auf 4 % erhöhen, um die Goldentnahmen etwas zu erschweren, und die Reichsbank folgte am 18. September mit einer gleichfalls ½ % Erhöhung auf 5 % [4]. — Der Privatdiskont war schon zu Anfang des Monats auf 3⅞ % gestiegen, erhöhte sich nach der Londoner Diskonterhöhung weiter bis 4½ %, also auf den vollen Satz der Reichsbank, da in Erwartung der deutschen Diskonterhöhung viel Wechselangebot, besonders aus der Provinz, an den Berliner Markt kam, um die kurze Pause zwischen 4½ und 5 % Reichsbankdiskont auszunutzen [5].

In der dritten Septemberwoche trat eine kleine Ermäßigung ein, da größere Summen französischer und belgischer Gelder dem Markte zur Verfügung standen, und erst gegen Schluß des Monats erfolgte wieder eine geringe, zum Quartalswechsel nicht ungewöhnliche Versteifung auf 4⅝ %. „Tägliches Geld" stand reichlich zur Verfügung, besonders um die Mitte des Monats, da für die beträchtlichen Summen, die aus den vor der Diskonterhöhung bewirkten Diskontierungen stammten, Verwendung zu suchen war.

Der Fondsmarkt hatte naturgemäß unter dem teueren

---

[1] Frankfurter Zeitung vom 1. September 1906, A.
[2] Ebenda vom 16. September 1906, II.
[3] Eßlen a. a. O. S. 122, 192 ff.
[4] Frankfurter Zeitung vom 14. September 1906, I.
[5] Ebenda vom 18. September 1906, A.

Geldstande zu leiden, und die Kurse bröckelten weiter ab, doch betrugen die Rückgänge durchschnittlich nur $^1/_2$ %, während im Vergleich dazu französische Rente und englische Konsols um ca. 1 % sanken [1]. Hypothekenbank-Obligationen hatten infolge der Geldverteuerung ebenfalls stärkere Kurseinbußen zu verzeichnen.

Die ersten Tage des Oktober brachten neue Überraschungen auf dem Geldmarkt. Zwar waren an der Börse die Engagements infolge der unsicheren Verhältnisse stark vermindert, so daß die Ultimo-Liquidation glatt erledigt werden konnte, allein die Industrie zeigte andauernd großen Geldbedarf, zu dem noch die Bedürfnisse der Landwirtschaft infolge der Erntebewegung traten. So waren denn die Ansprüche an die Reichsbank zum Quartalswechsel wieder so groß gewesen, daß die Reichsbank mit dem vorher noch nicht erreichten Betrage von 505 Mill. Mk. in die Notensteuer geraten war. In Anbetracht ihres sehr gespannten Status und des Umstandes, daß ihre Goldbestände sehr zusammengeschmolzen waren, zögerte die Reichsbank nicht mit einer Diskonterhöhung, die am 10. Oktober um ein volles Prozent auf 6 % vorgenommen wurde. Daß dieser Schritt erwartet worden war, zeigte die vorhergehende Steigerung des Privatdiskonts, der am 9. Oktober die volle Höhe des Banksatzes, 5 %, erreicht hatte. Merkwürdigerweise sank er kurz nach der Diskonterhöhung wieder, so daß die Reichsbank, um die Spannung zwischen Bank- und Privatdiskont nicht zu groß werden zu lassen, zur Begebung von Schatzscheinen schritt [2]; doch hielt sich der Privatdiskont bis zum Ende des Monats auf ca. $4^7/_8$ %, da Paris mehrfach als Diskontkäufer im Markte war [3]. Dem Vorbild der Reichsbank folgte die Bank von England mit einer 1 % Diskonterhöhung am 11. Oktober, überraschte aber die Börsen mit einer weiteren Erhöhung um ein volles Prozent auf 6 % am 19. Oktober. In London hatte die amerikanische Nachfrage nach Gold ungeschwächt fortgedauert, außerdem waren Rußland, Ägypten und Japan mit Goldansprüchen im offenen Markte erschienen. Das Ungewöhnliche der neuerlichen Erhöhung war einmal die Höhe des Satzes von 6 % an sich, dann aber auch der Umstand, daß die Bank von England die Erhöhung am Tage nach der Veröffentlichung ihres Wochenausweises beschloß, während sonst Diskontveränderungen stets Donnerstags, dem Tage der Veröffentlichung, stattzufinden pflegen [4].

Der Fondsmarkt lag sehr schwach, was in Anbetracht

---

[1] Frankfurter Zeitung vom 16. September 1906, II.
[2] Ebenda vom 11. Oktober 1906, A.
[3] Ebenda vom 21. Oktober 1906, A.
[4] Ebenda vom 20. Oktober 1906, II.

des teueren Geldstandes nicht verwunderlich ist, und zwar beschränkten sich die zur Flüssigmachung von Geld bewirkten Verkäufe nicht nur auf Staatsanleihen, sondern auch Hypothekenpfandbriefe kamen vielfach zum Verkauf. Unter diesen Umständen sank das Kursniveau weiter und erreichte bei Staatsanleihen teilweise den tiefsten Stand des Jahres. Verstärkt wurde das Angebot durch den Ablauf der Sperrfrist auf die neue Reichsanleihe und Konsols am 15. Oktober[1].

Im November dagegen machte sich mehr Interesse für heimische Anleihen geltend. Die stark gesunkenen Kurse für unsere Standardpapiere lockten mehrfach Käufer heran, so daß sich neben spekulativen Käufen stärkerer Kassenbedarf für Anlagezwecke bemerkbar machte[2]. Auch wirkte die Nachricht von der Verlängerung des Anleihekonsortiums und damit die Aussicht auf weitere Stützung des Marktes günstig[3]. Zu Hilfe kam dem Anlagemarkt der etwas leichtere Geldstand, der von London ausgehend, auch in Berlin eintrat. Die Bank von England konnte ihre Goldvorräte in erheblichem Maße stärken, so daß die gefürchtete weitere Diskonterhöhung unterblieb. Im Zusammenhang damit konnte auch die Reichsbank mit ihrer 6 % Rate auskommen. Der Privatdiskont neigte sogar zur Schwäche, so daß die Bank mehrfach durch Begebung von Schatzwechseln dem entgegenzuwirken suchte[4]. In Hypothekenbank-Obligationen war wenig Geschäft und die Kurse veränderten sich nur minimal. Die Ultimo-Liquidation verlief leicht, und da man sich auf große Ansprüche gerüstet hatte, blieben zuletzt noch erhebliche Summen übrig, die in den ersten Tagen des Dezember größere Geldflüssigkeit bewirkten. Diese verschwand jedoch bald, als größeres Wechselangebot hervortrat, welches in den ersten Tagen des Monats eine Steigerung des Privatdiskonts auf 5¼ % bewirkte. Auch die Lage auf dem internationalen Geldmarkt blieb besorgniserregend, da in London wieder andauernd starke Nachfrage nach Gold herrschte, besonders aber in New York die Leihrate für Tagesgeld zeitweise wieder bis auf 25 % gestiegen war[5]. Die befürchtete Diskonterhöhung in London blieb zwar aus, dagegen sah sich die Reichsbank am 18. Dezember genötigt, ihren Satz auf die außerordentliche Höhe von 7 % festzusetzen, eine Rate, die nur einmal vorher, Ende 1900, bestanden hatte. Der Grund war der überaus angespannte Status des Institutes, dem in der ersten Hälfte des Dezember nur geringe Rückzahlungen zugeflossen waren, an welches dagegen neue große

---

[1] Frankfurter Zeitung vom 21. Oktober 1906, II.
[2] Ebenda vom 11. November 1906, II.
[3] Ebenda vom 1. Dezember 1906, A., 2. Dezember 1906, I und II.
[4] Ebenda vom 3. Nov. 1906, A., 4. Nov. 1906, II.
[5] Ebenda vom 8. Dezember 1906, A.

Ansprüche gestellt waren[1]. „Tägliches Geld" war verhältnismäßig billig, wieder aus dem uns bereits bekannten Grunde, daß aus den vor der Diskonterhöhung eingereichten Wechseln große Summen zur Verfügung standen; dann aber auch, weil die Seehandlung und Preußenkasse große Beträge zur Verfügung stellen konnten[2]. Der Privatdiskont stieg anfangs in Anbetracht der erwarteten Diskonterhöhung, ermäßigte sich aber gegen Ende des Monats, da Hypothekenbanken und Sparkassen als Diskontkäufer auftraten; auch französische Gelder standen dem Markte reichlich zur Verfügung.

Trotz des teueren Geldstandes zeigte sich für heimische Anleihen größeres Interesse, sowohl zu Anlagezwecken wie seitens der Spekulation, besonders zu Anfang des Monats. Hierdurch wurde es dem Anleihekonsortium möglich, größere Beträge aus seinen Beständen abzustoßen[3], was einen günstigen Eindruck auf den Markt ausübte, so daß sich die Kurse erholen konnten. Gegen Mitte des Monats trat zwar infolge Verkäufen zwecks Geldbeschaffung eine geringe Abschwächung ein, doch erholten sich die Kurse nach dem 15., dem Kupontermin, wieder, da größerer Anlagebedarf hervortrat. Zu der guten Haltung der Anleihen trugen auch größere Käufe für französische und englische Rechnung bei[4]. Zu Ende des Monats drückte sich der teuere Geldstand wieder in kleinen Rückgängen aus, die jedoch in engen Grenzen blieben. Jedenfalls waren Anleihen zum Schlusse des Jahres teilweise beträchtlich über ihrem tiefsten Stande. Auch für Hypothekenbank-Obligationen machte sich das größere Interesse für festverzinsliche Papiere bemerkbar, doch konnten sie kaum Kursbesserungen erreichen und großenteils befanden sie sich zum Schlusse auf dem tiefsten Niveau des Jahres.

Drittes Kapitel.

Das Jahr 1907.

A. Allgemeine Übersicht.

Das Jahr 1907 stand im Zeichen einer außerordentlichen Geldteuerung und Kreditanspannung, die nicht nur am heimischen, sondern allgemein am internationalen Geldmarkte herrschte. War die Reichsbank schon mit dem hohen Diskontsatz von 7 % in das neue Jahr eingetreten, so konnten die zu Jahresanfang üblichen Diskontermäßigungen erst zu viel

[1] Frankfurter Zeitung vom 14. Dezember 1906, A.
[2] Ebenda vom 15. Dezember 1906, A.
[3] Ebenda vom 5. und 8. Dezember 1906, A.
[4] Ebenda vom 4. und 21. Dezember 1906, A.

späteren Terminen als in früheren Jahren vorgenommen werden. Am 22. Januar ermäßigte die Bank ihren Satz auf 6 %, aber erst am 24. April konnte sie weiter auf $5^1/_2$ % heruntergehen. Diesen für das Sommerhalbjahr ungewöhnlich hohen Satz mußte die Bank bis in den Herbst beibehalten — alle Hoffnungen auf eine größere Flüssigkeit am Geldmarkt und weitere Diskontermäßigungen erwiesen sich als trügerisch. Die Industrie war den größten Teil des Jahres noch gut beschäftigt, hatte jedoch unter den hohen Zinssätzen sehr zu leiden, und im Laufe des Jahres wurde es immer weiteren Kreisen klar, daß der Gipfel der Hochkonjunktur überschritten sei. An der Börse herrschte infolge der Geldknappheit und der unsicheren Lage des ganzen Wirtschaftslebens große Zurückhaltung. Das Effektengeschäft bewegte sich in sehr geringem Rahmen und namentlich im zweiten Halbjahr bestand fast vollständige Geschäftslosigkeit.

War die Lage des Geldmarktes schon im ersten Teile des Jahres in Deutschland überaus angespannt, so wurde sie kritisch, als es im Oktober in Amerika im Zusammenhang mit einem Preissturz an den Metallmärkten und dem Zusammenbruch der Spekulation zu einer akuten Geldkrisis kam.

„Die Erschütterung des Vertrauens zeigte sich, wie vor 14 Jahren, durch Thesaurierung und Verschwinden der öffentlichen Zahlungsmittel: nicht nur Gold, sondern auch Banknoten waren nicht mehr zu haben, und das entstandene Aufgeld von mehr als 3 % für alle Zahlungsmittel erzeugte eine gewaltsame Nachfrage nach Gold aus Europa. Etwas mehr als 100 Mill. $ Gold wurden über London abgezogen, davon annähernd die Hälfte aus Deutschland, ein kleinerer Teil aus Frankreich. Die Bank von England erhöhte ihren Diskontsatz auf 7 %, die Reichsbank mußte auf den seit ihrem Bestehen noch nicht erreichten Satz von $7^1/_2$ % nachfolgen [1]."

So stellte sich im Durchschnitt des Jahres 1907 der Reichsbankdiskont 0,88 % höher auf 6,03 %, der Privatdiskont auf 5,12 % gegen 4,04 % im Vorjahr.

Die Knappheit am Geldmarkte erschwerte den Hypothekenbanken den Absatz ihrer Emissionspapiere in hohem Maße, da außerdem trotz des hohen Geldstandes, besonders im ersten Quartal, zahlreiche hochverzinsliche Staats- und Kommunalanleihen an den Markt gebracht wurden. Der Umstand, daß diese fast ausnahmslos mit dem 4 % Zinsfuß ausgestattet waren, daneben auch zu $4^1/_2$ % und höher verzinsliche Industrieobligationen reichlich angeboten wurden, bewirkte, daß sich der Mehrabsatz auch der Hypothekenbank-Obligationen ausschließlich auf mit 4 und mehr Prozent verzinsliche Gattungen beschränkte, während von $3^1/_2$ % Papieren

[1] Geschäftsbericht der Deutschen Bank 1907.

ein erheblicher Rückschluß von den Banken aufzunehmen war. Der Gesamtumlauf an Hypothekenbank-Obligationen erhöhte sich im Laufe des Jahres auf 9049 Mill. Mk., eine Zunahme von 287 Mill. Mk. gegen 363 Mill. Mk. im Jahre vorher.

Die Schwierigkeiten beim Pfandbriefabsatz bewogen zwei Institute, die Landwirtschaftliche Kreditbank in Frankfurt a. M. und die Deutsche Hypothekenbank in Berlin zur Ausgabe von $4^1/_2$ % Pfandbriefen, eine Maßnahme, die an der Börse ziemliches Aufsehen erregte und auch von der Fachkritik nicht günstig beurteilt wurde. Auch die meisten übrigen Hypothekenbanken verneinten in ihren Geschäftsberichten die Notwendigkeit und Zweckmäßigkeit dieses Schrittes, da dem Vorteil, einige Millionen dem Realkredit mehr zur Verfügung stellen zu können, gewichtige Nachteile gegenüberstehen, vor allem die Verteuerung des Bodenkredites und die Minderbewertung $3^1/_2$ und 4 % Pfandbriefe.

Beleihungsanträge gingen den Banken reichlich zu, so daß sie einmal das Hypothekenmaterial einer strengeren Kritik unterziehen, andererseits auch zu höheren Zins- und Provisionssätzen abschließen konnten. Der schleppende Pfandbriefabsatz erschwerte die Beleihungstätigkeit allerdings in hohem Maße. Nach dem Jahresbericht für 1907 des Vereins Berliner Grundstücks- und Hypothekenmakler stellten sich die Zinssätze für „Institutsgelder“ auf $4^1/_8$—$4^3/_4$ % gegen $4^1/_8$—$4^1/_2$ % im Vorjahr; dazu bis 2 % Abschlußprovision. Die Hamburger Hypothekenbank berichtet, daß der Zinsfuß der Neuabschlüsse des Jahres sich auf 4,49 % gegen 4,33 % im Vorjahr stellte. War in dieser Richtung die Lage des Geldmarktes 1907 den Hypothekenbanken nicht günstig, so hatten diese andererseits wieder Vorteile von dem höheren Geldstande, da ihnen die Anlage ihrer flüssigen Mittel — die zum großen Teil in Privatdiskonten angelegt werden — erhöhte Einnahmen brachten. So ergab das Jahr 1907 für die meisten Hypothekenbanken höheren Gewinn. Der Gesamtreingewinn von 37 Banken stieg um 6,374 Mill. Mk. auf 89,523 Mill. Mk., die Durchschnittsdividende von 8,22 auf 8,28 %.

B. Geldmarkt und Anleihekurse 1907.

Die Verhältnisse des Geldmarktes blieben im Januar 1907 noch sehr gespannt. Nachdem der Ausweis der Reichsbank vom 31. Dezember 1906 einen steuerpflichtigen Notenumlauf von vorher nie erreichter Höhe, nämlich 572,65 Mill. Mk., gezeigt hatte, eine Beanspruchung des Zentralnoteninstitutes, die weniger von seiten der Börse als von der stark beschäftigten Industrie ausgegangen war[1], setzten die Rückflüsse erst

[1] Frankfurter Zeitung vom 12. und 15. Januar 1907, A.

in der zweiten Hälfte des Monats stärker ein. Dagegen hielten die Ansprüche des Reiches durch Begebung von Schatzscheinen an das Institut in starkem Maße an [1]. So war die Reichsbank erst am 22. Januar in der Lage, ihren Diskontsatz von 7 auf 6 % herabzusetzen, nachdem die Bank von England mit einer gleichfalls 1 % Ermäßigung von 6 auf 5 % am 18. Januar vorangegangen war. Das Londoner Institut hatte die immer noch drohende Überschwemmung des Geldmarktes mit amerikanischen Finanztratten von einer früheren Diskontermäßigung abgehalten, wie denn überhaupt die ungeklärten, stark schwankenden Verhältnisse auf dem New Yorker Geldmarkte eine stete Quelle der Sorge und Beunruhigung für die europäischen Plätze blieben. Der Privatdiskont hielt sich den größten Teil des Monats auf dem Stande von ca. 5 % und ging erst gegen Ende auf 4½ % zurück, als neben deutschen Hypothekenbanken auch Belgien und Österreich als Käufer von Diskonten auftraten [2].

Auf dem Markte der Anleihen herrschte große Stille. Zunächst war das Anlagebedürfnis am Jahreswechsel sehr gering, dann trugen der gespannte Geldmarkt sowie größeres Interesse des Publikums für Industriepapiere zu der Vernachlässigung der festverzinslichen Papiere mit bei [3]. Die Kursveränderungen waren daher nur gering, im allgemeinen neigten jedoch die Kurse zur Schwäche. Erst in den letzten Tagen des Monats fanden, wohl im Zusammenhang mit leichterem Geld, größere Umsätze in Anleihen statt, so daß sich die Kurse leicht erholen konnten. Auf badische Staatsanleihe drückte die am 22. Januar erfolgte Emission von 29 Mill. Mk. neuer 3½ % Anleihe.

Waren Ende Januar die Aussichten auf billigeres Geld günstiger geworden, so trat doch nach dem Monatswechsel im Februar bald wieder große Unklarheit auf dem Geldmarkte ein. Ansprüche der Industrie, Einzahlungen auf verschiedene Konsortialgeschäfte bewirkten starke Nachfrage, besonders nach „Täglichem Geld“, so daß die Sätze hierfür anzogen. Dazu kamen neue Angebote amerikanischer Wechsel, hoher Stand der auswärtigen, besonders der Londoner Devisen — alles Umstände, die von der Börse stark beachtet wurden und zu einer großen Zurückhaltung und Geschäftsstille führten. Um den hohen Devisenkursen entgegenzuarbeiten, begab die Reichsbank mehrfach große Summen — ca. 40 Mill. Mk. — Schatzscheine und bewirkte dadurch eine Annäherung des Standes des Privatdiskonts an ihre eigene Rate [4] und zog

[1] Frankfurter Zeitung vom 13. Januar 1907, II.
[2] Ebenda vom 27. Januar 1907, II.
[3] Ebenda vom 13. Januar 1907, II.
[4] Ebenda vom 16. Februar 1907, A., 17. und 24. Februar, II.

1907

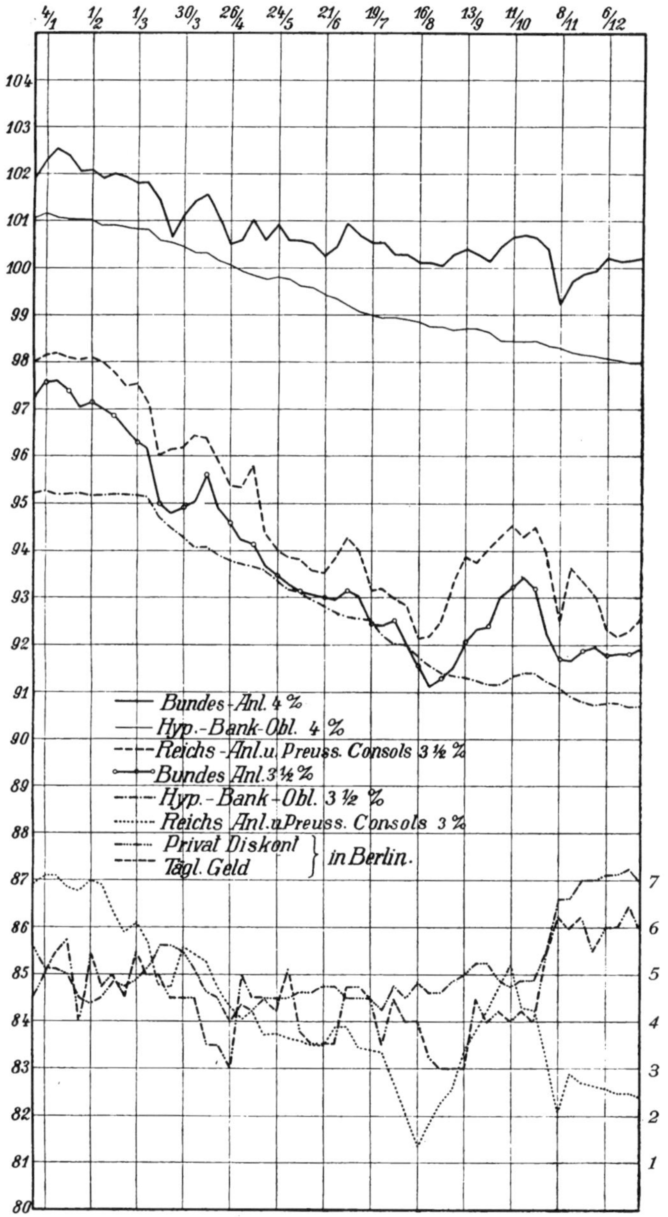
4/1
1/2
1/3
30/3
26/4
24/5
21/6
19/7
16/8
13/9
11/10
8/11
6/12
104
103
102
101
100
99
98
97
96
95
94
93
92
91
90
89
88
87
86
85
84
83
82
81
80
7
6
5
4
3
2
1
Bundes-Anl. 4 %
Hyp.-Bank-Obl. 4 %
Reichs-Anl.u. Preuss. Consols 3 ½ %
Bundes Anl. 3 ½ %
Hyp.-Bank-Obl. 3 ½ %
Reichs Anl.u.Preuss. Consols 3 %
Privat Diskont
Tägl. Geld
in Berlin.

dadurch gleichzeitig Gelder aus Frankreich heran, welches größere Beträge Diskonten und Schatzscheine aufnahm [1]. Der Anleihemarkt war sehr schwach. Einmal bewirkte die weiter gespannte und unsichere Lage auf dem Geldmarkt große Zurückhaltung, andererseits verursachte die Veröffentlichung des Reichshaushaltsplanes, der mit großem Defizit abschloß und die Emission neuer beträchtlicher Anleihen befürchten ließ [2], Abgaben in den Anleihen des Reiches und der Bundesstaaten, welche beträchtliche Kurseinbußen erlitten. Auch Hypothekenbank-Obligationen hatten unter diesen ungünstigen Verhältnissen zu leiden und sanken zum großen Teil, besonders 4 % Pfandbriefe, im Kurse.

Der Monat März erhielt sein Gepräge durch die Zustände an der New Yorker Börse und auf dem internationalen Geldmarkte. An der New Yorker Börse arteten die Verkäufe, besonders von Eisenbahnaktien, in eine förmliche Deroute aus, die an einzelnen Tagen zu Kursrückgängen bis zu 10 % führte, Vorgänge, welche ihren Einfluß auch auf Europa ausüben mußten. Amerikanische Wechsel kamen in großen Mengen nach Europa, und Amerika suchte auf allen Wegen Gold herüberzuziehen [3]. Diese Ansprüche richteten sich wieder in erster Linie auf London, doch auch die kontinentalen Plätze wurden stark in Mitleidenschaft gezogen. Zur Verteidigung ihrer Goldbestände erhöhte zuerst die Niederländische Bank am 12. März ihren Diskontsatz von 5 auf 6 %, der am 16. März die belgische Nationalbank mit einer Erhöhung von 4 auf 5 % folgte [4]. Nunmehr wandte sich der Goldbedarf in größerem Maße Paris zu und zwang die Bank von Frankreich, ihre seit dem 28. Mai 1900 festgehaltene Rate von 3 % am 21. März auf $3^1/_2$ % zu erhöhen. Auch in Deutschland trat die Möglichkeit einer Diskonterhöhung in größere Nähe, nachdem man die Hoffnung auf eine Diskontermäßigung schon Anfang des Monats aufgegeben hatte; doch war die Reichsbank hierzu nicht genötigt, da keine größeren Goldexporte stattfanden, obgleich die Londoner Devise über den Goldpunktstand und der New Yorker Wechselkurs eine steigende Tendenz hatte [5].

Auf dem Berliner Geldmarkt dauerte die starke Nachfrage nach Geld den größten Teil des Monats an, und starkes Angebot von Diskonten bewirkte eine Steigerung der Marktrate von $4^7/_8$ % bis auf $5^5/_8$ %, also nur $^3/_8$ % unter dem offiziellen Satz — und dies, trotzdem Paris mehrfach als Käufer

---

[1] Frankfurter Zeitung vom 23. Februar 1907, A., 3. März 1907, II.
[2] Ebenda vom 24. Februar 1907, II.
[3] Ebenda vom 9. März 1907, A.
[4] Ebenda vom 22. März 1907, A.
[5] Ebenda vom 9. März 1907, A. Vgl. hierzu auch die Ausführungen von Eßlen über die Gold- und Devisenpolitik der Reichsbank a. a. O. S. 204 ff.

von Diskonten aufgetreten war[1]. Da man sehr teures Geld für den Quartalswechsel erwartete, suchte sich jedermann rechtzeitig zu versorgen. Die so gewonnenen Summen wurden dem Markt als „Tägliches Geld“ zur Verfügung gestellt, so daß hierin reichliches Angebot war und der Satz sich um ½ % auf 4½ % ermäßigte.

Auf dem Markte der heimischen Anleihen wurden zwecks Geldbeschaffung sehr starke Realisationen vorgenommen, besonders in der zweiten Märzwoche, die zu panikartigen Kursrückgängen führten. Dem großen Angebot stand teilweise selbst zu den stark ermäßigten Kursen keine Nachfrage gegenüber[2]. Erst gegen Ende des Monats lockten die gesunkenen Kurse neue Käufer heran. Dazu kam das Anlagebedürfnis zum Quartalswechsel, so daß sich die Kurse etwas erholen konnten; immerhin betrugen die Kursverluste meist mehr als 1 %. Besonders schwach lagen Hamburger Anleihen auf die Nachricht, daß 60 Mill. Mk. neue 4 % Hamburger Staatsanleihe zu unter pari an ein Konsortium begeben sei[3]. Hypothekenbank-Obligationen mußten der allgemeinen Mattigkeit des Anleihemarktes folgen und erlitten meist Kurseinbußen.

Im April trat nun eine erhebliche Besserung auf den Geldmärkten ein, ein Umschwung, der wiederum in den Verhältnissen in Amerika seinen Ausgang nahm. In New York trat eine Erleichterung des Geldmarktes ein, zum Teil zurückzuführen auf die Unterstützung des Marktes seitens des Schatzamtes, so daß weitere Goldansprüche an Europa ihr Ende fanden[4]. In Deutschland hatte die reichliche Vorversorgung für den Ultimo bewirkt, daß erhebliche Summen noch im neuen Monat zur Verfügung standen, da die Ultimo-Liquidation infolge der geringen bestehenden Engagements verhältnismäßig kleine Beträge in Anspruch genommen hatte. Dazu kam, daß die aus Dividendenausschüttungen und Kuponzahlungen herrührenden Gelder bei der Unsicherheit der Börsenlage nicht sofort zu Anlagekäufen verwandt, sondern dem Geldmarkt zur Verfügung gestellt wurden[5]. Endlich kamen wieder erhebliche Summen französischer Gelder nach Berlin[6]. Alle diese Umstände bewirkten ein Sinken des Privatdiskonts von 5½ % zu Ende März auf 4½—4 %, „Tägliches Geld“ stand zu 3½, selbst 3 % reichlich zur Verfügung. Die Reichsbank, die Ende März mit 400,23 Mill. Mk. in die Notensteuer geraten war, konnte ihren Status bedeutend bessern, so daß sie am 15. nur noch mit 10,29 Mill. Mk. notensteuerpflichtig war,

---

[1] Frankfurter Zeitung vom 9. und 21. März 1907, A.
[2] Ebenda vom 9. März, A., 17. März 1907, A.
[3] Ebenda vom 11. März 1907, A.
[4] Ebenda vom 6. April 1907, A.
[5] Ebenda vom 10. April 1907, A.
[6] Ebenda vom 10. und 22. April 1907, A.

dagegen am 23. über eine Notenreserve von 113,52 Mill. Mk. verfügte. Da nun die Bank von England bereits am 11. April mit einer Diskontermäßigung von 5 auf $4^1/_2$ % vorangegangen war, konnte auch die Reichsbank am 23. die langersehnte Herabsetzung ihrer Rate, allerdings nur um $^1/_2$ %, vornehmen, zumal die Devisenkurse sich inzwischen erheblich gebessert hatten, so daß die Gefahr von Goldexporten nicht mehr vorlag. Am 26. April wurde dann die offizielle Rate in London weiter von $4^1/_2$ auf 4 % herabgesetzt. Auch die unten näher zu besprechende Schatzscheinemission nahm die Mittel des Geldmarktes nicht in Anspruch, da sich das Publikum zur Übernahme rechtzeitig durch Verkäufe anderer Papiere vorbereitet hatte, vielmehr blieb der Geldmarkt bis zum Monatsende flüssig, da auch die Ultimo-Liquidation keine großen Anforderungen stellte [1]. So konnte eine weitere Diskontermäßigung der Reichsbank bald erhofft werden, zumal ein Bankdiskont von $5^1/_2$ % zu Ende April immer noch als eine ungewöhnliche Maßnahme anzusehen war.

Der Anleihemarkt wies zunächst ein freundliches Aussehen auf. „Nicht nur die Nachfrage zum Anlagetermin, sondern auch die Zurückhaltung des Publikums gegenüber Dividendenpapieren kam ihm zustatten“ [2]. Die günstige Folge davon war eine allgemeine Erholung der Kurse, die besonders den 4 % Gattungen zugute kam. Ein Umschwung erfolgte dann durch die Begebung von 400 Mill. Mk. 4 % Reichs- und Preußischer Schatzscheine mit fünfjähriger Laufzeit. Das Reich hatte sich zu dieser Anleiheform gewandt, um den Markt der deutschen Anleihen, der in den letzten Jahren in ungewöhnlich hohem Maße mit neuen Emissionen belastet worden war, einige Ruhe und Schonzeit zu gewähren, zumal das Anleihekonsortium des vorhergehenden Jahres sich noch nicht hatte auflösen können, vielmehr immer noch über einen unverkauften Bestand von ca. 120 Mill. Mk. Anleihen verfügte. Von den 400 Mill. Mk. Schatzscheinen kamen am 25. April 300 Mill. Mk. zu 99 % zur Zeichnung, welche günstige Gelegenheit das Publikum nicht unbenutzt vorübergehen ließ, bot doch die neue Emission unter Berücksichtigung der Pari-Rückzahlung nach 5 Jahren eine Verzinsung von 4,20 %! So wurden denn Zeichnungen im Gesamtbetrage von $13^1/_2$ Milliarden Mk. abgegeben, d. h. die aufgelegte Summe wurde 45fach überzeichnet. Auf den Markt der übrigen Anleihen übte jedoch diese Emission einen ungünstigen Einfluß insofern aus, als große Mengen Anleihen an den Markt kamen, um dafür die neuen Schatzscheine zu erwerben [3]. Die Folge waren erheb-

[1] Frankfurter Zeitung vom 26. April 1907, A.
[2] Ebenda vom 6. April 1907, A.
[3] Ebenda vom 17. April 1907, A., 21. und 29. April 1907, II.

liche Kursrückgänge, besonders der 3 und 3½ % Anleihen, die durchschnittlich ein volles Prozent für den Monat betrugen. Hypothekenbank-Obligationen hatten naturgemäß unter denselben Umständen zu leiden, und auch hier finden wir Kursrückgänge bis 1 %, da große Beträge hiervon an den Markt kamen.

Kurz nach dem Monatswechsel, in den ersten Tagen des Mai, stellte es sich zunächst heraus, daß durch die Einzahlung auf die Schatzscheine die Mittel des Geldmarktes doch mehr in Anspruch genommen waren, als man erwartet hatte[1]. Zwar flossen die Einzahlungen der Reichsbank und Seehandlung zu und wurden durch letztere wieder dem Markte zur Verfügung gestellt — immerhin versteifte sich der Privatdiskont von 4 auf 4⅜ %, „Tägliches Geld" von 3 auf 5 %. Als weiteres Ereignis, das seine Wirkung sowohl auf den Anleihe-, wie auf den Geldmarkt ausübte, war die Auflösung des Konsortiums, welches im Frühjahr 1906 gebildet war, um neue 3½ % Reichsanleihe und Konsols zu übernehmen, infolge der mißlichen Lage des Anleihemarktes, aber immer noch über einen unverkauften Bestand von ca. 120 Mill Mk. Anleihen verfügte[2]. Die Geldbeschaffung zur Abnahme der zur Verteilung gelangenden Anleihen, die besonders den zahlreichen am Konsortium Unterbeteiligten ungelegen kam, bewirkte eine starke Geldnachfrage, welche den Privatdiskont auf 4½ % versteifte, „Tägliches Geld" den größten Teil des Monats ebenfalls auf 4½ % hielt, gegen Ende sogar auf 5—5¼ % trieb. Verstärkt wurde die Geldknappheit dadurch, daß in Paris der Zinsfuß stieg, infolgedessen französische Gelder zurückgezogen wurden[3]. Ferner, daß die Hypothekenbanken ausstehende Gelder zurückzogen, da sie derselben zur Aufnahme ihrer reichlich an den Markt zurückströmenden Pfandbriefe bedurften[4].

Auch auf den Anleihemarkt wirkte, wie bereits erwähnt, die Auflösung des Konsortiums ungünstig ein, da viele Firmen, die als Unterbeteiligte nun unfreiwillig Besitzer von Reichsanleihe und Konsols geworden waren, trotz der niedrigen Kurse zu Verkäufen schritten, die der Markt nur unter weiteren Kursreduktionen aufnahm. Anfang des Monats erfolgten außerdem weitere Tauschoperationen gegen neue Schatzscheine[5]. Als Resultat des Monats finden wir Rückgänge bis zu 1½ %, von denen besonders 3½ % Reichsanleihen und Konsols getroffen wurden. 4 % Anleihen hielten sich ziemlich auf ihrem Niveau; Bayerische Anleihen wurden von der Begebung von 40 Mill. Mk. neuer 4 % Anleihen ungünstig beeinflußt. Von

---

[1] Frankfurter Zeitung vom 3. und 4. Mai 1907, A.
[2] Ebenda vom 14., 15., 18. Mai 1907, A.
[3] Ebenda vom 15., 23. Mai 1907, A.
[4] Ebenda vom 18. Mai 1907, A.
[5] Ebenda vom 4. Mai 1907, A., 5. Mai 1907, II.

Hypothekenbank-Obligationen hatten, wie schon hervorgehoben, die Banken ziemlich große Beträge aufzunehmen; die Kurse zeigen Rückgänge von 1/2—1 %, 4 % Pfandbriefe sanken teilweise unter pari, zum ersten Male seit 1902!

In den folgenden Monaten Juni und Juli traten auf dem Geldmarkt keine größeren Ereignisse von Belang ein, immerhin blieb die Lage unsicher und schwankend, und besonders die Aussichten auf eine sehr starke Anspannung des Geldmarktes im Herbste erfüllte die Börse mit Besorgnis, und lähmte ihre Unternehmungslust. Der Privatdiskont schwankte zwischen 4 1/4 und 4 3/4 %, „Tägliches Geld" war meist erheblich billiger angeboten — der uns schon bekannte Beweis für die Scheu der Geldgeber, ihre Kapitalien lange festzulegen. Paris zog im Hinblick auf die Herbstversorgung seine Kapitalien meist zurück — Mitte Juni schätzte man die Höhe der von Deutschland an Frankreich zurückgezahlten Gelder auf ca. 100 Mill. Fr.[1] —, trat jedoch bei vorübergehender Versteifung des Marktsatzes wieder als Käufer von Diskonten auf[2]. Einen geringen Ersatz für die zurückgezogenen französischen Gelder bildeten russische Guthaben, die von Paris nach Berlin transportiert wurden[3]. Auch amerikanische Finanztratten kamen mehrfach wieder nach Europa und wirkten versteifend, besonders auf die Diskontraten in London[4].

Vom Markte der Anleihen ist für diese Zeit nur wenig Gutes zu sagen. Zwar zeigte sich im Juni und Anfang Juli infolge des Anlagebedarfes etwas mehr Begehr, allein die Nachfrage konzentrierte sich fast ausschließlich auf 4 % Anleihen und wurde größtenteils durch Neuemissionen gedeckt. Neben 14 Mill. Mk. 4 % Württembergischer Staatsanleihe kamen wieder verschiedene Emissionen von Stadtanleihen zur Zeichnung, wie denn überhaupt die Produktion an neuen 4 % Stadtanleihen 1907 ganz enorm war und zur schlechten Lage des Anleihemarktes nicht wenig beigetragen hat. Nach einer Zusammenstellung der Frankfurter Zeitung[5] kamen im ersten Semester 1907 nicht weniger als 285,464 Mill. Mk. Stadtanleihen zur Emission, die erste zu 101 1/2 %, die letzte zu 98 1/4 % — ein Spiegelbild der Verfassung des Anleihemarktes. Im Juni bröckelten die Kurse weiter ab, gegen Schluß des Monats trat eine Erholung ein, die sich bis in die erste Woche des Juli hielt. Allein, nachdem der Anlagebedarf zum Semesterwechsel gedeckt war, machte sich wieder eine schwache Haltung des Marktes bemerkbar, da ansehnliche Beträge an den Markt ge-

---

[1] Frankfurter Zeitung vom 15. Juni 1907, A.
[2] Ebenda vom 15. Juni 1907, II, 5. Juli 1907, A.
[3] Ebenda vom 22. Juni 1907, A.
[4] Ebenda vom 7. Juli 1907, II, 12. Juli 1907, I, 10. und 20. Juli 1907, A.
[5] Ebenda vom 18. Juli 1907, A.

worfen wurden — vielfach zur Beschaffung flüssiger Mittel —, und die Folge waren starke Kursermäßigungen, trotz Käufen des Auslandes[1] und Interventionen[2]. Ein weiteres Moment, welches verstimmend auf den Anleihemarkt wirkte, war die Ausgabe von 4 1/2 % Pfandbriefen, zu der sich die Deutsche Hypothekenbank in Berlin entschloß. Die näheren Umstände sind bereits oben erwähnt. Hier ist nur der Einfluß derselben auf den Anleihemarkt zu berücksichtigen, der, wie gesagt, ungünstig war. Man erwartete, daß eventuell weitere Institute dem Schritt der Deutschen Hypothekenbank folgen würden, daß niedriger verzinsliche Werte im größeren Umfange gegen den neuen 4 1/2 %-Typ getauscht werden würden, und daß dadurch ein Sinken des Niveau aller 4 % und niedriger verzinslichen Papiere eintreten würde[3].

Für den August waren typisch: Unsicherheit über die weitere Entwicklung des Geldmarktes, Geschäftlosigkeit an der Börse, ausgesprochene Mattigkeit auf dem Anlagemarkt — Momente, von denen besonders die erstgenannten sich wechselseitig beeinflußten.

Die weiterbestehenden Geldansprüche, weniger der Börse, als vielmehr der Industrie, ließen den Privatdiskont auf 4 3/4 % ansteigen, und bei Versuchen, ihn wieder herabzusetzen, trat sofort größeres Wechselangebot hervor. Die Erwartung einer Wiederholung der Geldklemme des Herbstes 1906, legte den Geldgebern große Zurückhaltung auf, bewirkte auch, daß sich die Banken rechtzeitig mit flüssigen Mitteln versorgten. Ebenso wurde die Unternehmungslust an der Börse ganz erheblich eingedämmt, so daß Engagements nur noch in einem sehr geringen Umfange bestanden. Auf der anderen Seite wiederum wurde durch die Stagnation an der Börse das Publikum von Anlagekäufen abgehalten. Es ließ seine Barmittel bei den Depositenkassen der Banken, und vermehrte so die Menge des „Täglichen Geldes", welches bei der allgemeinen Zurückhaltung, Geld auf längere Termine festzulegen, schon reichlich zu 4 % zur Verfügung gestanden hatte, so daß der Satz dafür bis auf 3 1/2—3 % sank. Ein weiteres Moment, das zu Besorgnissen Anlaß gab, war der hohe Stand der Devisenkurse, der Goldexporte befürchten ließ[4]. Ausländische Gelder standen nur in geringer Menge zur Verfügung, vielmehr war Paris bestrebt, seine ausländischen Guthaben zurückzuziehen[5]. Als erste der europäischen Notenbanken sah sich die Bank von England am 15. August veranlaßt, ihren Diskontsatz von 4 auf 4 1/2 % zu erhöhen. „Das Auftauchen von amerikanischen

---

1 Frankfurter Zeitung vom 27. Juli 1907, A.
2 Ebenda vom 28. Juli 1907, II.
3 Ebenda vom 16. und 18. Juli 1907, A., 21. Juli 1907, II.
4 Ebenda vom 17. August 1907, A.
5 Ebenda vom 18. August 1907, II.

Finanzwechseln, die krisenhaften, in London die ohnehin vorhandene Nervosität steigernden Vorgänge in Ägypten, dann aber auch, und nicht zum letzten Ende, die diesmal nach den Erfahrungen des letzten Herbstes mit seiner empfindlichen Geldklemme frühzeitig begonnenen Vorbereitungen für den diesjährigen Herbsttermin unterzogen den Londoner Geldmarkt bereits jetzt einer so starken Belastungsprobe, daß die Raten am offenen Markt, namentlich für spätere Termine, ziemlich unvermittelt hinaufschnellten[1]." Die Maßnahme der Bank war jedoch weniger in der Lage der Bank selbst zu suchen, sie sollte vielmehr ein Warnungssignal bedeuten gegenüber weiteren Ansprüchen an die Bank[2]. Als nun eine bereits vielfach erwartete weitere Diskonterhöhung im Laufe des Monats nicht eintrat, und auch die Reichsbank ihren Satz beibehielt, nahm der Geldmarkt, sowohl der Berliner, wie der internationale, ein besseres Aussehen an, und besonders in London sanken die Marktsätze erheblich unter den Bankdiskont[3].

Wie bereits oben erwähnt, bot der Anlagemarkt ein äußerst trauriges Bild. Die ungünstigen Geldverhältnisse, starke Verkäufe des Publikums, welches, durch die andauernden Kursrückgänge nervös gemacht, große Posten ohne Limite an den Markt warf[4], bewirkten ein Sinken der Kurse auf ein so niedriges Niveau, wie es kaum vorher dagewesen war, trotzdem durch Interventionen der Markt zu stützen versucht wurde[5]. Besonders hatten 3 % Anleihen zu leiden, die über 2 % verloren, aber auch bei 3 ½ % Anleihen betrugen die Rückgänge über 1 %. 4 % Anleihen konnten sich etwas besser halten, doch gerieten auch die neuen 4 % Schatzscheine unter den Parikurs. Ein typisches Beispiel für die trostlose Lage des Anleihemarktes war, daß eine neue 4 % Freiberger Stadtanleihe zu 97,01 % an ein Konsortium begeben wurde, bei welcher Gelegenheit Gebote bis zu 95 % herunter abgegeben waren[6]; daß ferner verschiedene Stadtverwaltungen den Übergang zu höherem als 4 % Zinsfuß bei ihren neuen Anleihen erwogen[7]. Hypothekenbank-Obligationen erlitten natürlich ebenfalls Kursrückgänge, die sich jedoch in engeren Grenzen hielten und zwischen ½ und 1 % schwankten. Erst gegen Ende des Monats trat mit der Erleichterung auf dem Geldmarkt eine Besserung auf dem Anleihemarkt ein, und Kurs-

---

[1] Frankfurter Zeitung vom 16. August 1907, I.
[2] Ebenda vom 23. August 1907, I.
[3] Ebenda vom 1. September 1907, II.
[4] Ebenda vom 11. August 1907, II.
[5] Ebenda vom 4. August 1907, I.
[6] Ebenda vom 23. August 1907, A.
[7] Ebenda vom 9. August 1907, A.

erholungen von ca. von $1/2$ % waren zu verzeichnen, an denen Pfandbriefe allerdings nicht teilnahmen.

Ein erfreuliches Moment war es, daß die gebesserte Lage auf dem Anleihemarkt auch im September durchweg anhielt. Die gesunkenen Kurse der festverzinslichen Papiere lockten einmal das Publikum an, dem die Stagnation auf dem Kassa-Industrieaktienmarkte keine Anregung bot und das mit umfangreichen Anlagekäufen vorging[1]; ferner wurde auch das Ausland auf die im Verhältnis zu den ausländischen Standard-Papieren sehr billigen deutschen Anlagewerte aufmerksam und nahm umfangreiche Käufe vor[2]; endlich wurden auch spekulative Käufe getätigt, sowohl als neue Engagements, besonders aber zur Deckung des umfangreichen, aus der Zeit der Geldteuerung stammenden Decouverts[3]. Die Folge dieser Vorgänge war ein erhebliches Anziehen der Kurse, das sich sowohl auf Staatsanleihen, wie auf die meisten übrigen Anlagewerte erstreckte und bei 3 % Reichsanleihen und Konsols, den Papieren, in denen das meiste spekulative Geschäft sich vollzieht, gegen die Tiefkurse des vorigen Monats volle 3 % betrug; 3 $1/2$ % Werte gewannen ca. 2 %, während 4 % Anleihen nur in geringerem Maße an der Reprise teilnehmen konnten, waren sie doch auch von dem vorhergegangenen Kurssturz viel weniger getroffen worden. Eine weitere günstige Folge war, daß die noch bestehenden Konsortien für Reichsanleihe und Konsols große Posten ihrer Bestände absetzen konnten, und damit für eventuelle neue Interventionen gestärkt wurden[4]. Bei Hypothekenbank-Obligationen kam die Besserung weniger in Kurserhöhungen zum Ausdruck, als vielmehr in geringerem Rückfluß der Pfandbriefe und gebessertem Absatz der Banken[5]. Immerhin waren bei 3 $1/2$ % Bayerischen Hypotheken- und Wechselbank-Obligationen, 4 % Braunschweigisch-Hannoverischen Hypothekenbanken und 4 % Zentralbodenkredit-Pfandbriefen geringe Steigerungen zu verzeichnen.

Der Geldmarkt behielt im allgemeinen seine verhältnismäßige Flüssigkeit, wenn auch die in den ersten Ausweisen der Reichsbank zutage getretene Anspannung daran erinnerte, daß abnorme Zustände herrschten, und der Geldmarkt weiter der Beachtung bedurfte. „Tägliches Geld“ war anfangs zu 3 % reichlich angeboten, verteuerte sich aber Mitte des Monats, als die zu Kuponzahlungen benötigten Gelder dem Markte entzogen wurden. Der Privatdiskont stieg zum Quartalswechsel auf 5—5 $1/4$ %, sank aber bereits in den ersten Tagen des Oktober infolge stärkerer Nachfrage nach Diskonten wieder

---

1 Frankfurter Zeitung vom 7. und 11. September 1907, A.
2 Ebenda vom 5. September 1907, A.
3 Ebenda vom 14. September 1907, A.
4 Ebenda vom 3. und 14. September 1907, A., 15. September 1907, II.
5 Ebenda vom 21. September 1907, A.

auf $4^{7}/_{8}$—$4^{3}/_{4}$ %, wie denn überhaupt auch in diesem Monat zunächst der Geldmarkt sein freundliches Aussehen behielt, eine Folge der frühzeitig begonnenen Vorbereitungen für den Herbstbedarf. Allerdings wirkte als warnendes Memento wieder der Reichsbankausweis per ultimo September, der mit einer Verschlechterung gegen den vorhergegangenen von 558,42 Mill. Mk. und einer Notensteuerpflicht von 513,38 Mill. Mk. die Börse sehr überraschte. Dabei war zu beachten, daß infolge einer sehr späten Ernte die Ansprüche der Landwirtschaft im September noch nicht so stark gewesen waren, wie in den Vorjahren, vielmehr noch für den Oktober bevorstanden [1]. Bewirkten diese Momente im Verlauf des Monats schon eine größere Unsicherheit, so wurde diese noch erhöht durch ein starkes Steigen der Devisenkurse. Die Bedürfnisse für die Baumwollimporte, für den infolge der geringeren Ernte erhöhten Getreideimport und andere Gründe [2] bewirkten eine starke Steigerung aller, besonders aber der Londoner Devisen, so daß die meisten Wechselkurse sich dem Goldpunkt bedenklich näherten, und die Reichsbank bereits Mitte des Monats eine Diskonterhöhung erwog [3]. Zu all diesem trat noch der Zusammenbruch der alten angesehenen Hamburger Bankfirma Haller, Söhle & Co., sowie schwere Erschütterungen in Amerika, die dort zu starken Kursrückgängen an der Börse, zur Insolvenz eines großen Spekulanten, und im Zusammenhang damit zu Runs auf viele Depositenbanken geführt hatten, von welch letzteren verschiedene, darunter alte und angesehene, ihre Schalter schließen mußten.

Diese Vorgänge wurden von Europa mit gespanntester Aufmerksamkeit verfolgt, und wenn auch die Berliner Börse ihre Ruhe und Widerstandskraft vollständig bewahrte, so wurde man doch zurückhaltender, zumal das andauernde Steigen der Wechselkurse zu Besorgnissen Anlaß gab. Tatsächlich standen im letzten Drittel des Monats sämtliche Devisen über dem Goldpunkt, und wenn Goldexporte auch nur in geringem Umfange stattgefunden hatten, so war doch die Möglichkeit größerer Sendungen ins Ausland stets vorhanden. Unter diesen Umständen erhöhte die Reichsbank am 29. Oktober ihren Satz auf $6^{1}/_{2}$ %, da sie keine großen Posten ausländischer Wechsel in ihrem Portefeuille besaß, mit denen sie die Nachfrage nach Zahlungsmitteln hätte befriedigen können. Dem Beispiele der Reichsbank folgte am 31. Oktober die Bank von England mit einer gleichfalls 1 % Erhöhung ihrer Rate auf $5^{1}/_{2}$ %. Waren ihr doch in der letzten Oktoberwoche

---

[1] Eßlen a. a. O. S. 202.

[2] Frankfurter Zeitung vom 12. und 22. Oktober 1907, A., 13. Oktober 1907, II.

[3] Ebenda vom 18. Oktober 1907, A.

nicht weniger als 2,771 Mill. £ in Gold entzogen, davon 1,58 Mill. £ für Amerika, wie denn überhaupt New York wie im vergangenen Jahre mit allen Mitteln Gold an sich zu ziehen suchte [1].

Da jedoch die Anziehung der Diskontschraube nicht die erhoffte Wirkung hatte, vielmehr die Bank weiter durch Wechseleinreichungen stark in Anspruch genommen wurde, setzte sie in kurzen Zwischenräumen ihre Rate weiter am 4. November auf 6 % und am 7. November auf die seit der großen Krise des Jahres 1873 nicht dagewesene Höhe von 7 %. Die vorhergegangenen Erhöhungen hatten eben ihren Zweck nicht erfüllt, denn trotzdem die Bank von Frankreich 75 Mill. Fr. der Bank von England für Amerika zur Verfügung gestellt hatte [2], hatten dessen Goldansprüche angehalten, und die Diskontraten im offenen Markte in London ihre steigende Richtung beibehalten, so daß sie am 6. November sogar über dem Banksatz standen. Ebenfalls am 7. November erhöhten die Bank von Frankreich, die Schweizerische und Belgische Nationalbank ihre Sätze um $^1/_2$ % auf 4 resp. $5^1/_2$ resp. 6 %. Der Reichsbank blieb unter diesen Umständen nichts anderes übrig, als ebenfalls mit einer Diskonterhöhung zu folgen. Ihr Goldbestand war schon seit Ende Oktober durch große Goldexporte geschwächt [3], die Devisenkurse nahmen immer noch einen außergewöhnlich hohen Stand ein. So wurde der Banksatz am 8. November auf $7^1/_2$ % festgesetzt, zum ersten Male in dieser Höhe seit Bestehen der Bank. Der Privatdiskont stieg im Zusammenhang mit der prekären Lage auf dem internationalen Geldmarkt und dem hohen Stand des Bankdiskonts von $4^7/_8$ % ultimo Oktober auf 7 % am 22. November, welchen Satz er bis Ende des Monats beibehielt; zur Verhütung einer zu großen Differenz zwischen Privat- und Bankdiskont schritt die Reichsbank im Laufe des Monats mehrfach zur Begebung von Schatzwechseln [4]. Auch für „Tägliches Geld" wurde das Angebot viel geringer und der Satz zog von 4 auf $6^1/_2$ % an; überall war das Bestreben vorhanden, die disponiblen Gelder möglichst zusammenzuhalten, um für alle Eventualitäten gerüstet zu sein [5]. Auf die Devisenkurse übte die Diskonterhöhung einen günstigen Einfluß aus, und mit Ausnahme der Devise London standen Mitte des Monats alle Wechselkurse unter dem Goldpunkte. Frankdevisen waren infolge größerer Diskontkäufe reichlich angeboten. Für Scheck-London hielt allerdings der Bedarf an, hauptsächlich zur Bezahlung von

---

[1] Frankfurter Zeitung vom 1. November 1907, I.

[2] Ebenda vom 7. November 1907, A., 8. November 1907, I. Eßlen a. a. O. S. 202.

[3] Ebenda vom 7. November 1907, A. Eßlen a. a. O. S. 203.

[4] Ebenda vom 10. und 17. November 1907, II.

[5] Ebenda vom 10. November 1907, II.

Warenimporten, und da das Angebot sehr gering blieb, gingen weiter umfangreiche Goldsendungen nach London [1]. Erst gegen Schluß des Monats sank auch die Devise London unter den Goldpunkt, so daß die Goldexporte, die zusammen auf ca. 60—80 Mill. Mk. geschätzt wurden [2], ihr Ende erreichten. Auch der Geldmarkt nahm ein freundlicheres Aussehen an, da ausländische Gelder angeboten wurden. Reportgelder waren den allgemeinen Geldverhältnissen gemäß teurer, doch infolge der geringen Börsenengagements genügend vorhanden [3]. Auf die heftigen Zuckungen am internationalen Geldmarkt folgte im Dezember eine gewisse Beruhigung. Allein, wenn auch die schlimmste Phase der Geldpressung überwunden war, diese selbst war noch nicht vorüber, und die Augen der europäischen Finanz blieben weiter auf Amerika gerichtet, von wo weitere Nachrichten über Zahlungseinstellungen, Dividendenreduktionen usw. kamen, und ein Agio für Bargeld bestehen blieb. Hoffte man anfangs des Monats schon auf eine Ermäßigung der englischen Bankrate [4], so wurde diese Hoffnung doch nicht erfüllt, da immer wieder Ansprüche Amerikas an den europäischen Geldmarkt hervortraten. Eßlen gibt als Gesamtbetrag des im 4. Quartal 1907 von London nach Amerika exportierten Goldes die Summe von 17,8 Mill. £ an [5]. Auf dem deutschen Geldmarkt bewahrte man seine Zurückhaltung, und wenn auch ausländische Diskontkäufe zu beobachten waren [6], so standen doch dem Markte im ganzen nur wenig fremde Gelder zur Verfügung. Die Ausweise der Reichsbank zeigten weiter starke Beanspruchung des Institutes. Der Satz für Diskont versteifte sich auf $7^1/_8$—$7^1/_4$ %, da sogenannte Schnittwechsel (mit bis 59 tägiger Laufzeit) stark angeboten wurden, deren Fälligkeitstermine den Käufern wenig behagten. Für Dreimonatswechsel trat dagegen größere Nachfrage hervor. „Tägliches Geld“ versteifte sich auf $6^1/_2$ %, Ultimo-Geld bedang ca. 9 %, allerdings waren die Bedürfnisse der Börse sehr gering, da die Geschäftslust außerordentlich eingeengt war. Gegen Ende des Monats sanken die Sätze um ein geringes.

Betrachten wir nun, wie sich in diesem ereignisreichen Quartal die Kurse der von uns berücksichtigten Anlagepapiere gestalteten. Zunächst hielten sich in der ersten Hälfte des Oktober die Kursbesserungen des September, ja, infolge der besseren Lage des Geldmarktes und Anlagekäufen zum Quartals-

---

1 Frankfurter Zeitung vom 23. und 29. November 1907, A.

2 Nach der Reichsstatistik für November 1907 $115^1/_2$ Mill. Eßlen nimmt ihn noch etwas höher an. A. a. O. S. 203.

3 Frankfurter Zeitung vom 30. November 1907, A.

4 Ebenda vom 6. Dezember 1907, I.

5 A. a. O. S. 122.

6 Frankfurter Zeitung vom 7. Dezember 1907, A.

wechsel konnten weitere Kurserhöhungen eintreten, die bei Staatsanleihen 1/2—1 % betrugen. Einen günstigen Eindruck machte auf dem Anlagemarkt die Auflösung des noch bestehenden Konsortiums, welches seine Bestände von Reichsanleihen und Konsols ausverkaufen konnte [1]. Bei Hypothekenbank-Obligationen kam die günstigere Lage des Anleihemarktes mehr in verringertem Rückfluß und verstärktem Absatz der Pfandbriefe zum Ausdruck [2] als in Kursbesserungen. Immerhin konnten 3 1/2 % Bayerische Hypotheken- und Wechselbank- und Preußische Zentralbodenkredit-Pfandbriefe, sowie 3 1/2 und 4 % Preußische Bodenkredit- und Rheinische Hypothekenbank-Pfandbriefe leicht anziehen. Mit dem Einsetzen der Geldnachfrage infolge der oben besprochenen Vorgänge am internationalen und deutschen Geldmarkt änderte sich natürlich das Geld. Zwecks Geldbeschaffung wurden größere Posten festverzinslicher Papiere an den Markt gebracht, dazu kamen Verkäufe infolge der Hamburger Zahlungseinstellungen [3]. Die Folgen waren Kurseinbußen, die sich allerdings in engen Grenzen hielten und nur die 3% Werte stärker drückte, da in dieser mehr spekulativen Gattung Gewinnrealisationen und Positionslösungen vorgenommen wurden [4]. Diese schwache Haltung dauerte auch im November an und wurde nur um die Mitte des Monats von einer kleinen Erholung unterbrochen, hervorgerufen durch Anlagekäufe des Publikums, dem die unsicheren Aussichten für Dividendenpapiere und die Geschäftslosigkeit dieses Marktes keinen Anreiz boten. Im großen und ganzen überwog jedoch das Angebot die Nachfrage. Am Schluß des Monats wirkte auch der in der preußischen Thronrede bei Eröffnung des Landtages angekündigte Anleihebedarf, sowie das starke Defizit in dem dem Reichstag vorgelegten Haushaltsplan des Reiches ungünstig auf die Kurse der Anleihen. Auch Hypothekenbank-Obligationen wurden wieder stärker angeboten, so daß die im Oktober erreichten Kursbesserungen nicht nur verloren gingen, sondern noch weitere Rückgänge eintraten. Zum Angebot in Pfandbriefen trug auch die erneute Ausgabe von 4 1/2 % Pfandbriefen seitens der Deutschen Hypothekenbank Berlin bei. Im Dezember traten keine besonderen Ereignisse ein, die bereits für den Vormonat festgestellte Lage dauerte aber an: Der teuere Geldstand brachte immer wieder Material in Anleihen an den Markt, die Aussicht auf neuen starken Anleihebedarf des Reiches und Preußens verstimmte. Die Folge war ein Abbröckeln der Kurse, die

[1] Frankfurter Zeitung vom 11. und 12. Oktober 1907, A.
[2] Ebenda vom 6. Oktober 1907, II, 10. und 12. Oktober 1907, A.
[3] Ebenda vom 27. Oktober 1907, II.
[4] Ebenda vom 19. Oktober 1907, A., 20. und 27. Oktober, 3. November 1907, II.

zum Schluß des Jahres nur wenig über ihrem Tiefstand notierten. Hypothekenbank-Obligationen wurden in Mitleidenschaft gezogen, das Geschäft war gering. Hier sehen wir die Kurse am Schluß des Monats größtenteils auf ihrem niedrigsten Jahresniveau.

Viertes Kapitel.

Das Jahr 1908.

A. Allgemeine Übersicht.

War für 1907 Hochkonjunktur und Geldknappheit bezeichnend, so war das hervorragende Merkmal des Wirtschaftsjahres 1908: Rückgängige Konjunktur und Geldüberfluß. Die bereits am Ende des Jahres 1907 sich bemerkbar machende Abschwächung in der Industrie wurde 1908 festgesetzt und verstärkt: Auf den meisten Gebieten Rückgang der Aufträge, Sinken der Preise, Betriebseinschränkungen und Arbeiterentlassungen. In Verbindung damit sinkende Einnahmen der Eisenbahnen, aus der Wechselstempelsteuer usw. Endlich verminderte Ziffern des Außenhandels und ungünstigere Abschlüsse von industriellen Unternehmungen.

Das Jahr begann mit außergewöhnlich hohen Zinssätzen, jedoch trat bald auf den internationalen Geldmärkten ein erhebliches Kapitalangebot auf, so daß es zeitweise schwierig war, die flüssigen Gelder überhaupt unterzubringen. „Die Erleichterung des Geldmarktes hat sich bei uns jedoch sehr viel zögernder und später eingestellt als im Auslande. Während England und Frankreich bereits Ende Januar wieder zu normalen Zinssätzen zurückgekehrt waren — das Londoner Institut war bis zum 23. Januar in drei Diskontherabsetzungen von 7 auf 4 %, das französische in zwei Ermäßigungen von 4 auf 3 % heruntergegangen —, konnte die Reichsbank nur sehr langsam folgen: Am 13. Januar ermäßigte sie ihren Satz von 7½ auf 6½ % und am 25. weiter auf 6 %, aber erst Anfang März kam eine weitere Ermäßigung auf 5½ %, Ende April die vierte auf 5 %, und erst der Juni brachte dann zwei weitere Rückgänge bis auf 4 %, bei welchem Satz die Reichsbank stehengeblieben ist, während die Bank von England schon Ende Mai auf 2½ %, also noch unter Paris heruntergehen und diesen Satz während der ganzen folgenden Monate aufrechterhalten konnte [1].“

Der Durchschnitt des Reichsbankdiskonts betrug 4,75 %, war also 1,28 % niedriger als im Jahre 1907. Noch stärker,

---

[1] Frankfurter Zeitung, Rückblicke auf das Wirtschaftsjahr 1908, 1. Januar 1909, I.

nämlich 1,59 %, war der Rückgang des Privatdiskontdurchschnittes, der 1908 3,53 % betrug. Bezeichnend für die Lage des Geldmarktes war auch die Spannung zwischen dem durchschnittlichen Reichsbank- und Privatdiskont, die 1907 0,91 %, 1908 dagegen 1,21 % betrug. Die günstige Lage des Geldmarktes — neben geschickter Devisen- und Goldpolitik — ermöglichte der Reichsbank auch, ihren Status im Laufe der Jahre sehr zu kräftigen, so daß ihr Metallbestand, der Ende 1907 sehr zusammengeschmolzen war, Ende 1908 wieder eine ansehnliche Höhe aufwies. Das Geschäft an der Börse nahm nicht den Aufschwung, den die Geldflüssigkeit sowie das Inkrafttreten des neuen Börsengesetzes mit der Aufhebung des Terminhandelverbotes erwarten ließ. Vielmehr waren die ungünstigen Berichte über den Konjunkturrückgang, sowie Befürchtungen auf politischem Gebiete — Marokko, Unabhängigkeitserklärung Bulgariens, Annexion von Bosnien und der Herzegowina durch Österreich-Ungarn, Verfassungskämpfe in der Türkei —, Gründe, die zur Zurückhaltung der Spekulation und des Publikums Veranlassung gaben.

Was nun die Geschäftstätigkeit der Hypothekenbanken anbelangt, so konnten diese auf ein im allgemeinen günstiges Jahr zurückblicken; mehrere Banken konnten ihre Dividenden erhöhen. Der Gesamtreingewinn von 37 Hypothekenbanken hob sich um 5,85 Mill. Mk. auf 95,36 Mill. Mk., die Durchschnittsdividende um 0,11 % auf 8,12 %. Der Pfandbriefabsatz hatte besonders in den drei ersten Quartalen unter der außerordentlich starken Ausgabe von Staats- und Kommunalanleihen — vgl. Tabelle 8 — zu leiden, gestaltete sich dann aber im 4. Quartal sehr günstig und zu steigenden Kursen, so daß der Gesamtumlauf an Obligationen Ende 1908 sich auf 9,590 Mill. Mk. belief, eine Steigerung von 541 Mill. Mk. gegen 1907. Zu bemerken ist, daß vielfach Institute, die vorher ihre Papiere freihändig verkauften, den Subskriptionsweg beschritten, um durch Festsetzung eines niedrigeren Kurses einen besonderen Anreiz zur Zeichnung zu bieten [1].

Die Zinssätze auf dem Hypothekenmarkt paßten sich der sinkenden Tendenz des offenen Geldmarktes infolge der dem ersteren anhaftenden Schwerfälligkeit nur langsam an, zumal die Hypothekenbanken zu Beginn des Jahres nur verhältnismäßig geringe Gelder zur Verfügung stellen konnten, da ihr Pfandbriefabsatz, wie bereits erwähnt, unter der Konkurrenz großer Emissionen mündelsicherer Werte zu leiden hatte. Immerhin war auch hier ein langsames Weichen der Zinssätze zu bemerken. Mitte des Jahres notierten [2] Institutsgelder $4^1/_2$—$4^3/_4$ % gegen $4^3/_4$—$4^7/_8$ % Ende 1907, und die Abschluß-

[1] Frankfurter Zeitung vom 5. August 1908, II.
[2] Ebenda vom 10. Juli 1908, A.

provision bedang 1—2 %, gegen mindestens 2 % Ende 1907. Im Herbst waren dann die Hypothekenbanken infolge besseren Pfandbriefabsatzes in der Lage, ihre Sätze auf ca. $4^1/_4$ % zu ermäßigen [1], und in seinem Jahresbericht stellt der Verein Berliner Grundstücks- und Hypothekenmakler für dieselbe Kategorie $4^1/_2$—$4^1/_8$ % bei $2^1/_2$—$1^1/_2$ % Abschlußprovision für Ende 1908 fest.

B. Geldmarkt und Anleihekurse 1908.

Gleich der Beginn des Januar brachte die allgemein sehnsüchtig erwartete Erleichterung auf dem Geldmarkt, und zwar trat die Entspannung zuerst an den internationalen Plätzen ein. In London hatte der Privatdiskont bereits in den letzten Tagen des Dezember eine weichende Richtung eingeschlagen, so daß die Spannung zwischen offizieller und Marktrate bis zu 2 % erreicht hatte; der Bank von England waren größere Mengen von Gold zugeflossen; Entnahmen New Yorks und Südamerikas standen vorerst nicht mehr zu befürchten — so schritt die Bank von England schon am 2. Januar zu einer 1 % Reduktion ihrer Rate [2]. Dem Vorgehen des englischen Zentralinstitutes folgte die Bank von Frankreich am 9. Januar mit einer Ermäßigung ihres Diskonts von 4 auf $3^1/_2$ %, ebenso setzten die Österreichisch-Ungarische Bank und die Belgische Nationalbank ihre Raten von 6 auf 5 % herab. Die Absicht der Bank von England, mit ihrer Diskontermäßigung die Kontrolle des offenen Marktes wieder zu erhalten, wurde jedoch nicht erreicht. Der Privatdiskont sank fast von Tag zu Tag, und das englische Noteninstitut mußte folgen. Am 16. Januar ging es auf 5 % und am 24. auf 4 % herab. Somit war in London innerhalb eines Monats der offizielle Diskontsatz um 3 % ermäßigt. Auch die Bank von Frankreich kehrte am 24. Januar zu ihrer normalen Rate von 3 % zurück. Mit der Erleichterung auf dem internationalen Geldmarkt trat auch in Deutschland eine größere Geldflüssigkeit ein. Nach der Ermäßigung der englischen Bankrate erwartete man, daß auch die Reichsbank sofort mit einer Herabsetzung ihres drückend hohen Diskontsatzes folgen würde, doch zeigte der Ausweis per 31. Dezember 1907 eine solche Anspannung — die Bank hatte mit einer Notensteuerpflicht von 626 Mill. Mk. einen neuen Rekord erreicht —, daß die Bank vorzog, die Gestaltung der Rückflüsse abzuwarten [3]. Erst als diese in befriedigendem Maße eingingen, zugleich der Privatdiskont infolge großer Nachfrage nach Diskonten, besonders seitens Hypothekenbanken und Versicherungsgesellschaften, sowie ausländischer

[1] Frankfurter Zeitung vom 4. November 1908, A.
[2] Ebenda vom 2. Januar 1908, A.
[3] Ebenda vom 4. Januar 1908, A.

1908

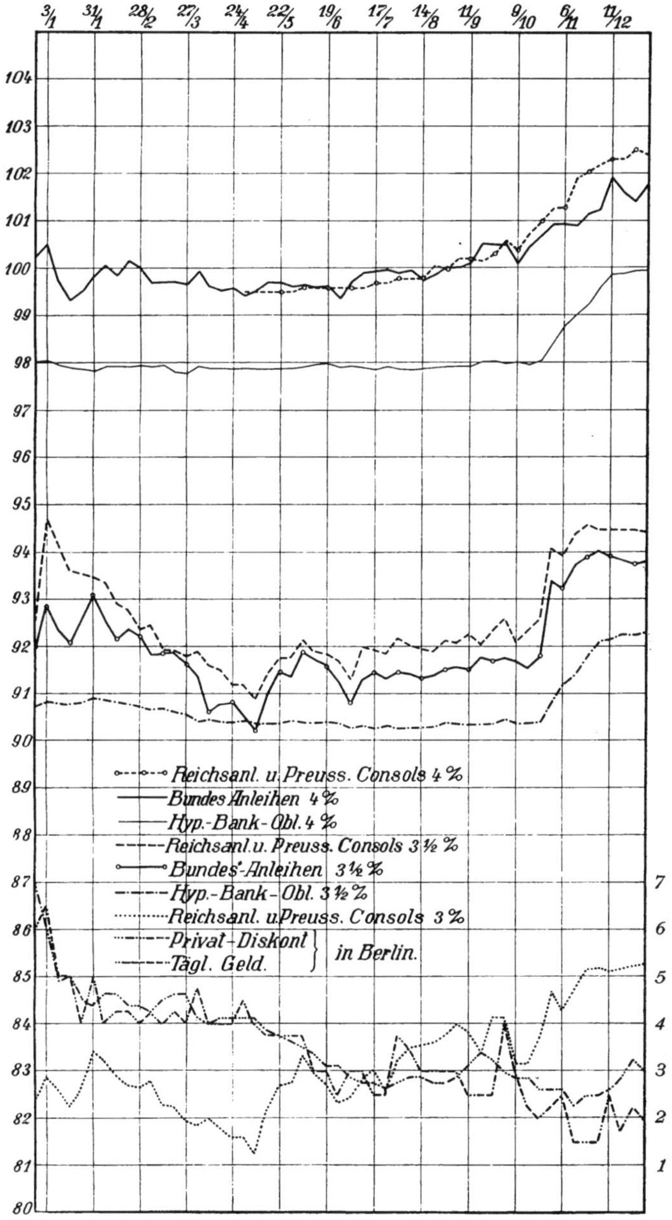

3/1 31/1 28/2 27/3 24/4 22/5 19/6 17/7 14/8 11/9 9/10 6/11 11/12
104 103 102 101 100 99 98 97 96 95 94 93 92 91 90 89 88 87 86 85 84 83 82 81 80
7 6 5 4 3 2 1
Reichsanl. u. Preuss. Consols 4 %
Bundes Anleihen 4 %
Hyp.-Bank-Obl. 4 %
Reichsanl. u. Preuss. Consols 3½ %
Bundes-Anleihen 3½ %
Hyp.-Bank-Obl. 3½ %
Reichsanl. u. Preuss. Consols 3 %
Privat-Diskont
Tägl. Geld.
in Berlin.

Käufe bis auf 5 % zurückging [1], setzte die Bank am 13. Januar ihren Diskont von 7 1/2 auf 6 1/2 % herab. Trotzdem erhielt sich die starke Spannung zwischen offiziellem und Marktsatz — welch letzterer bis auf 4 1/2—4 3/8 % gesunken war —, und da inzwischen die oben erwähnten Ermäßigungen an ausländischen Bankplätzen vorgenommen waren, ging die Reichsbank am 25. Januar weiter auf 6 % herab. Eine stärkere Diskontermäßigung ließ die im Vergleich zum Vorjahr immer noch stärkere Beanspruchung des deutschen Zentralinstitutes nicht angebracht erscheinen.

Es wäre anzunehmen gewesen, daß die auf dem Geldmarkt eingetretene Erleichterung auch ihren Einfluß auf den Anleihemarkt ausüben und hier zu größeren Anlagekäufen und Kursbesserungen führen würde. In den ersten Tagen des Monats trat zwar regere Nachfrage nach Staatsanleihen auf, die besonders die Kurse 3 1/2 % Reichsanleihen und Konsols erhöhte, allein bald ließ diese nach, und die Kurse schlugen wieder eine sinkende Richtung ein. Der Grund hierfür waren größere Neuemissionen, die von Staaten und Kommunen vorgenommen wurden. Den Anfang machte Preußen, welches die Börse am 4. Januar mit der Aufforderung zur Zeichnung auf einen neuen Anleihetyp, eine Anleihe mit automatisch von 4 über 3 3/4 auf 3 1/2 % sich reduzierendem Zinsfuß vollständig überraschte, und damit an der Börse keinen günstigen Einfluß hervorrief, zumal eine Gesamtsumme der auszugebenden Anleihe nicht angegeben wurde [2]. Die Verstimmung der Börse, welche eine Versteifung des eben erst etwas erleichterten Geldmarktes durch die neue Anleihe befürchtete, führte zu Abgaben; dazu kamen Tauschgeschäfte alter Anleihen gegen die billigere neue, sowie gegen die weiter zur Subskription gelangenden neuen Anleihen von Württemberg, Baden, Hamburg und verschiedener Kommunen [3]. Die Folge waren größere Kursrückgänge, trotzdem verschiedentlich Interventionen vorgenommen wurden. Erst in den letzten Tagen machte sich, ausgehend von größerem Interesse für Renten in London und Paris, und im Zusammenhang mit den günstigeren Aussichten des Geldmarktes, stärkere Kauflust auch für heimische Anleihen [4] bemerkbar, die zu einer Erholung der Kurse, speziell für 3 % Reichsanleihen und Konsols, sowie verschiedene Bundesanleihen, führte. Pariser und Londoner Käufe waren zu einem erheblichen Teile an dieser Kursbesserung mitwirkend [5]. Hypothekenbank-Obligationen blieben ruhig und konnten, mit Ausnahme von bayerischen Hypotheken- und

[1] Frankfurter Zeitung vom 10. Januar 1908, A.
[2] Ebenda vom 4. Januar 1908, A.
[3] Ebenda vom 18. Januar 1908, A., 19. und 26. Januar 1908, II.
[4] Ebenda vom 1. Februar 1908, A.
[5] Ebenda vom 31. Januar 1908, A.

Wechselbank-Pfandbriefen, von dem regeren Interesse für Anleihen nicht profitieren, vielmehr brachte die im größten Teil des Monats herrschende Mattigkeit auf dem Anleihemarkt und die Konkurrenz der Neuemissionen noch teilweise Kursermäßigungen [1], so bei Rheinischen Hypothekenbank-, 4 % Deutschen und Frankfurter Hypothekenbank- und Preußischen Bodenkredit- und Zentralbodenkredit-Pfandbriefen. Auf diesem Gebiete wirkte auch der Umstand ungünstig ein, daß ein weiteres Institut, die Berliner Hypothekenbank, zur Emission von 4½ % Pfandbriefen schritt [2], trotzdem diese Maßnahme seinerzeit bei der Deutschen Hypothekenbank, wie wir gesehen haben, überwiegend ungünstig beurteilt worden war [3].

Die Besserung des Anleihemarktes war jedoch nicht von langer Dauer, und im Februar gingen die Kurse, besonders der 3 und 3½ % Anleihen wieder um ½ – 1 % zurück. Eine Stütze boten dem Markt vorübergehend englische Käufe [4], doch überwog das Angebot. Der Grund für diese Schwäche waren teils Tauschoperationen gegen die weiter in erheblichem Umfange veranstalteten, durchweg mit mindestens 4 % ausgestatteten Neuemissionen, ferner Abgaben im Hinblick auf die bevorstehende neue Emission von Reichsanleihe und Preußischen Konsols, bezüglich deren man sich klar war, daß sie ebenfalls 4 %ig sein würde; endlich auch die Verhältnisse auf dem Geldmarkt.

Hier erfuhr die Erleichterung, die im Januar eingetreten war, eine Unterbrechung. Einzahlungen auf die neuen Anleiheemissionen und Kapitalerhöhungen in der Industrie zwecks Abstoßung schwebender Schulden absorbierten größere Summen, dazu zeigte der weiter angespannte Status der Reichsbank, sowie die immer noch hohen Devisenkurse, daß der Geldmarkt noch keineswegs so flüssig war, wie es durch den Rückgang des Privatdiskonts scheinen mochte [5]. So schritt die Reichsbank nicht zu der erhofften weiteren Ermäßigung ihres Satzes, suchte sich vielmehr durch Begebung von ca. 40 Mill. Mk. Schatzscheinen zu entlasten und gleichzeitig die Spannung zwischen Privat- und Banksatz zu verringern [6]. Der Umstand, daß ungefähr die Hälfte dieser Schatzscheine vom Ausland übernommen wurde, bewirkte einen erfreulichen Rückgang der Wechselkurse. In der zweiten Hälfte des Monats stellte dann das Ausland weiter größere Summen

---

[1] Frankfurter Zeitung vom 24. Januar 1908, A.

[2] Ebenda vom 24. und 25. Januar 1908, A.

[3] Eine zustimmende Beurteilung findet sich im „Deutschen Ökonomist“ vom 1. Februar 1908, Nr. 1310, S. 57.

[4] Frankfurter Zeitung vom 16. Februar 1908, A.

[5] Ebenda vom 9. Februar 1908, II, 15. Februar 1908, A.

[6] Ebenda vom 8. und 10. Februar 1908, II.

zur Verfügung[1], so daß der Geldnachfrage wieder größeres Angebot gegenüberstand und der Privatdiskont, der auf $4^5/_8$ % angezogen hatte, wieder auf $4^3/_8$ % zurückging. „Tägliches Geld" war zu 4—$4^1/_2$ % besonders von der Seehandlung reichlich angeboten.

Im März blieben die Geldverhältnisse noch unsicher und von einer wirklichen Geldflüssigkeit konnte nicht gesprochen werden. Ausländische Gelder kamen zwar weiter nach Deutschland, um hier den höheren Zinsfuß auszunutzen, doch entzogen Ansprüche der Industrie und Einzahlungen auf neue Anleihen größere Summen. Einer unerwartet starken Inanspruchnahme der Reichsbank pro ultimo Februar — weniger seitens der Börse als vielmehr der Provinz[2] — folgten zwar stärkere Rückflüsse als in den Vorjahren, so daß die Reichsbank am 7. März ihren Diskontsatz auf $5^1/_2$ % ermäßigen konnte, nachdem die Bank von England am 5. März infolge größerer Goldzuflüsse mit einer Ermäßigung auf $3^1/_2$ % vorangegangen war. Allein um die Mitte des Monats trat wieder regere Nachfrage nach Geld auf: die zu Dividendenzahlungen und Kuponeinlösungen benötigten Gelder wurden vom Markte zurückgezogen, auch die Seehandlung prolongierte ihre ausstehenden Gelder nur zu einem geringen Teil. In Anbetracht dieser Umstände zog der Privatdiskont auf $4^1/_2$—$4^3/_4$ % an, und auch der Satz für Ultimogeld war mit $5^1/_2$—$5^7/_8$ % über 1 % höher als im Vormonat. Gegen Schluß des Monats ermäßigte sich der Privatsatz wieder auf $4^1/_2$ %, da ausländische Gelder wieder zur Verfügung standen, wenn auch nicht in dem Maße, als man bei der großen Differenz zwischen den Zinssätzen Deutschlands und des Auslandes — in London war der Bankdiskont am 19. März weiter auf 3 % ermäßigt worden — erwartet hatte. Der Markt der festverzinslichen Papiere, sowohl Staatsanleihen wie Pfandbriefen, neigte zur Schwäche, wofür die oben angeführten Gründe weiter maßgebend blieben.

Der April brachte der Börse eine Überraschung, da die Emission von neuer Reichsanleihe und Konsols, die man erst im Mai erwartet hatte, bereits am 2. April angekündigt wurde. Der Grund für die frühere Ausgabe war die Tatsache, daß der Markt bereits durch umfangreiche Anleiheoperationen in Anspruch genommen war und weitere Emissionen in Aussicht standen[3]. Eine weitere Überraschung war der Umstand, daß von den zur Subskription gelangenden 650 Mill. Mk. der kleinere Teil, 250 Mill. Mk., für das Reich bestimmt waren, während für Preußen der Anleihebedarf 400 Mill. Mk. betrug — und

---

[1] Frankfurter Zeitung vom 23. und 25. Februar 1908, A.
[2] Ebenda vom 7. März 1908, A.
[3] Ebenda vom 2. April 1908, A.

dies, nachdem erst im Januar 181 Mill. Mk. preußische Schuldbuchanleihe begeben waren. Diesen Umstand nahm die Börse ungünstig auf, da man sogar vermutete, daß das Reich eventuell im Laufe des Jahres den Markt zum zweiten Male in Anspruch nehmen könnte[1]. Der Übergang zum 4 % Zinsfuß war allgemein erwartet, da eine 3½ % Anleihe unter den derzeitigen Verhältnissen des Geld- und Anleihemarktes unmöglich hätte placiert werden können. Dagegen war man besorgt, wie der Geldmarkt die neue starke Belastung ertragen würde. Alle diese Umstände bewirkten größeres Angebot von Anlagewerten, welches die Kurse zurückgehen ließ, wozu noch Verkäufe älterer Anleihen kamen, die zwecks Tausch gegen die relativ billigen neuen Anleihen vorgenommen wurden[2]. Auch der Erfolg der Subskription entsprach wohl nicht ganz den Erwartungen, und trotzdem man die Zuteilung mit möglichster Vorsicht gehandhabt hatte, um die Konzertzeichner auszuschalten, kamen doch bald nach der Subskription größere Beträge der neuen Anleihe zum Verkauf, was den Markt verstimmte[3].

Die Lage auf dem Geldmarkt war in der ersten Hälfte des Monats, wenn auch noch nicht geklärt, so doch entschieden leichter, trotzdem die wiederum sehr starke Anspannung des Reichsbankausweises per ultimo März zur Vorsicht mahnte. Diskonten waren gefragt, man erwartete einen baldigen kräftigen Rückfluß zur Reichsbank, sowie Zuströmen ausländischer Gelder zwecks Beteiligung an den neuen Anleihen — alles Gründe, die eine baldige weitere Herabsetzung des Bankdiskonts erhoffen ließen[4]. Allein um die Mitte des Monats änderte sich das Bild. Zwar waren die für die neuen Anleihen bereitgehaltenen Beträge in Form von „Täglichem Geld“ reichlich offeriert, aber die Rückflüsse zur Reichsbank gingen nicht in erwartetem Maße ein und die Diskonteure zeigten Zurückhaltung[5]. Dazu kam, daß das Ausland sich nicht in dem erwarteten Umfange an der Subskription auf die neuen Anleihen beteiligte, vielmehr seine Guthaben teilweise zurückzog[6]. Erst am 27. April schritt die Reichsbank zur Herabsetzung ihres Diskonts auf 5 %, nachdem bei ihr die Rückflüsse stärker eingegangen waren. Damit stand die Bank mit ihrem Satze noch 2 % über dem französischen und englischen Bankdiskont, und die Börse, die eine Ermäßigung um ein volles Prozent erwartet hatte, wurde in ihrer Hoffnung getäuscht.

[1] Frankfurter Zeitung vom 2. April 1906, A.
[2] Ebenda vom 5. und 12. April 1908, II, 18. April 1908, A.
[3] Ebenda vom 22. April und 1. Mai 1908, A.
[4] Ebenda vom 4. und 11. April 1908, A.
[5] Ebenda vom 18. April 1908, A.
[6] Ebenda vom 14. und 25. April 1908, A., 19. April 1908, II.

Diese vorübergehende Versteifung des Geldmarktes hielt noch in den ersten Tagen des Mai an, wozu die Inanspruchnahme des Geldmarktes durch weitere neue Stadtanleiheemissionen und Einzahlungen auf die neue Reichs- und Preußische Anleihe das ihre beitrug[1]. Um die Mitte des Monats setzte dann eine größere Geldflüssigkeit ein: die Ansprüche der Industrie wurden infolge der rückgehenden Konjunktur geringer; die Seehandlung stellte dem Markte reichliche Summen zur Verfügung[2]; aus dem Auslande suchten erhebliche Posten Geld von der bestehenden Zinsdifferenz zu profitieren[3]. Auch auf dem internationalen Geldmarkt wurde Geld flüssiger, so daß die Bank von England am 29. Mai ihre Rate auf $2^1/_2$ % ermäßigen konnte. Bei der Reichsbank blieb jedoch noch eine größere Anspannung bestehen, so daß noch keine Diskontherabsetzung vorgenommen werden konnte, trotzdem die Devisenkurse günstig standen und größere Goldimporte stattfanden[4]. Dagegen ging der Privatdiskont von $4^1/_8$ auf $3^5/_8$ % zurück und „Tägliches Geld" war zu 4—$3^1/_2$ % stets reichlich angeboten.

Auf dem Anleihemarkte erfolgten in den ersten Tagen aus den bekannten Gründen noch stärkere Realisationen, welche die Kurse meist weiter sinken ließen, obwohl der Markt durch Interventionen gestützt wurde. Mit dem Umschwung auf dem Geldmarkte trat denn auch für festverzinsliche Papiere wieder größere Nachfrage auf, so daß die Kurse erheblich anziehen konnten. Verstärkt wurde die Kauflust durch die Tatsache, daß die Großbanken die Zinsvergütung auf Scheckkonten auf 3 %, die Deutsche Bank sogar auf $2^1/_2$ % ermäßigten[5], ferner, daß die Großbanken, angeregt durch die Verhandlungen der Bank-Enquete-Kommission größere Summen ihrer Depositengelder in Staatsanleihen anlegten[6]. So sehen wir am Ende des Monats die Anleihen fast durchweg erheblich über ihren Tiefkursen schließen. Hypothekenbank-Obligationen vermochten allerdings dieser Steigerung nicht so rasch zu folgen. Das Interesse für Anleihewerte hielt auch in der ersten Juniwoche noch an, in der die Kurse noch weiter steigen konnten. Dann aber erfolgte wiederum ein Umschlag, da größeres Angebot bis zum Ende des Monats an den Markt kam und die Kurse um ca. $^1/_2$—1 % zurückwarf. Der Grund für diese schwächere Haltung des Anlagemarktes waren einmal politische Bedenken, die infolge der Zusammen-

---

[1] Frankfurter Zeitung vom 9. Mai 1908, A.
[2] Ebenda vom 16. und 20. Mai 1908, A.
[3] Ebenda vom 16. und 23. Mai 1908, A., 31. Mai 1908, II.
[4] Ebenda vom 9., 15., 19. und 20. Mai 1908, A.
[5] Ebenda vom 16. Mai 1908, A.
[6] Ebenda vom 23. Mai 1908, A.

kunft König Eduards mit dem Zaren auftauchten[1], dann die Subskription auf 100 Mill. Mk. 4 % Preußische Schatzanweisungen, zu der das Preußenkonsortium schritt, da der erhoffte Absatz im Auslande für die gleichzeitig mit den 4 % festen Anleihen übernommenen 200 Mill. Mk. Schatzscheine nicht gelungen war[2]. Auch das weiter starke Angebot von Neuemissionen (Deutsche Schutzgebietsanleihe, Hessische Staatsanleihe, Krupp- und A.E.G.-Obligationen, verschiedene Stadtanleihen) führte infolge Tauschoperationen zu Verkäufen von älteren Anleihen[3]. Hypothekenbank-Obligationen bewegten sich nicht gleichmäßig. Kursermäßigungen (3½ % Bayerische Hypotheken- und Wechselbank, Preußische Zentralboden-, Rheinische Hypothekenbank, 4 % Preußische Boden- und Zentralbodenkredit-Pfandbriefe) standen Kurserhöhungen (4 % Preußische Pfandbriefbank- und Rheinische Hypothekenbank-Pfandbriefe) gegenüber.

Auf dem Geldmarkt nahm die Flüssigkeit noch stark zu. Der Privatdiskont ermäßigte sich auf 3⅛ %, ein Satz, wie er über ein Jahr lang so niedrig nicht dagewesen war, „Tägliches Geld" ging sogar auf 2½ % zurück. Die Ansprüche der Industrie waren geringer geworden, die Seehandlung stellte dem Markte reichliche Mittel zur Verfügung, auch das Ausland kaufte eifrig Diskonten[4]. Die Geldflüssigkeit übte ihre Wirkung auch auf die Reichsbank aus, deren Status sich erheblich kräftigte. So konnte sie am 4. Juni die lang erwartete Ermäßigung ihres Diskontsatzes auf 4½ % vornehmen und ließ dieser sogar zur freudigen Überraschung der Börse am 18. Juni eine weitere Herabsetzung auf 4 % folgen, einen Satz, der seit 1905 nicht mehr möglich gewesen war. Der Umstand, daß der Bank reiche Goldimporte zugeflossen waren und die Devisenkurse einen so günstigen Stand behielten, daß weitere Importe in Aussicht standen, ließen diesen Schritt des Zentralinstitutes möglich und gerechtfertigt erscheinen. Auch die Ansprüche an die Reichsbank zum Semesterwechsel blieben hinter denen der Vorjahre zurück, besonders die Wechseleinreichungen waren erheblich geringer. Ferner fanden Rückflüsse im Juli so reichlich statt, daß das Institut bereits am 18. Juli wieder über eine steuerfreie Notenreserve von ca. 140 Mill. Mk. verfügte.

Überhaupt war während der Monate Juli und August das Geldangebot stark, und der Privatdiskont hielt sich mit geringen Schwankungen auf ca. 2¾ %, „Tägliches Geld" war zu 2½—3 % reichlich angeboten und versteifte sich nur um

[1] Frankfurter Zeitung vom 13. Juni 1908, A.
[2] Ebenda vom 18. Juni 1908, I.
[3] Ebenda vom 28. Juni 1908, II.
[4] Ebenda vom 24. Juni 1908, A.

ultimo Juli auf $3^{1}/_{2}$—4 %. Als Gründe für die Geldflüssigkeit waren maßgebend einmal die allgemeine flüssige Lage auf dem internationalen Geldmarkte, die das Ausland mehrfach veranlaßte, in Deutschland seine Gelder, besonders in Diskonten anzulegen[1]; ferner Diskontbegehr seitens der Hypothekenbanken, denen infolge flotten Verkaufs ihrer Pfandbriefe viele flüssige Mittel zur Verfügung standen[2]; endlich die geringen Ansprüche der Börse, an welcher eine außerordentliche Geschäftsstille herrschte und Engagements nur in geringem Umfange bestanden. Vorübergehend wurde sogar eine weitere Ermäßigung der Bankrate erwartet[3], doch nahm die Reichsbank diesen Schritt nicht vor, wohl im Hinblick auf den bevorstehenden Herbstbedarf.

Auf den Markt der Anlagepapiere verfehlte der Geldüberfluß seinen Eindruck nicht. Das Interesse für Dividendenpapiere, für welche die Nachrichten aus den Industriegebieten nicht sehr günstig lauteten, ging weiter zurück; die Banken ermäßigten die Zinsvergütung für Depositengelder — Umstände, welche neben dem regelmäßigen Anlagebedarfe zum Semesterwechsel den Anleihewerten neue Käufer zuführten. Auch das Ausland sowie die Spekulation beteiligte sich an diesen Käufen[4]. Diese starke Nachfrage nach Anleihen ermöglichte dem Preußenkonsortium, seine Bestände an 4 % Reichsanleihe und Preußische Konsols vollständig auszuverkaufen, was ebenfalls auf dem Markt einen günstigen Eindruck machte[5]. Wenn trotz der größeren Nachfrage die Kurse nicht stärker anzogen, als es tatsächlich der Fall war, so lag dies einmal an dem Umstand, daß der Bedarf eben vielfach aus den erwähnten Beständen des Konsortiums gedeckt wurde, dann aber auch, daß weiter Neuemissionen vorgenommen wurden, so besonders die der genannten 100 Mill. Mk. 4 % Preußische Schatzanweisungen gleich nach dem Semesterwechsel, welche ein günstiges Resultat erzielten. Vorübergehende kleine Abschwächungen wurden durch politische Bedenken sowie die Unsicherheit über die bevorstehende Reichsfinanzreform verursacht; auch kamen infolge Tauschoperationen gegen Neuemissionen weiter ältere Anleihen an den Markt.

Im September setzten zwar die üblichen Herbstansprüche ein, welche sich in einer Erhöhung des Privatsatzes ausdrückten, immerhin wurde das Wechselangebot, das besonders aus amerikanischen Exporttratten bestand[6], leicht aufgenommen, und die Marktrate, die vorübergehend um $^{1}/_{2}$ % bis auf $3^{3}/_{8}$ %

---

1 Frankfurter Zeitung vom 4. Juli 1908, A.
2 Ebenda vom 25. August 1908, A., 30. August 1908, II.
3 Ebenda vom 4. Juli 1908, A., 16. August 1908, II.
4 Ebenda vom 2. und 9. August 1908, II.
5 Ebenda vom 29. Juli, 12. und 22. August 1908, A., 23. August 1908, II.
6 Ebenda vom 12. und 19. August 1908, A.

gestiegen war, ging zu Ende des Monats wieder auf 3 % zurück. Im übrigen aber war die Verfassung des Geldmarktes eine sehr günstige, wozu starke Goldimporte sowie reichliche Devisenportefeuilles der Banken das ihre beitrugen[1]. Auch die Reichsbankausweise ließen einen gegenüber dem Vorjahre bedeutend gekräftigten Status erkennen. „Tägliches Geld" war im Überfluß vorhanden, und auch Ultimogeld zu dem für den Herbstquartalswechsel sehr niedrigen Satz von $4^1/_4$ bis 4 % reichlich angeboten.

Anleihen waren unter diesen Umständen weiter gefragt und besonders konnten diesmal 3- und $3^1/_2$ %-Typen ihre Kurse verbessern. Vorübergehend traten allerdings kleine Rückgänge ein, die ihre Ursache in Diskussionen über die Marokkofrage hatten[2].

Das hervorstechende Merkmal des letzten Quartals war das weitere Anhalten der außergewöhnlichen Geldflüssigkeit. Zeitweilig war das Angebot von Kapitalien ein geradezu drängendes; Kreditbanken, Hypothekenbanken und andere Geldinstitute stellten dem offenen Markte große Summen zur Verfügung, auch die Seehandlung war im Besitze bedeutender flüssiger Mittel, und ausländische Gelder wurden mehrfach nach Berlin gelegt[3]. Als Hauptursache wurde hierfür die merklich weiter zurückgehende Konjunktur angesehen. Industrie und Handel nahmen Kredit in viel geringerem Maße in Anspruch, da einmal die Menge des Umsatzes gesunken, dann aber auch infolge niedrigerer Preise der Wert desselben geringer geworden war. Angesichts der ungünstigen Berichte über den Geschäftsgang und schlechterer Abschlüsse der Gesellschaften ging aber an der Börse das Interesse für Dividendenpapiere sehr zurück, die Engagements waren unbedeutend und daher der Geldbedarf der Börse sehr viel geringer. Die Folge aller dieser Umstände war, daß die Zinssätze einen derartig niedrigen Stand einnahmen, wie er um diese Jahreszeit niemals vorher dagewesen war. Die Reichsbank konnte an dem Diskontsatz von 4 % bis zum Jahresschluß festhalten, wenn sie auch zum Quartalswechsel und an den Ultimo-Terminen stark in Anspruch genommen wurde, Tatsachen, die weniger in wirklichem Geldbedarf als vielmehr in dem noch nicht genügend ausgebildeten bargeldlosen Zahlungsverkehr ihren Grund haben[4], so war doch ihre Anspannung gegenüber dem Vorjahr bedeutend geringer, und Rückzahlungen flossen dem Institut sehr schnell wieder zu. Der Privatdiskont hielt im Oktober und November eine rückläufige Bewegung ein und ermäßigte sich gegenüber dem Satze

[1] Frankfurter Zeitung vom 12. und 22. September 1908, A.
[2] Ebenda vom 6. und 20. September 1908, II, 12. September 1908, A.
[3] Ebenda vom 16. Oktober 1908, II.
[4] Ebenda vom 3. Oktober 1908, A., 4. Oktober 1908, II.

von ca. $3^1/_4$ % am Quartalswechsel um ein volles Prozent auf $2^1/_4$ % Mitte November. Die starke Spannung zwischen Reichsbank- und Privatdiskont suchte die Bank durch Begebung von Schatzwechseln zu verringern, hatte damit aber nur vorübergehend Erfolg [1]. Erst im Dezember trat eine Versteifung ein, die sich jedoch in engen Grenzen hielt: ein Satz von $3^1/_4$—3 % am Jahresschluß war bezeichnend für die ganze Situation am Geldmarkte.

Die Tendenz des Anleihemarktes war während dieses Quartals in ihrer Grundlage eine aufwärts gerichtete, so daß die Kurse sämtlicher festverzinslicher Papiere erhebliche Kursbesserung erzielen konnten. Die Hauptursache hierfür war naturgemäß die große Geldflüssigkeit, die vielfach zu Anlagekäufen für anderweitig nicht unterzubringende Kapitalien führte. Aber auch die weiter bestehende Abneigung des Publikums für Dividendenwerte brachte den festverzinslichen neue Käufer, dazu kamen mehrfach Kaufaufträge des Auslandes [2]. Unterbrochen wurde die Aufwärtsbewegung durch Rückschläge, die größtenteils mit politischen Sorgen zusammenhingen. So verursachten zunächst die Annexion Bosniens durch Österreich-Ungarn und die Unabhängigkeitserklärung Bulgariens stärkeres Angebot — auch Abgaben des Auslandes — in den ersten Tagen des Oktobers, welches sich besonders in 3 % Reichsanleihen bemerkbar machte, während höher verzinsliche Papiere weniger litten und bei Hypothekenbank-Obligationen kaum ein Rückgang zu verzeichnen war. Nach kräftiger Aufwärtsbewegung brachten dann Anfang November Differenzen über Marokko wieder einen kleinen Rückschlag, der aber fast ausschließlich 3 und $3^1/_2$ % Anleihen betraf, und Anfang Dezember waren es wieder Balkansorgen, die die feste Tendenz des Anleihemarktes vorübergehend zum Stillstand und Rückschlag brachten. Alle diese ungünstigen Momente übten jedoch immer nur vorübergehend ihren Einfluß aus: Die feste Tendenz kam stets bald wieder zum Durchbruch und die Kurse nahmen am Schluß des Jahres ihren höchsten Stand ein. Auch für neue Emissionen war der Markt sehr aufnahmefähig [3]. Die Anfang Oktober fälligen 245 Mill. Mk. $3^1/_2$ % Reichs- und Preußische Schatzscheine wurden fast vollständig gegen die neuangebotenen 4 % umgetauscht, die Bestände von früher übernommenen Anleihen konnten ausverkauft werden [4], Subskriptionen wurden stark gezeichnet und die Hypothekenbanken konnten über einen flotten Absatz ihrer Pfandbriefe berichten [5].

---

[1] Frankfurter Zeitung v. 28. November 1908, A., 29. November 1908, II.
[2] Ebenda vom 13. Dezember 1908, VI.
[3] Ebenda vom 4. Oktober 1908, II.
[4] Ebenda vom 29. Oktober 1908, A.
[5] Ebenda vom 29. Oktober 1908 und 1. November 1908, II.

Fünftes Kapitel.

Das Jahr 1909.

A. Allgemeine Übersicht.

Die Kommerz- und Diskontobank schreibt in ihrem Geschäftsbericht über das Jahr 1909:

„Das Berichtsjahr war fast auf allen Gebieten des wirtschaftlichen Lebens eine Zeit der Erholung nach dem durch die Geldkrisis des Jahres 1907 eingeleiteten und im Jahre 1908 anhaltenden Rückgange der Konjunktur. Wenn auch von einem Aufschwung in Handel und Industrie noch nicht die Rede sein konnte, so waren doch Anzeichen einer Besserung in den meisten Zweigen bemerkbar. Beeinträchtigt wurde diese Entwicklung der Konjunktur zeitweise durch die politischen Beunruhigungen, welche die Einverleibung von Bosnien und der Herzegowina in Österreich und der Thronwechsel in der Türkei im Gefolge hatten. Auch der wenig befriedigende Ausgang der Reichsfinanzreform, die trotz aller früheren besseren Absichten der Regierung mit erneuten Belastungen von Handel, Industrie und Verkehr endete, trug zur geschäftlichen Unlust bei."

Mit diesen Worten wird die Situation des Jahres treffend geschildert. Die Frankfurter Zeitung schreibt in ihrem Rückblick: „Das Jahr 1909 gehörte der Spekulation[1]". In der Tat bot die vielfache Unsicherheit über die politische Entwicklung, sowohl was die äußere wie die innere Politik — die Beeinflussung des Wirtschaftslebens durch die Reichsfinanzreform — anbelangt, der Spekulation reichlichen Anlaß zur Betätigung, und der beginnende Wiederaufschwung der Konjunktur öffnete der Phantasie der Spekulation Tür und Tor. In Amerika versetzten die ersten günstigeren Nachrichten aus der Industrie die Börse stellenweise in einen wahren Haussetaumel, und auch in Deutschland ließ die Börse ihrem Optimismus die Zügel schießen und besonders im zweiten Semester des Jahres „schnellten die Kurse der Dividendenpapiere in einer Weise in die Höhe, die selbst großen Erwartungen auf künftige bessere Erträgnisse der Werke bereits Rechnung trug[2]."

Der Geldmarkt war den größten Teil des Jahres recht flüssig. Die Reichsbank ermäßigte ihren Satz von 4 % am 16. Februar auf 3½ % und behielt diese Rate bis September bei, zu welcher Zeit die Geldsätze sich versteiften, da Amerika wieder größere Ansprüche an Europa stellte. Deshalb mußte die Reichsbank ihren Diskont am 20. September auf 4 %, am

[1] Frankfurter Zeitung vom 25. Dezember 1908, I.
[2] Geschäftsbericht des Barmer Bankvereins für 1909.

11. Oktober auf 5 % erhöhen, konnte jedoch mit diesem Satz bis zum Jahresschluß auskommen, während die Bank von England an drei aufeinander folgenden Donnerstagen, vom 7. bis 21. Oktober, ihren Diskont von $2^{1}/_{2}$ auf 5 % verdoppelte, am 11. Dezember allerdings, zu ungewöhnlicher Zeit, wieder auf $4^{1}/_{2}$ % zurückging.

Der Durchschnitt des Reichsbankdiskonts stellte sich mit 3,92 % um 0,84 % niedriger als 1908, der Berliner Privatdiskont war im Durchschnitt 2,87 % gegen 3,53 % 1908, also 0,66 % niedriger.

Der Anlagemarkt profitierte zunächst von der Geldflüssigkeit. Neuemissionen fanden schlanken Absatz und die Kurse behielten ihre steigende Richtung, wenn auch die politische Lage zeitweise Rückschläge verursachte. Die große Neuemission von 800 Mill. Mk. — zur Hälfte der wenig beliebten $3^{1}/_{2}$ % Gattung — Reichsanleihe und Konsols drückte dann aber lange auf den Markt, dem auch die wachsende Vorliebe des Publikums für Dividendenwerte Käufer entzog, so daß in der zweiten Hälfte des Jahres die Lage weniger günstig war, und die Kurse zur Schwäche neigten. Die Reichsfinanzreform konnte sich in ihren Wirkungen noch nicht äußern, die Hoffnung auf eine spätere Verminderung des Anleihebedarfes des Reiches konnte sich zudem nicht voll durchsetzen, weil die Art der Durchführung der Reichsfinanzreform allgemein verstimmte, und weil die Entwicklung befürchten ließ, daß die neuen Einnahmequellen des Reiches nicht so reichlich fließen würden, wie es die Deckung des Geldbedarfes erforderte [1].

Für die Hypothekenbanken war das Jahr 1909 im allgemeinen günstig. Für den Pfandbriefabsatz gilt dasselbe, was vorstehend für Anleihen gesagt ist. Die Nachfrage war im ersten Semester recht stark, mit der eintretenden Geldversteifung und der Unsicherheit betreffs der Reichsfinanzreform ließ sie jedoch nach, zumal auch, wie erwähnt, das Interesse des Publikums mehr den Dividendenwerten zuneigte. Der Gesamtumlauf der Obligationen erhöhte sich um 570 Mill. Mk. auf 10 160 Mill. Mk., wovon der größere Teil, rund 358 Mill. Mk., auf das erste Semester entfiel. Die Nachfrage konzentrierte sich fast ausschließlich auf 4 % Papiere, während in den niedrig verzinslichen Gattungen recht erhebliche Beträge an die Banken zurückflossen. Angebot von Hypotheken war stets genügend vorhanden, zumal die Geldsucher ihren Bedarf in den vorhergegangenen Jahren der Geldteuerung in der Hoffnung auf günstigere Bedingungen möglichst hinausgeschoben hatten [2]. Der Zuwachs von Hypotheken war ca.

---

[1] Frankfurter Zeitung vom 5. Januar 1910, A.

[2] Jahresbericht des Vereins Berliner Grundstücks- und Hypothekenmakler für 1909.

$42^1/_2$ Mill. Mk. größer als die Zunahme des Obligationenumlaufes.

Die Sätze für Institutsgelder betrugen nach dem Geschäftsbericht des Berliner Vereins $4^1/_4$—$^1/_8$—$^1/_4$—$^3/_8$%, bei $1^1/_2$—$2^1/_2$ % Abschlußprovision, lassen also eine im Laufe des Jahres eingetretene Verteuerung der Darlehnsbedingungen erkennen. Ihre Hauptursache hatte diese Verteuerung neben der im Herbst eingetretenen Versteifung des Geldmarktes, in den neuen Lasten, die den Hypothekenbanken durch die Reichsfinanzreform auferlegt wurden. Sämtliche Banken betonen in ihren Geschäftsberichten für 1909 die Tragweite der Erhöhung des Effektenstempels um 150 %, von 2 auf 5 % für Hypothekenbank-Obligationen, und der Neueinführung der Talonsteuerlasten, die in ihrer Wirkung einer Sondergewerbesteuer für die Hypothekenbanken gleichen. Eine Abwälzung der neuen Steuern auf die Pfandbriefgläubiger war nicht möglich, schon um die Konkurrenzfähigkeit der Hypothekenbank-Obligationen gegenüber den anderen Anlagepapieren, vor allem den Staatsanleihen, aufrechtzuerhalten, und so erklärten sich alle Hypothekenbanken zur Übernahme der Talonsteuer bereit. Um nun auch die Aktionäre nicht zu sehr in ihrem Gewinn zu schmälern, blieb als einzige Möglichkeit, die neuen Lasten durch Erhöhung der Zins- und Provisionssätze auf die Darlehnsschuldner abzuwälzen.

Von Interesse sind die Ausführungen über dieses Thema in den Geschäftsberichten der Hypothekenbanken, welche alle auf die durch die neuen Steuern bewirkte Verteuerung des Bodenkredites hinweisen [1]. Die Hypothekenbank in Hamburg berechnet, daß die Verteuerung einer Erhöhung der Abschlußprovision um $^1/_2$—$^3/_4$ % für eine auf 10 Jahre fest abgeschlossene Hypothek gleichkommt.

Die Vermehrung des Reingewinnes von 37 Banken um nur 1,37 Mill. Mk. auf 96,73 Mill. Mk. gegen 5,89 Mill. Mk. im Vorjahr war schon eine Folge der Reichsfinanzreform, da nicht weniger als 4,37 Mill. Mk. von 34 Banken für Talonsteuer in Reserve gestellt wurden [2]. Dividendenerhöhungen wurden nur von 4 Banken, gegen 8 im Vorjahr, vorgenommen.

B. Geldmarkt und Anleihekurse 1909.

Das Jahr 1909 begann unter nicht sehr günstigen Auspizien: Unsicherheit bezüglich der Weltpolitik, die sich vielfach bis zur Beunruhigung weiter Kreise steigerte; Darniederliegen

[1] Siehe besonders die Geschäftsberichte der Bayerischen Hypotheken- und Wechselbank, der Hypothekenbank in Hamburg und der Westdeutschen Bodenkreditanstalt in Köln.

[2] Frankfurter Zeitung vom 24. März 1910, II.

der Industrie, bemerkbar an ungünstigen Berichten aus den meisten Ländern, geringem Kapitalbedarf, rückgängigen Ziffern der Eisenbahneinnahmen und des Außenhandels.

Zunächst erforderte im Januar eine große Unsicherheit auf dem internationalen Geldmarkte die Aufmerksamkeit der Börsen, und zwar war es besonders eine auffällige starke Vermehrung des Goldbestandes bei der Bank von Frankreich, für die man zunächst keine genügenden Gründe finden konnte. Der Status der Bank machte starke Goldzufuhren nicht erforderlich, da die Noten zu 86 % in Gold gedeckt waren; auch die Vorbereitungen für die Ende des Monats zur Subskription kommende große russische Anleihe wollte man nicht als ausreichend zur Begründung ansehen. Man witterte vielmehr politische Gründe hinter diesen großen Goldansammlungen und glaubte, daß die Bank von Frankreich das Bestreben habe, sich für ernstere Verwicklungen in der internationalen Politik, besonders in der Orientfrage, stark zu machen [1]. Jedenfalls war die starke französische Nachfrage am Londoner Goldmarkt die Ursache, daß sich die Bank von England zum Schutze ihres Goldvorrates, der im Gegensatz zu den übrigen Notenbanken erheblich niedriger als im Vorjahr war, zu dem für den Monat Januar ungewöhnlichen Schritt einer Diskonterhöhung entschloß und am 14. ihren Satz von $2^1/_2$ auf 3 % steigerte [2]. Am Berliner Geldmarkt trat nach der geringen Versteifung zum Jahreswechsel wieder außerordentlich starkes Geldangebot ein, über dessen Ursache man ebenfalls vielfach im unklaren war, da es durch die geringeren Ansprüche der Industrie allein nicht erklärt werden konnte [3]. Der Privatdiskont sank bis auf $2^1/_8$ % und, nach einer geringen Versteifung auf die englische Diskonterhöhung hin, weiter auf 2 %. Bei der Reichsbank, die trotz der allgemeinen Geldflüssigkeit zum Jahreswechsel sehr stark in Anspruch genommen war, fanden Rückflüsse in erheblichem Umfange statt, so daß das Institut bereits am 15. Januar wieder über eine Notenreserve von 88,39 Mill. Mk. verfügte, während es zur gleichen Zeit des Vorjahres mit ca. 117 Mill. Mk. steuerpflichtig gewesen war. An eine Herabsetzung ihrer Diskontrate konnte die Bank aber noch nicht denken, da die Devisenkurse fast ausnahmslos sehr hoch standen, teilweise den Goldpunkt erreicht hatten. Tatsächlich fanden denn auch mehrfach Goldexporte statt [4]. Die Ursachen der hohen Wechselkurse war neben der Geldflüssigkeit, die zur Rückzahlung ausländischer Guthaben führte [5], auch der Bedarf an Rimessen zwecks Beteiligung an aus-

[1] Frankfurter Zeitung vom 20. Januar 1909, A.
[2] Ebenda vom 15. Januar 1909, I.
[3] Ebenda vom 8. Januar 1909, A.
[4] Ebenda vom 8. und 9. Januar 1909, A.
[5] Ebenda vom 16. Januar 1909, A.

1909

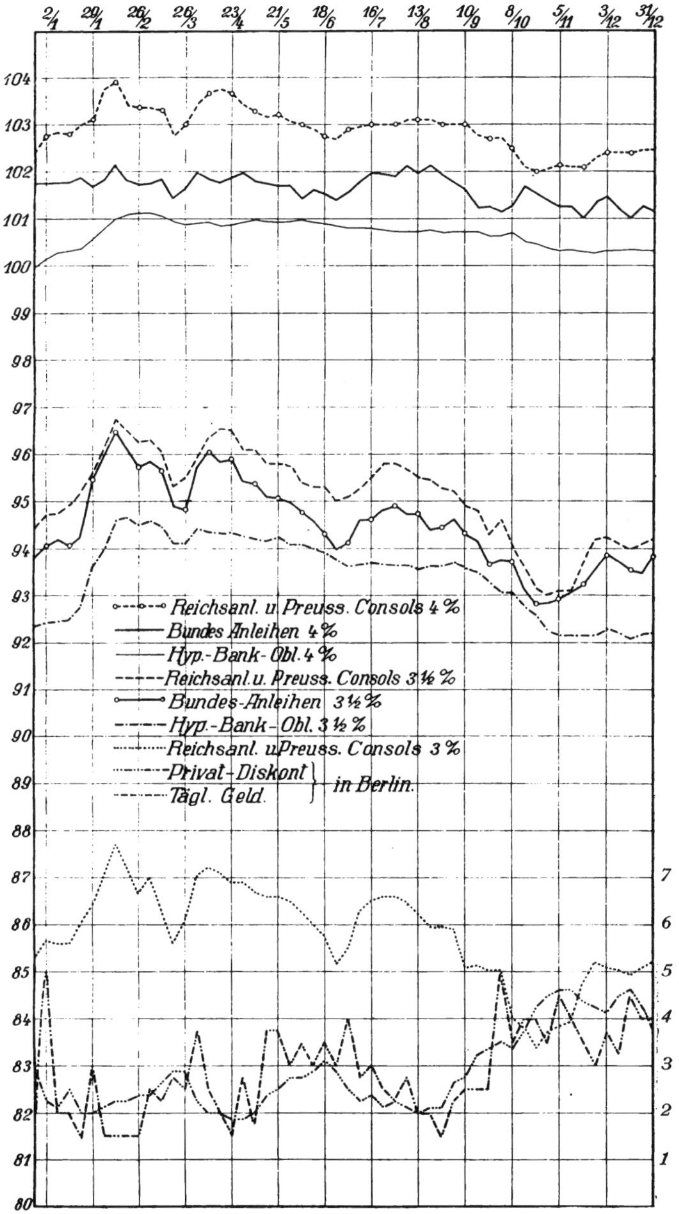
2/1
29/1
26/2
26/3
23/4
21/5
18/6
16/7
13/8
10/9
8/10
5/11
3/12
31/12
104
103
102
101
100
99
98
97
96
95
94
93
92
91
90
89
88
87
86
85
84
83
82
81
80
7
6
5
4
3
2
1
Reichsanl. u. Preuss. Consols 4 %
Bundes Anleihen 4 %
Hyp.-Bank-Obl. 4 %
Reichsanl. u. Preuss. Consols 3½ %
Bundes-Anleihen 3½ %
Hyp.-Bank-Obl. 3½ %
Reichsanl. u. Preuss. Consols 3 %
Privat-Diskont
Tägl. Geld
in Berlin

ländischen Emissionen, so an der großen russischen Anleihe in Frankreich und an ungarischen Schatzscheinen [1]. Die Reichsbank versuchte mehrfach durch Begebung von Schatzwechseln die Herrschaft über den Geldmarkt wieder zu gewinnen und die Spannung von 2 % zwischen offiziellem und Privatdiskont zu verringern, hatte jedoch keinen Erfolg mit ihren Bemühungen [2].

Der Anlagemarkt profitierte von der Geldflüssigkeit. Es herrschte den größten Teil des Monats starker Bedarf, der sich auf alle Gattungen festverzinslicher Papiere erstreckte und durchweg zu Kursbesserungen führte. Vorübergehend trat eine kleine Reaktion ein, auf politische Befürchtungen, die Etatrede des preußischen Finanzministers, welche großen Anleihebedarf vorsah [3], Ankündigungen verschiedener Neuemissionen (Hamburg, Bremen und Baden) und Beteiligung an den schon erwähnten ausländischen Emissionen. Doch war die Abschwächung nur vorübergehend, die an den Markt kommenden Neuemissionen wurden schlank aufgenommen, und die Kurse schlugen wieder eine steigende Richtung ein, welche zu Besserungen von 1—2 %, besonders bei 3½ % Gattungen führte.

Die Kauflust für inländische Anleihen blieb auch in der ersten Hälfte des Februar bestehen. Neben reger Nachfrage seitens des inländischen Publikums sandte auch das Ausland wieder Kaufaufträge für deutsche Anleihen, besonders Frankreich und England [4], die lange Zeit den deutschen Börsen fern geblieben waren. Gefördert wurde die Kauflust durch den Abschluß des Marokkoabkommens zwischen Deutschland und Frankreich, sowie den Besuch des englischen Königspaares in Berlin, beides Umstände, die eine günstige Entwicklung der politischen Verhältnisse erwarten ließen. Mitte des Monats trat jedoch ein Umschwung in der Gesamtstimmung der Börse ein, verursacht besonders durch ungünstige Berichte aus dem amerikanischen Wirtschaftsleben und Beklemmung über den Ausgang der Differenzen zwischen Österreich-Ungarn und Serbien [5]. So trafen Gewinnrealisationen, die infolge der stark gestiegenen Kurse in großem Umfange vorgenommen wurden [6], auf einen wenig aufnahmefähigen Markt, und die Kurse gingen nicht unwesentlich zurück; am meisten natürlich 3 % Reichsanleihe, deren spekulative Natur auf ungünstige Momente am stärksten reagiert. Hypothekenbank-Obligationen standen weiter meist in guter Nachfrage zu besseren Kursen, und die

[1] Frankfurter Zeitung vom 19. und 26. Januar 1909, A.
[2] Ebenda vom 16. und 22. Januar, A., 17. Januar 1909, II.
[3] Ebenda vom 17. Januar 1909, II.
[4] Ebenda vom 4. und 8. Februar 1909, A.
[5] Ebenda vom 27. Februar 1909, A.
[6] Ebenda vom 21. und 28. Februar 1909, II.

mattere Tendenz drückte sich bei ihnen weniger in Kursermäßigungen, als im Nachlassen der Kauflust aus. Jedenfalls waren bei ihnen mit Ausnahme von $3^1/_2$ % Bayerischen Hypotheken- und Wechselbank-Pfandbriefen per Saldo des Monats durchweg höhere Kurse zu verzeichnen.

Auf dem Geldmarkte war weiter reichliches Angebot, doch machte sich die starke Absorption flüssiger Kapitalien durch Neuemissionen und sonstige Anlagekäufe doch bemerkbar [1]. Der Privatdiskont fiel zwar in den ersten Tagen des Monats bis auf $1^7/_8$ %, schlug aber dann steigende Tendenz ein und erhöhte sich auf $2^1/_4$—$2^3/_8$ %. Goldexporte fanden auch im Februar noch verschiedentlich statt [2], doch nahmen die Devisenkurse nicht mehr einen so hohen Stand ein wie im Vormonat, so daß die Reichsbank ihren Diskontsatz der Rate des offenen Marktes mehr anpassen und ihn am 16. Februar auf $3^1/_2$ % herabsetzen konnte. Auf den Geldmarkt selbst blieb jedoch diese Maßnahme ohne Einfluß, da dieser sich schon seit Jahresbeginn unabhängig von dem Reichsbanksatz entwickelt hatte.

Die oben erwähnten politischen Befürchtungen über den Ausgang der Krise zwischen Österreich-Ungarn und Serbien waren im März die Hauptfaktoren, welche die Börse, sowohl den Geld- wie den Rentenmarkt, beeinflußten. Auf dem Geldmarkte verursachte die unsichere Lage größere Zurückhaltung der Geldgeber, die wenig geneigt waren, ihre Gelder auf längere Zeit festzulegen. Dieser Umstand in Verbindung mit dem Geldbedarfe zum Quartalswechsel drückte den Privatdiskont bis auf 3 % in die Höhe.

Größeren Einfluß hatte die Balkankrise auf den Anleihemarkt, und hier sehen wir stärkere Kursschwankungen, je nachdem, wie die Nachrichten aus dem nahen Osten lauteten. Jedenfalls wurden umfangreiche Realisationen vorgenommen, was natürlich 3 % Werte am meisten tangierte, und es traten Kurseinbußen ein, deren gar zu großer Umfang nur durch kräftige Interventionen verhindert werden konnte [3]. Auch Hypothekenbank-Obligationen hatten unter der ungünstigeren Börsenlage zu leiden. Zunächst stockte der Pfandbriefabsatz der Banken, während sich das Kursniveau einigermaßen halten konnte; später flossen jedoch größere Summen an die Börse zurück, die von den Banken aufgenommen werden mußten [4] und die Kurse drückten. Der gute Absatz ihrer Pfandbriefe im ersten Quartal ermöglichte es den Banken, das Beleihungsgeschäft eifriger zu betreiben und ihre Zinssätze auf $4^1/_4$—$4^3/_8$ %

---

[1] Frankfurter Zeitung vom 13. und 20. Februar 1909, A.
[2] Ebenda vom 3., 6., 16., 19. Februar 1909, A.
[3] Ebenda vom 14. und 21. März 1909, II.
[4] Ebenda vom 20. März 1909, A.

bei 1—2 % Abschlußprovision, zu ermäßigen. Erst die Unsicherheit über die weitere Gestaltung der politischen Lage und den Markt der Anlagewerte führte wieder zu einer größeren Zurückhaltung der Banken gegenüber Darlehnsanträgen [1].

Der politische Horizont, der so lange bewölkt gewesen war, nahm noch in den letzten Tagen des März ein freundlicheres Aussehen an, als durch die Vorstellungen der Mächte in Belgrad die serbisch-österreichische Krise beseitigt wurde. An der Börse schlug die bis dahin ziemlich pessimistische Stimmung in das Gegenteil um, und eine Haussebewegung setzte ein, die den größten Teil des April anhielt. Die Geldflüssigkeit förderte Anlagekäufe, dazu kam ein erheblicher Quartalsbedarf [2] und sehr bald waren die Rückgänge des Vormonats wieder ausgeglichen. Auch Pfandbriefe waren wieder lebhafter begehrt und konnten zum größten Teil ihre Kurse bessern. In der zweiten Hälfte des Monats trat dann mehr Zurückhaltung auf dem Anlagemarkte ein, die ihren Grund in der Ankündigung einer Ausgabe von 800 Mill. Mk. neuer Reichsanleihe und Konsols hatte [3]. Als Neuerung wurde diesmal nicht die ganze Summe zu einem Zinssatze aufgelegt — die Regierung hatte zuerst daran gedacht, wieder zum $3^1/_2$ %-Typ zurückzukehren, sondern es wurden je 400 Mill. Mk. der $3^1/_2$ und 4 % Gattung aufgelegt. Die Subskription war für den 3. Mai vorgesehen, der Preis ca. $^3/_4$ % unter dem derzeitigen Kurs festgesetzt, ein Umstand, der natürlich wieder zu Verkäufen alter Anleihen zwecks Umtausch in neue führte und einen Kursdruck ausübte [4]. Der Geldmarkt war, wie bereits erwähnt, sehr flüssig, da nach Behebung der politischen Hinderungsgründe die Geldgeber ihre Zurückhaltung aufgaben und dem Markte große Summen zur Verfügung stellten. Da Handel und Industrie sowie die Börse nur wenig Bedarf hatten [3], ging der Privatdiskont sehr bald auf 2 % zurück, betrug in der zweiten Hälfte des Monats sogar meist nur $1^7/_8$ %. Unter diesen Umständen erwartete man auch eine weitere Herabsetzung des Reichsbankdiskontes [5], zumal die Bank von England ihre im Januar erhöhte Rate am 1. April wieder auf $2^1/_2$ % ermäßigt hatte, doch wurde diese Hoffnung nicht erfüllt, da bei dem Zentralinstitut, welches zum Quartalswechsel wieder erheblich in Anspruch genommen war, die Rückflüsse nicht in dem gewohnten schnellen Maße eintraten [6].

---

[1] Frankfurter Zeitung vom 21. März 1909, I.
[2] Ebenda vom 3. April 1909, A.
[3] Ebenda vom 10. April 1909, A.
[4] Ebenda vom 2. Mai 1909, III.
[5] Ebenda vom 4. April 1909, II.
[6] Ebenda vom 10. April 1909, A.

Auch im Mai konnte die Hoffnung der Börse auf Diskontermäßigung nicht erfüllt werden, denn während man geglaubt hatte, daß der Geldmarkt für die 800 Mill. Mk. neue Anleihen gut vorbereitet gewesen sei und die Einzahlungen auf diese ohne weitere Beeinträchtigung der Geldflüssigkeit geleistet werden könnten [1], machte sich doch eine stärkere Geldverknappung bemerkbar. Zwar hielt sich in der ersten Maiwoche der Privatdiskont auf 2 %, und die für die Anleiheeinzahlungen bereit gehaltenen Gelder wurden zu $1^{1}/_{2}$—2 % als „Tägliches Geld" reichlich angeboten. Vom ersten Einzahlungstermin an, 13. Mai, kam jedoch erhebliches Wechselmaterial an den Markt, so daß der Diskontsatz auf $2^{3}/_{8}$ bis $2^{1}/_{4}$ bis $2^{3}/_{4}$ % anzog, und „Tägliches Geld" blieb zu $3^{1}/_{2}$—4 % gesucht. Verstärkt wurde die Geldnachfrage einmal durch den Umstand, daß ein sehr großer Teil, ca. 75 %, der Zeichnungen sogleich vollgezahlt wurde [2], dann aber auch durch eine rege Unternehmungslust, die an der Börse herrschte und zeitweise in einen wahren Haussetaumel ausartete [3].

Unter diesen Umständen war der Anlagemarkt vernachlässigt. Das Resultat der Anleihcemissionen — auf die angebotenen 800 Mill. Mk. wurden 1490 Mill. Mk. gezeichnet — befriedigte nicht überall, die Konzertzeichner, deren vollständige Ausschaltung trotz größter Vorsicht bei den Zuteilungen nicht möglich war, brachten Material an den Markt, die Verteuerung des Geldes hielt neue Käufer fern [4]. So bröckelten die Kurse den größten Teil des Monats ab, ohne daß allerdings größere Kurseinbußen eintraten. Und was von den Staatsanleihen zu sagen ist, gilt auch für Hypothekenbank-Obligationen. Das Interesse wandte sich anderen Gattungen zu und die Kurse erlitten geringe Verluste. Ein weiterer ungünstiger Faktor war die Ungewißheit über das Schicksal der Reichsfinanzreform. Besonders die konservativen Steuervorschläge, die eine starke Belastung der Börse vorsahen, brachten in den letzten Tagen des Monats umfangreiches Material an die Börse — auch ausländische Verkäufe wurden vorgenommen —, so daß sehr starke Interventionen seitens der Seehandlung und der Großbanken nötig wurden, um die Kurse vor zu starkem Sinken zu bewahren. Diese Lage des Anleihemarktes, andauernde Verkäufe und umfangreiche notwendige Interventionen [5], hielt auch im Juni an und erreichte ihren schärfsten Ausdruck am 22. Juni, als nach der Annahme der Kotierungssteuer im Plenum des Reichstages die 3 % Reichsanleihe an einer Börse von $85^{1}/_{2}$ auf $84^{7}/_{9}$ % fiel,

---

[1] Frankfurter Zeitung vom 1. Mai 1909, A.
[2] Ebenda vom 15. Mai 1909, A.
[3] Ebenda vom 16. Mai 1909, II, 23. Mai 1909, III.
[4] Ebenda vom 30. Mai 1909, II.
[5] Ebenda vom 1., 10., 12. Juni 1909, A.

in London sogar von 85 auf 84 %[1]. Überhaupt war die Börse infolge der starken Belastungen, die im Reichstag in Vorschlag gebracht wurden, in recht pessimistischer und geschäftsunlustiger Stimmung, welche in niedrigeren Kursen auf allen Gebieten zum Ausdruck kam[2].

Die Geldverhältnisse trugen auch das ihrige dazu bei, denn der erwartete billigere Geldstand wollte sich auch im Juni nicht einstellen. Vielmehr waren Diskonten reichlich angeboten, der Satz hierfür hielt sich auf 2¾—3⅛ % — es trat immer deutlicher hervor, daß durch umfangreiche Engagements in inländischen Aktien und Goldminenshares, für welche wieder einmal in London Haussestimmung herrschte, große Beträge festgelegt waren[3]. Die einzige Quelle, die der Börse reichlich Geld zur Verfügung stellte, war die Seehandlung, welcher der Erlös der preußischen Anleihe zugeflossen war[4]. Auch Ultimogeld stellte sich mit ca. 4¾ % teuerer als in den vorhergegangenen Monaten. Unter diesen Verhältnissen war es nicht überraschend, daß auch an die Reichsbank ganz erhebliche Ansprüche gestellt wurden und diese mit 307,90 Mill. Mk. in die Notensteuer geriet.

Nach dem Semesterwechsel trat jedoch auf dem Geldmarkte wieder größere Flüssigkeit ein. An der Börse war ziemliche Stille, einmal wegen der Ferienzeit, dann auch, weil die Erledigung der Reichsfinanzreform mit ihren neuen verkehrsfeindlichen Steuern — höhere Effektenstempelplätze und Talonsteuer — die Börse außerordentlich verstimmte und deshalb die Umsätze und damit der Geldbedarf sehr reduziert waren. Anfang des Monats waren Hypothekenbanken, Versicherungsgesellschaften und andere Institute als Diskontkäufer am Markte[5], dann wurden auch vom Auslande wieder größere Summen in Deutschland angelegt[6], da am internationalen Geldmarkt ebenfalls ein größerer Geldüberfluß bei rückgängigen Zinssätzen eingetreten war. So sank der Privatdiskont nach und nach bis auf 2⅛ % und „Tägliches Geld" war zu 2—3 % reichlich erhältlich.

Auf den Anleihemarkt wirkten verschiedene Momente günstig ein, und es erfolgte ein Steigen der Kurse, das zwar langsam, aber doch ohne Rückschlag vor sich ging. Einmal verursachten die größere Geldflüssigkeit und der übliche Anlagemarkt zum Semesterwechsel stärkere Nachfrage, dann stimulierte auch der Gedanke, daß mit Erledigung der Reichsfinanzreform die Defizitwirtschaft des Reiches ein Ende haben

---

[1] Frankfurter Zeitung vom 23. Juni 1909, A.
[2] Ebenda vom 6. Juni 1909, A.
[3] Ebenda vom 5. Juni 1909, A., 6. Juni 1909, II.
[4] Ebenda vom 13. Juni 1909, II, 15. Juni 1909, A.
[5] Ebenda vom 3. Juli 1909, A.
[6] Ebenda vom 3., 10. und 26. Juli 1909, A., 11. Juli 1909, A.

und der Markt durch Neuemissionen nicht mehr in dem bisherigen Umfange in Anspruch genommen werden würde. Auch für ausländische Rechnung wurden mehrfach Käufe ausgeführt [1]. So konnte das Anleihekonsortium, welches im Juni recht beträchtliche Summen durch Intervention hatte aufnehmen müssen, größere Posten wieder begeben [2]. Im Gegensatz zu Anleihen bestand für Hypothekenbank-Obligationen nur wenig Nachfrage [3], doch konnten sich die Kurse zum größten Teil ohne Einbußen halten.

Dieselbe Geldflüssigkeit, wenn möglich in verstärktem Maße, blieb auch im August bestehen. Es war dies um so merkwürdiger, als an der Börse fast den ganzen Monat hindurch lebhafte Tätigkeit bei ausgesprochener Haussestimmung herrschte. Diese betraf nicht nur Kolonialpapiere, welche in den vorhergegangenen Monaten schon eifrig gehandelt waren, sondern dehnte sich auch auf heimische Industrieaktien aus, für welche man die Aussichten günstiger beurteilte [4]. Die Seehandlung verfügte weiter über reichliche Mittel, die der Börse zur Verfügung gestellt wurden, und für Diskonten war mehr ausländische Nachfrage vorhanden [5]. So sanken die Zinssätze noch unter diejenigen des Vormonats; der Privatdiskont betrug größtenteils 2 1/8 %, sank aber zeitweise bis auf 2 %, und „Tägliches Geld“ war sogar meist zu 1 1/2—2 % angeboten.

Bei dieser günstigen Verfassung des Geldmarktes wäre anzunehmen gewesen, daß auch auf dem Anleihemarkt stärkere Nachfrage zu bemerken gewesen wäre. Allein dies war nicht der Fall. Das Anlage suchende Kapital wandte sich infolge der besseren Beurteilung der Aussichten für die Industrie mehr dem Aktienmarkte zu und für Anleihen entstand so nur wenig Interesse; auch Tauschtransaktionen gegen Industriewerte wurden mehrfach vorgenommen [6]. Dazu kam, daß über die Lage der Reichsfinanzen ungünstige Gerüchte verbreitet wurden, und eine weitere Emission von Reichsanleihe in größerem Betrage als bevorstehend angekündigt wurde [7]. Bei Hypothekenbank-Obligationen kam diese ungünstige Stimmung für Anlagewerte mehr in Geschäftslosigkeit [8], als in Kursverlusten zum Ausdruck, wenn auch diese letzteren nicht ganz ausblieben.

Hatte bis jetzt der offene Geldmarkt eine bemerkenswerte

---

[1] Frankfurter Zeitung vom 10. Juli 1909, A.
[2] Ebenda vom 8. und 10. Juli 1909, A.
[3] Ebenda vom 4. Juli 1909, II, 10. Juli 1909, A.
[4] Ebenda vom 7. August 1909, A.
[5] Ebenda vom 7., 16. und 23. August 1909, A.
[6] Ebenda vom 8., 15., 22., 29. August 1909, II, 14. August 1909, A.
[7] Ebenda vom 21. und 26. August 1909, A., 22. August 1909, II.
[8] Ebenda vom 22. und 29. August 1909, II.

Flüssigkeit gezeigt, so mahnte doch die Beanspruchung der Reichsbank, die in dem Ausweis per ultimo August zum Ausdruck kam, daran, daß der Optimismus der Börse über die weitere Entwicklung der Geldsätze nicht so begründet und für den Herbst mit erheblich höheren Zinssätzen zu rechnen war, besonders auch, da das bisherige Geldangebot zum großen Teil aus ausländischem Guthaben stammte [1]. Wenn auch die Anspannung bei der Reichsbank besonders von der Inanspruchnahme seitens des Reiches herrührte, so zeigte doch die Abnahme der Depositen auch einen Geldbedarf des Handels und der Industrie. Verstärkt wurde diese Auffassung durch den Umstand, daß in der ersten Septemberwoche keine Rückflüsse, sondern vermehrte Wechseleinreichungen stattfanden.

In der ersten Hälfte des September trat dann auch ein allgemeiner Umschwung auf dem Geldmarkt ein, da man frühzeitig Vorbereitungen für die Ultimo- und Herbstversorgung traf [2]. Bei größerem Angebot von Diskonten verhielten sich die Geldgeber recht zurückhaltend, und der Satz für dieselben, 2 3/4—3 1/4 %, näherte sich bis auf 1/4 % der offiziellen Rate. Eine Erhöhung dieser letzteren wurde immer wahrscheinlicher und tatsächlich auch am 20. September von der Reichsbank um 1/2 % auf 4 % vorgenommen. Mitbestimmend gewesen war hierfür auch der Umstand, daß dem Institut ziemlich erhebliche Mengen Gold zum Export, hauptsächlich nach Rußland, entzogen waren [3], und der Goldvorrat um ca. 80—90 Mill. Mk. hinter dem Bestande zu gleicher Zeit des Vorjahres zurückgeblieben war [3]; ferner auch der Gedanke, durch Anziehen der Diskontschraube die an der Börse üppig blühende Spekulation etwas einzudämmen [4]. Diese letztere Absicht wurde jedoch nicht erfüllt, denn die an der Börse herrschende Haussestimmung ließ sich durch nichts beeinflussen [5] und hielt sich bis zum Ende des Monats. Auch der höhere Satz für Ultimogeld, für welches 4 3/4—4 7/8 % gefordert wurde, führte kaum zu einer Verringerung der Engagements.

Bei dieser Lage — teuereres Geld und Konzentration des Interesses auf Dividendenpapiere — war es erklärlich, daß der Markt der festverzinslichen Papiere vernachlässigt blieb, und mehr Neigung zu Realisationen als zu Käufen bestanden. Tauschoperationen gegen Spekulationspapiere wurden mehrfach vorgenommen [6], und auch das Ausland sandte Verkaufs-

---

[1] Frankfurter Zeitung vom 7. September 1909, A., 19. September 1909, II.

[2] Ebenda vom 7. September 1909, A.

[3] Ebenda vom 7. und 11. September 1909, A., 14. September 1909, I, 19. September 1909, II.

[4] Ebenda vom 20. September 1909, A.

[5] Ebenda vom 5., 9. und 26. September 1909, II.

[6] Ebenda vom 19. September 1909, II.

aufträge. Das Konsortium für Reichsanleihe und Konsols konnte seine Bestände nicht nur nicht verringern, sondern mußte noch weiter intervenieren, ohne doch das Abbröckeln der Kurse verhindern zu können [1]. Erst in den letzten Wochen brachte der zum Quartalswechsel übliche Anlagebedarf eine geringe Erholung. Mit den Staatsanleihen erlitten auch Hypothekenbank-Obligationen Kursverluste, die ca. $^1/_4$—$^1/_2$ % betrugen.

Der Umschwung, der sich auf dem Geldmarkte vollzogen hatte, wurde grell beleuchtet durch den Reichsbankausweis per ultimo September, der wiederum Rekordziffern zeigte. Der Notenumlauf war auf über 2 Milliarden Mk. gestiegen und die Bank mit 570,32 Mill. Mk. in die Notensteuerpflicht geraten, während doch in dem Krisenjahr 1907 die Steuerpflicht an diesem Termin nur 517 Mill. Mk. betragen hatte.

Die Versteifung setzte sich im Oktober weiter fort, der Geldmarkt blieb der Mittelpunkt des Interesses in Börsen- und Finanzkreisen, und man erörterte eifrig die Gründe, die den Umschwung der früheren Geldflüssigkeit verursacht hatten. Man war sich klar, daß neben dem üblichen Bedarf der Landwirtschaft zur Ernte die Besserung der industriellen Konjunktur und die gesteigerten Preise vieler Rohwaren im Importhandel größere Ansprüche an den Geldmarkt stellten. Dann war der Bedarf der Spekulation und des Publikums infolge der längeren Hausseperiode an der Börse erheblich gewachsen und hatte nicht nur zur Festlegung der Eigenmittel des Publikums, sondern auch zur stärkeren Inanspruchnahme von Bankkredit geführt [2]. Bereits Ende August betrugen die Reports in den Zwei-Monatsbilanzen der acht Berliner Großbanken 843 Mill. Mk. 320 Mill. Mk. mehr als zu Beginn des Jahres — und stiegen bis Ende Oktober weiter auf 986 Mill. Mk. [3]. War aus diesen Gründen der Geldmarkt in Deutschland erheblich versteift, so nahm nach dem Quartalswechsel auch die Lage auf dem internationalen Geldmarkt, der bis dahin eine große Flüssigkeit gezeigt hatte, ein anderes Aussehen an. Ihren Ausgang nahm die Wendung, wie schon so oft, von Amerika, wo neben der Erntebewegung auch die Börsenspekulation gewaltige Summen beanspruchte, zu deren Deckung von New York aus auch der Londoner Markt mit Wechseln und Effektenverkäufen sehr stark in Anspruch genommen wurde. Daneben machte sich auch für andere Länder starke Goldnachfrage bemerkbar, so daß die Bank von England, um weitere Goldexporte zu erschweren, ihren Satz am 7. Oktober zunächst um $^1/_2$ auf 3 % erhöhte [4]. Infolge dieser

---

[1] Frankfurter Zeitung vom 19. September 1909, II.
[2] Ebenda vom 9. und 22. Oktober 1909, A.
[3] Ebenda vom 1. Dezember 1909, I.
[4] Ebenda vom 8. Oktober 1909, I.

Maßnahme und in Anbetracht des Umstandes, daß die Rückflüsse nach dem Quartalswechsel unbefriedigend waren, die Ansprüche vielmehr weiter fortbestanden [1], folgte die Reichsbank am 11. Oktober mit einer Erhöhung um ein volles Prozent auf 5 %. Aber auch die Bank von England erreichte mit ihrer ersten Diskonterhöhung nicht ihren Zweck. Vielmehr bestand weiter starkes Angebot, besonders amerikanischer Wechsel am offenen Geldmarkt, so daß hier die Sätze die offizielle Rate bereits überschritten [2]. Deshalb nahm die Bank am 14. Oktober eine weitere Erhöhung auf 4 % vor und ließ am 21. Oktober eine abermalige Steigerung, wieder um ein volles Prozent auf 5 % folgen, da ihr in einer Woche über 1 Mill. £ Gold entzogen war, und weitere Exporte bevorstanden [3]. In Deutschland entstand nun die Besorgnis, daß auch die Reichsbank ihrem englischen Schwesterinstitut folgen müsse, da man bei einer gleich hohen Rate in Berlin und London steigende Wechselkurse und eventuelle Goldabflüsse befürchtete. Doch trat dieses noch nicht ein, da die deutschen Banken in London bedeutende Guthaben unterhielten. Auch fanden jetzt bei der Reichsbank stärkere Rückflüsse statt, so daß man die Hoffnung hegen konnte, daß ein weiteres Anziehen der Diskontschraube vermieden werden könne.

Es war erklärlich, daß unter diesen Umständen der Anleihemarkt recht schwache Haltung zeigte. Brachte die Geldverteuerung schon große Posten Anleihen an den Markt, die trotz Interventionen ein Sinken der Kurse verursachen, so wirkte besonders ungünstig die Nachricht, daß sich der Geldbedarf des Reiches im Frühjahr auf ca. 500 Mill. Mk. stellen würde [4]. Die ungünstige Disposition des Anlagemarktes wird beleuchtet durch die Tatsache, daß 26 Mill. Mk. 4 % Württembergische Anleihe, die zur Subskription aufgelegt wurden, nicht voll gezeichnet wurden [5]. Besonders gedrückt waren 3½ % Anleihen, sowohl Staatsanleihen wie Pfandbriefe, während bei den 4 % Gattungen die Kursverluste sich in engeren Grenzen hielten. Für Hypothekenbank-Obligationen bestand überhaupt während des ganzen Monats wenig Interesse.

Auch im November zog die Lage des Geldmarktes in London zunächst weiter die Blicke der Börse und Finanz auf sich, und man atmete erleichtert auf, als am 4. November die Bank von England ihre Rate unverändert ließ [6]. In der zweiten Novemberwoche wurden jedoch wieder starke Anforderungen an das englische Institut gestellt, so daß Goldexporte, und damit eine Diskonterhöhung der Bank zum Schutze

---

[1] Frankfurter Zeitung vom 11. Oktober 1909, A.
[2] Ebenda vom 14. Oktober 1909, A.
[3] Ebenda vom 21. Oktober 1909, A.
[4] Ebenda vom 9. Oktober 1909, A., 10. Oktober 1909, II.
[5] Ebenda vom 23. Oktober 1909, A.
[6] Ebenda vom 6. November 1909, A.

ihres Goldvorrates, in Aussicht standen. Doch diesmal kam dem Londoner Institut Hilfe von außen, indem, ähnlich wie bereits 1907 und 1908, die Bank von Frankreich, ferner auch die Holländische und Österreichisch-Ungarische Bank gegen englische Wechsel große Beträge Gold nach London sandten [1]. Nachdem so die dringendsten Schwierigkeiten überwunden waren, trat am Londoner Markte eine sichtbare Erleichterung ein, zumal auch Amerika sich bei seinen Ansprüchen Zurückhaltung auferlegte. In Deutschland verursachte die Unsicherheit über die weitere Entwicklung des internationalen Geldmarktes zunächst größere Zurückhaltung. Die Ansprüche an die Reichsbank waren Ende Oktober wieder recht bedeutend gewesen, und Rückflüsse fanden nicht in gewohnter alter Weise statt. Der Privatdiskont hielt sich mit $4^5/_8$ % nur wenig unter dem Banksatz, und man hatte auch vorerst das Bestreben, ihn nicht weiter sinken zu lassen, um ein Abwandern der umfangreichen französischen Gelder nach London zu verhüten. Nachdem dann die Lage in London besser geworden war, vollzog sich auch in Deutschland ein Umschwung, zumal die Ansprüche von Industrie und Börse ebenfalls geringer wurden. Große Summen ausländischer Gelder fanden wieder Anlagen in Diskonten und Pensionen [2], so daß der Privatdiskont bis auf $4^1/_8$ % wich.

Auch auf dem Anlagemarkt vollzog sich ein Stimmungswechsel. Die gesunkenen Kurse reizten zu neuen Käufen, die gefördert wurden durch die Nachricht, daß der Anleihebedarf des Reiches bei weitem nicht die früher erwartete Höhe erreichen würde, außerdem auch der Zeitpunkt der Neuemission möglichst weit hinausgeschoben werden sollte [3]. Auch Mitteilungen, daß die Eingänge aus den neuen Steuern größer seien, als erwartet, und daß das Reich bedeutende Beträge Schatzwechsel einlösen konnte — im Laufe des Monats verringerte sich der Effektenbestand der Reichsbank um 76 Mill. Mk. —, machte günstigen Eindruck [4]. So bestand fast den ganzen Monat hindurch lebhafte Nachfrage, die zu nicht unerheblichen Kursbesserungen, besonders der 3 und $3^1/_2$ % Gattungen, führte, wozu auch ausländische Kaufaufträge beitrugen [5]. Für Hypothekenbank-Obligationen kamen diese stimulierenden Momente weniger in Frage. Sie hatten weiter unter der trotz eingetretener Besserung noch nicht behobenen Geldverteuerung zu leiden, und es bestand wenig Interesse für sie [6]. So konnten sie ihre Kurse mit Ausnahme von Bayerischen Hypotheken- und Wechselbank-Pfandbriefen kaum behaupten.

---

[1] Frankfurter Zeitung vom 12. November 1909, I.
[2] Ebenda vom 9. und 19. November 1909, A.
[3] Ebenda vom 6., 16. und 18. November 1909, A.
[4] Ebenda vom 5. November 1909, A.
[5] Ebenda vom 22. und 27. November 1909, A.
[6] Ebenda vom 14. und 21. November 1909, II.

Im Dezember hielt zunächst die Erleichterung des Geldmarktes an. Größere Summen ausländischen Geldes wurden in Diskonten und Pensionen angelegt [1], so daß der Privatdiskont bis auf $4^1/_8$ % zurückging. Trotzdem war aber stets eine gewisse Zurückhaltung der Geldgeber zu beobachten, um für unvorhergesehene Fälle zum Jahreswechsel gerüstet zu sein. Verstärkt wurde diese Zurückhaltung durch die Ablehnung des englischen Budgets durch das Oberhaus, als deren Folge man eine stärkere Belastung des englischen Geldmarktes erwartete. Um so überraschender war die Diskontermäßigung, die die Bank von England am 9. Dezember um $^1/_2$ % vornahm. Die amerikanischen Ansprüche, zu deren Abwehr das englische Institut im Oktober seinen Satz in kurzer Zeit von 3 auf 5 % erhöht hatte, hatten nachgelassen, und der Privatdiskont war stark zurückgegangen, so daß die Bank die Fühlung mit dem offenen Markt verloren hatte [2]. In Deutschland trat um die Mitte des Monats die übliche Versteifung ein, da man sich zu Kuponzahlungen u. dgl. vorbereitete. Auch die Ultimo-Liquidation war frühzeitig begonnen und verlief glatt. Allerdings waren die Sätze von $6-6^1/_2$ % ziemlich hoch, was durch die umfangreichen Haussepositionen an der Börse zu erklären war [3]. Eine sehr starke Stütze fand der Markt in der Seehandlung, die über reiche Mittel verfügte und diese bereitwilligst auslieh [4]. Gegen Ende des Monats machte sich wieder stärkere, hauptsächlich französische Nachfrage nach Diskonten bemerkbar, wodurch der Marktsatz rasch bis auf $3^3/_4$ % gedrückt wurde [5].

Was nun den Anleihemarkt anbelangt, so hielt zunächst die gute Stimmung des Vormonats an und die Kurse konnten sich behaupten. Mit der Geldversteifung zur Mitte des Monats kam zwecks Geldbeschaffung wohl Material an die Börse [6], doch war von stärkerem Verkaufsdrang nicht die Rede, und Kursrückgänge traten nur in ganz geringem Umfange ein. Später machte sich dann der übliche Quartalsbedarf geltend, und bei ziemlich reger Nachfrage, auch des Auslandes, konnten die Kurse wieder leicht anziehen [7]. Für Hypothekenbank-Obligationen bestand nur geringe Nachfrage und die Kurse verhielten sich nicht gleichmäßig. Teilweise blieben sie ganz unverändert, teils folgten sie, besonders $3^1/_2$ % Gattungen, den Bewegungen der Staatspapiere.

---

[1] Frankfurter Zeitung vom 4. und 18. Dezember 1909, A.
[2] Ebenda vom 9. und 11. Dezember 1909, A.
[3] Ebenda vom 18. Dezember 1909, A.
[4] Ebenda vom 4., 14., 18., 31. Dezember 1909, A.
[5] Ebenda vom 24. Dezember 1909, A.
[6] Ebenda vom 12. Dezember 1909, II.
[7] Ebenda vom 23. und 24. Dezember 1909, A.

Zweiter Teil.

Sechstes Kapitel.

Die Bewegungen der Anleihe- und Pfandbriefkurse im allgemeinen.

Aus der chronologischen Darstellung des Geld- sowie des Anleihemarktes in den Jahren 1905 bis 1909, die wir im ersten Teil kennen gelernt haben, war bereits zu ersehen, daß die Kurse der Hypothekenbank-Obligationen in bedeutend geringerem Maße den Schwankungen unterworfen waren, welche durch politische Ereignisse und die Lage des Geldmarktes bei den Anlagewerten verursacht werden, als die deutschen Staatsanleihen. Es ließ sich aber andererseits auch entnehmen, daß sich die Hypothekenbank-Obligationen trotz ausgleichender Tätigkeit der Hypothekenbanken der Steigerung des landesüblichen Zinsfußes, der in der verminderten Bewertung der festverzinslichen Papiere zum Ausdruck kommt, nicht entziehen konnten, und ebenso zeitweise unter dem infolge von günstigen Konjunkturen größeren Interesse des Publikums für Dividendenwerte zu leiden hatten. Es gilt nunmehr, zu untersuchen, welche Umstände hauptsächlich die Kurse der in Betracht gezogenen Anlagepapiere beeinflußt haben, und die zwischen den Bewegungen der deutschen Staatspapiere und der Hypothekenbank-Obligationen bestehenden Unterschiede hervorzuheben.

Schon ein Blick auf die umstehende graphische Darstellung zeigt erhebliche Verschiedenheiten in der Gestaltung der für die einzelnen Gattungen eingezeichneten Kurven. Allen gemeinsam ist die Figur einer großen Welle, die im Jahre 1905 wenig, 1906 sich mehr senkt, im Jahr 1907 stärker abwärts geht und gegen Ende des Jahres sowie Anfang 1908 ihren Tiefstand erreicht, um dann im letzten Quartal 1908 steil aufwärts zu steigen und von Ende des ersten Quartals 1909 an wieder eine langsam nach unten führende Richtung anzunehmen. In dieser großen Welle drückt sich klar die allgemeine Tendenz des Anlagemarktes während der in Betrachtung stehenden Jahre aus. Aber innerhalb dieser Linie zeigt doch die Gestaltung der einzelnen Kurven mit ihren

1905—1909

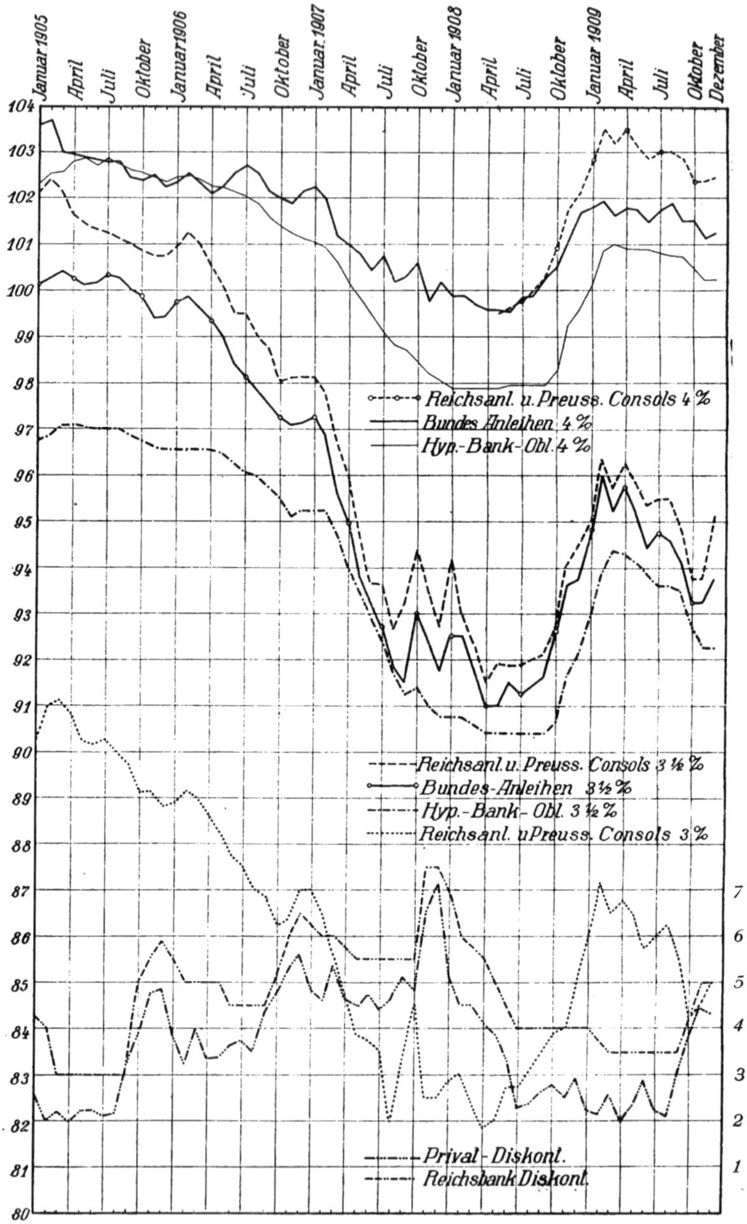
Januar 1905
April
Juli
Oktober
Januar 1906
April
Juli
Oktober
Januar 1907
April
Juli
Oktober
Januar 1908
April
Juli
Oktober
Januar 1909
April
Juli
Oktober
Dezember
104
103
102
101
100
99
98
97
96
95
94
93
92
91
90
89
88
87
86
85
84
83
82
81
80
7
6
5
4
3
2
1
Reichsanl. u. Preuss. Consols 4 %
Bundes Anleihen 4 %
Hyp.-Bank-Obl. 4 %
Reichsanl. u. Preuss. Consols 3 ½ %
Bundes-Anleihen 3½ %
Hyp.-Bank-Obl. 3 ½ %
Reichsanl. u Preuss. Consols 3 %
Prival-Diskont.
Reichsbank Diskont.

kleineren oder größeren Hebungen und Senkungen erhebliche Verschiedenheiten. Es läßt sich daraus klar erkennen, daß die Momente, die ihren Einfluß auf die Börse und auf die Kursgestaltung der in Frage stehenden Wertpapiere ausgeübt haben, dies keineswegs gleichmäßig bei allen Gattungen bewirkten.

Den wechselvollsten Verlauf hat die Kurve der 3% Anleihen. In ihrer unregelmäßigen Zickzacklinie gibt sie klar zum Ausdruck, wie die Kurse unseres Standardpapieres am stärksten von Politik und Geldmarkt beeinflußt werden, und wie gerade sie — ebenso wie die englischen Konsols und französische Rente — oft als Barometer der politischen und wirtschaftlichen Lage angesehen werden können. Gerade in der stärksten Krisenzeit, Herbst 1907, finden wir bei den 3% Gattungen überaus starke Bewegung:

		Differenz
5. Juli 1907	83,90 . .	—
2. August 1907 . . .	81,40 . .	— 2,50 %
11. Oktober 1907 . . .	85,22 . .	+ 3,82 %
8. November 1907 . .	82,10 . .	— 3,12 %

Das sind Schwankungen, wie sie in so verhältnismäßig kurzer Zeit bei keinem anderen erstklassigen Anlagepapier vorkommen, und sie geben uns ein getreues Spiegelbild der damaligen Lage des Wirtschaftslebens, wie wir sie oben kennen gelernt haben. Auch die Höchst- und Niedrigstkurse in den Jahren 1905 bis 1909 zeigen bei den 3% Anleihen, außer 1906 und 1907, den Jahren mit stark abwärts neigender Allgemeintendenz, größere Differenzen als bei den 3½%-Typen.

3% Reichsanleihen und Konsols:

	1905	1906	1907	1908	1909
höchst	91,80	89,60	87,30	85,75	87,70
niedrigst	88,30	85,90	81,20	81,20	83,40
Differenz	3,50	3,70	6,10	4,55	4,30

3½% Reichsanleihen und Konsols:

	1905	1906	1907	1908	1909
höchst	102,60	101,75	98,30	95,—	96,75
niedrigst	100,30	97,60	91,90	90,90	93,—
Differenz	2,30	4,15	6,40	4,10	3,75

Fragen wir nach den Gründen dieser starken Bewegung, gerade der 3%-Typen, so ist vor allem der spekulative Charakter zu nennen, der den 3% Anleihen mehr als den 3½ und 4% Staatspapieren infolge ihrer Zulassung zum Zeitgeschäft und den tatsächlich oft regen Umsätzen im Ultimoverkehr innewohnt. Schon im ersten Teil ist ja mehrfach auf Kursveränderungen hingewiesen, welche durch spekulative Käufe und Verkäufe hervorgerufen waren. Bemerkenswert ist hier auch der Einfluß ausländischer Transaktionen, die mehrfach, so z. B. zur Zeit der Marokkokrise und der Reichsfinanzreform auf die Kursgestaltung eingewirkt haben.

Der durch die Zulassung zum Ultimoverkehr geschaffene weite Markt für die 3% Papiere läßt auch gerade diese Gattung besonders geeignet zur vorübergehenden Anlage von unbeschäftigtem Kapital erscheinen. Oben wurde mehrfach von solchen Käufen zwecks vorübergehender Anlage zu Zeiten großen Geldüberflusses berichtet, mehr allerdings noch von größeren Verkäufen, die zum Zwecke der Geldbeschaffung in Zeiten der Geldversteifung vorgenommen wurden.

Weniger starke, wenn auch noch ziemlich erhebliche Veränderungen zeigen auch die Kurven der 3½% staatlichen Anleihen. Hier tritt die sinkende Tendenz für niedrig verzinsliche Anleihen noch stärker hervor, als bei den 3% Anleihen, besonders dadurch, daß die bis Ende 1908 im allgemeinen abwärts geneigte Kurve seltener und in geringerem Umfange von Kurserhöhungen unterbrochen wird. Es macht sich hier ganz besonders die Abneigung des Publikums gegen die niedrig verzinslichen Werte, und die starke Konkurrenz der Neuemissionen von 4% staatlichen und kommunalen Anleihen, sowie der noch höhere Rente bringenden ausländischen und industriellen Anleihen bemerkbar. Der Verkaufsdrang zwecks Geldbeschaffung zu Zeiten steiferen Geldmarktes erstreckt sich stets zum allergrößten Teile auf niedrig verzinsliche Anleihen. Umgekehrt wird eine stärkere Nachfrage nach Anlagepapieren vorzugsweise aus den jeweilig an den Markt kommenden Neuemissionen gedeckt; für ältere Emissionen entsteht jedoch größere Nachfrage nur bei ganz besonders niedrigem Kursstand, der eine höhere Rentabilität, eventuell auch, bei 3% Gattungen besonders, dazu noch eine spekulative Hoffnung auf Kursgewinn gewährt. Hervorzuheben sind hier die Bestrebungen des auf sein Renteneinkommen angewiesenen Publikums, seine Einnahmen mit den infolge der allgemeinen Verteuerung der Lebenshaltung in den letzten Jahren gestiegenen Ausgaben besser in Einklang zu bringen. Die einzige Möglichkeit hierzu ist eben die Veräußerung niedrig verzinslicher Anleihen und die Anschaffung höher verzinslicher Industrie- und ausländischer Obligationen, wenn auch dadurch das Risiko erheblich wächst.

Diese eben dargelegten Umstände werden uns noch klarer vor Augen geführt, wenn wir die nach Überwindung der Geldklemme eingetretenen Kurserhöhungen miteinander vergleichen. Die 3% Reichsanleihe und Konsols konnten von ihrem 1905 bis 1908 erlittenen Kursverlust — von ca. 91,80 Höchstkurs

1905 auf 81,20 niedrigst 1908 = 10,60 % — im Jahre 1909 — Höchstkurs 87,70 — fünf Achtel, nämlich 6,50 %, wieder einholen, während die 3½ % Gattungen von ca. 11,70 % Verlust nur ca. die Hälfte zurückgewannen. (1906 höchst 102,60, 1908 niedrigst 90,90, Verlust 11,70 %, 1909 höchst 96,75, Erholung 5,85 %!)

Ziemlich abweichend von der Bewegung der 3 und 3½ % Gattungen ist die Tendenz der Kursrichtung bei den 4 % Staatspapieren. Bei der Betrachtung dieses Types müssen wir uns bis Ende April 1908 auf 4 % Bundesanleihen beschränken, da erst zu dieser Zeit 4 % Reichsanleihen und Konsols zum ersten Male seit der großen Konversion des Jahres 1897 wieder auf dem Kurszettel erscheinen. Allerdings ist ja die Bewegung der Bundesanleihen derjenigen der Reichsanleihe und Konsols im großen und ganzen parallel, so daß das, was oben bezüglich der 3½ % Reichsanleihen und Konsols gesagt ist, auch für 3½ % Bundesanleihen gilt. Etwaige abweichende Bewegung der Bundesanleihen ist auf das jeweilig größere oder kleinere Geschäft auf dem Markte derselben zurückzuführen, der überhaupt an der Berliner Börse infolge erheblich unregelmäßigerer und geringerer Umsätze nicht die Bedeutung des Reichsanleihe- und Konsolsmarktes besitzt. Zu beachten ist hierbei besonders auch die Tatsache, daß die Bundesanleihen teilweise in Frankfurt a. M. sowie an der Börse der jeweiligen Hauptstädte der Bundesstaaten, speziell München, Dresden und Hamburg einen größeren Markt als in Berlin haben.

Zunächst eine Zusammenstellung der jährlichen Höchst- und Tiefpunkte der Kurve der 4 % Bundesanleihen.

	1905	1906	1907	1908	1909
höchst	103,80	102,85	102,55	101,90	102,15
niedrigst	102,10	101,75	99,25	99,30	101,—
Differenz	1,70	1,10	3,30	2,60	1,15

Wir bemerken hier ganz bedeutend geringere Differenzen bei den Bewegungen in den einzelnen Jahren und besonders erreicht der Verlust, den die 4 % Anleihen im Jahre 1908 gegenüber dem Höchststande 1905 zu erleiden hatten, mit 4,50 % bei weitem nicht die Höhe, die wir oben bei den 3 % Reichsanleihen und Konsols mit 10,60 % oder bei den 3½ % Gattungen sogar mit 11,70 % festgestellt hatten. Die 4 % Anleihen sind eben gegenüber dem durch das Steigen des Zinsfußes bewirkten Entwertungsprozeß bedeutend widerstandsfähiger gewesen und konnten die Zeiten der Spannung auf dem Geldmarkt unter sehr viel geringeren Verlusten überstehen, als die niedrigst verzinslichen Anlagepapiere. Ganz abgesehen von der viel besseren Klassierung der 4 % Reichs- und Staatsanleihen infolge des gegenüber 3 und 3½ % Papieren viel geringeren Umlaufes, ist auch hier wieder auf die Erfahrung hinzuweisen, daß bei Verkäufen zwecks Geldbeschaffung, Tauschoperationen u. a. m. zunächst die niedrig verzinslichen Gattungen, wenn auch unter Kapitalverlusten am Kurse, an den Markt gebracht werden. Ferner kam die im zweiten Semester 1908 einsetzende Erholung der Kurse bei den Anlagewerten gerade bei den 4 % Gattungen relativ stärker zum Ausdruck, da sie den erlittenen Kursverlust fast ganz einholen konnten. Der Höchstkurs 1909 ist mit 102,15 nur noch 1,65 % unter dem von 1905, während diese Differenzen bei den 3 %-Typen 4,10 % und bei den 3½ % sogar 5,85 betragen.

Noch auffälliger tritt dieser Unterschied der Kursentwicklung hervor, wenn wir die Kurse während der Krisenzeit allein betrachten, d. h. von Mitte September 1906 bis Mitte Februar 1909, dem Zeitpunkte, an dem die Reichsbank ihren Diskont wieder auf 3½ % ermäßigen konnte.

Gattung	14. Sept. 1906	Niedrigst 1908	Verlust	12. Febr. 1909	Erholung
3 % Reichsanleihe und Konsols	86,60	81,20	5,35	87,70	6,50
3½ % Reichsanleihe und Konsols	98,75	90,90	7,85	96,75	5,85
3½ % Bundesanleihe .	97,70	90,20	7,50	96,45	6,25
4 % Bundesanleihe . .	102,45	99,45	3,—	102,20	2,75
4 % Reichsanleihe und Konsols	—	99,50	—	103,90	4,40

Wir finden hier zunächst die sehr starke Erholung bei dem 3 %-Typ, der von der eingetretenen Gelderleichterung, wie bereits oben ausgeführt, am stärksten beeinflußt wurde, indem die Erholung sogar 1,10 % mehr als der in der Krisenzeit erlittene Verlust betrug, während 3½ % Reichsanleihen am 12. Februar 1909 noch 2 %, 3½ % Bundesanleihen 1,25 % unter ihrem Stande vom 14. September 1906 notierten. Im Gegensatz zu diesen letzteren wieder war bei den 4 % Bundesanleihen die Steigerung nur 0,25 % geringer, als der Gesamtverlust betragen hatte.

Wie verhalten sich nun die Obligationen der Hypothekenbanken? Ein Blick auf die Kurven zeigt ziemliche Unterschiede gegenüber den Staatspapieren. Die allgemeine Tendenz der Kursbewegung ist auch bei den Pfandbriefen ähnlich der der Staatsanleihen: ziemlich stabil 1905, sinkend 1906 bis Anfang 1908, dann schnelle Erholung und Weiterabbröckeln der Kurse in der zweiten Hälfte 1909. Aber die Kurve verläuft doch ganz bedeutend gleichmäßiger. Das Auf und Ab der täglichen und wöchentlichen Schwankungen fehlt fast vollständig, und besonders sind vorübergehende stärkere Aufwärtsbewegungen, denen sehr bald ein Rückgang folgt, nicht zu beobachten. Dem durch die Steigerung des landesüblichen Zinsfußes bedingten Rückgang aller Anlagewerte können sich auch die Hypothekenbank-Obligationen nicht entziehen, aber momentanen stärkeren Einwirkungen besonderer Ereignisse wirkt doch die regulierende Tätigkeit der Banken in wirksamer Weise entgegen.

Die Höchst- und Tiefpunkte der Pfandbriefkurven zeigt folgende Aufstellung:

4 % Hypothekenbank-Obligationen:

	1905	1906	1907	1908	1909
Höchstpunkt	102,95	102,50	101,15	99,95	101,15
Tiefpunkt	102,25	101,05	98,—	97,75	100,—
Differenz	0,70	1,45	3,15	2,20	1,15
Differenz bei 4 % Bundesanleihen . .	1,70	1,10	3,30	2,60	1,15
Differenz bei 4 % Reichsanleihen . .	—	—	—	3,—	1,90

3½ % Hypothekenbank-Obligationen:

	1905	1906	1907	1908	1909
Höchstpunkt	97,15	96,65	95,25	92,35	94,65
Tiefpunkt	96,50	95,15	90,70	90,25	92,40
Differenz	0,65	1,50	4,55	2,10	2,25
Differenz bei 3½ % Bundesanleihen . .	1,35	3,10	6,45	3,85	3,65
Differenz bei 3½ % Reichsanleihen . .	2,30	4,15	6,40	4,10	3,75
Differenz bei 3 % Reichsanleihen . .	3,50	3,70	6,10	4,55	4,30

Die erheblich geringeren Differenzen zwischen Höchst- und Tiefkursen bei den Hypothekenbank-Obligationen gegenüber denjenigen bei Staatsanleihen, mit alleiniger Ausnahme bei 4 % Anleihen im Jahre 1906, ist hier außerordentlich auffallend, besonders bei den 3½ % Gattungen. Auch wenn wir, wie es oben S. 84 bezüglich Anleihen geschehen ist, die Verluste der Pfandbriefe in der Krisenzeit allein betrachten, zeigen sich Verschiedenheiten der Kursentwicklung. Die Kurve der 4 % Pfandbriefe stand am 14. September 1906 bei 101,70, der Tiefkurs 1908 war 97,75, der Verlust somit 3,95 % gegenüber einem Verlust von 3 % bei den 4 % Bundesanleihen. Die 3½ % Pfandbriefe standen an demselben Tage 95,95 und sanken 1908 bis auf 90,25, also 5,70 %, gegenüber den Verlusten von 7,85 resp. 7,50 % bei 3½ % Reichsanleihen resp. 3½ % Bundesanleihen. Während wir oben festgestellt hatten, daß 3½ % Staatsanleihen unter der Geldversteifung erheblich stärker zu leiden hatten, als die 4 % Gattungen, finden wir nun bei den Hypothekenbank-Obligationen, daß die Verluste der $3^1/_2$ %igen nur wenig größer waren, als diejenigen der 4 % Papiere. Die Kursbewegung der Pfandbriefe ist also bei den beiden Gattungen viel symmetrischer. Die beiden Kurven verlaufen mehr parallel als die der Staatsanleihen, und während wir z. B. die Differenz in der Bewertung der $3^1/_2$ und 4 % Bundesanleihen von 2,55 % Anfang 1906 auf ca. $9^1/_2$ % am 8. Mai 1908 vergrößert finden, also fast vervierfacht, steigt derselbe Unterschied bei Hypothekenbank-Obligationen, der allerdings Anfang 1906 schon 5,75 % betrug, nur um 1,75 auf 7,50 %. Als Folge dieser Bewegungen finden wir die Tatsache, daß von 1905—1908 die Kurven der 4 % Anleihen und Pfandbriefe sich voneinander entfernen, die der $3^1/_2$ % Anleihen und Pfandbriefe sich dagegen nähern.

1905, in welchem Jahre keine besonderen, den Anlagemarkt beeinflussenden Ereignisse vorkamen, wurden 4 % Bundesanleihen und 4 % Hypothekenbank-Obligationen fast gleichbewertet: die Kurven kreuzen sich mehrfach. Auch der Kurs der $3^1/_2$ % Reichsanleihe ist nicht viel niedriger, denn am 3. Februar und 3. März berührt ihre Kurve fast die der 4 % Pfandbriefe. 1906 ändert sich das Bild schon: die 4 % Gattungen entfernen sich langsam voneinander, so daß die 4 % Pfandbriefe Ende des Jahres fast 1 % unter den 4 % Bundesanleihen notieren, während sie zu Beginn höher gestanden hatten. Die stärkeren Kurssenkungen der $3^1/_2$ % Reichs- und Bundesanleihe nähert die betreffenden Kurven derjenigen der $3^1/_2$ % Pfandbriefe bis auf $2^3/_4$ resp. 2 %, während sich die Differenz gegenüber 4 % Pfandbriefen von $1^3/_4$ resp. $2^3/_4$ % auf 3 resp. $3^3/_4$ % vergrößert. In den Depressionsjahren 1907 und 1908 verschärft sich diese Bewegung noch erheblich, indem der Abstand zwischen 4 % Pfandbriefen gegenüber $3^1/_2$ % Reichsanleihe auf $6^3/_4$ (16. August 1907) und 7 % (8. Mai 1908), gegenüber $3^1/_2$ % Bundesanleihe auf $7^5/_8$ % (23. August 1907 und 8. Mai 1908) anwächst, dagegen $3^1/_2$ % Reichsanleihe sich bis $^3/_8$ % 1907 und $^1/_2$ % 1908 den $3^1/_2$ % Pfandbriefen nähert, $3^1/_2$ % Bundesanleihen diese sogar mehrfach unterschreiten (19. Juli, 9. August bis 6. September 1907, 8. Mai 1908).

Nach Überwindung der Depression auf dem Anlagemarkte und Eintritt größerer Nachfrage auf diesem Gebiete konnten nun die Hypothekenbank-Obligationen relativ stärker an der Besserung teilnehmen, als die Staatsanleihen. Wenn auch die reine Steigerung bei den $3^1/_2$ % Pfandbriefen mit 4,40 % (von 90,25 % niedrigst 1908 auf 94,65 höchst 1909) geringer war als bei $3^1/_2$ % Reichsanleihe (5,85 %) und $3^1/_2$ % Bundesanleihe (6,25 %), so machte dies doch $^4/_5$ des erlittenen Verlustes aus, während, wie wir oben sahen, bei 3 % Reichsanleihen die Steigerung nur $^5/_8$, bei $3^1/_2$ % sogar nur die Hälfte des Verlustes wettmachen konnte.

Dagegen war bei 4 % Hypothekenbank-Obligationen auch die absolute Steigerung von 97,75 niedrigst 1908 auf 101,15 höchst 1909 mit 3,40 % größer als bei 4 % Bundesanleihen mit 2,85 %. Das Verhältnis zum vorher erlittenen Verlust allerdings mit 5/8 Erholung ungefähr gleich. Zu beachten ist ferner, daß die Kursbesserung der Hypothekenbank-Obligationen im Jahre 1909 viel nachhaltiger war als bei den Staatsanleihen. Denn die soeben in Betracht gezogenen Höchstkurse des Jahres, die Mitte Februar erreicht wurden, gingen bei den Staatsanleihen sehr bald wieder verloren und das Kursniveau senkte sich ganz erheblich. Höchstens 4 % Bundesanleihen konnten sich einigermaßen, wenn auch unter Schwankungen, behaupten. Dagegen blieben die Hypothekenbank-Obligationen viel stabiler, denn wir finden die Kurve der 4 % Pfandbriefe am 25. Juni nur 1/4 %, am 22. Oktober 5/8 %, die der 3½ % Pfandbriefe nur 0,85 % resp. 2 % unter dem Höchstpunkt von Mitte Februar, während die zu gleicher Zeit eingetretenen Verluste der Staatsanleihen folgende Aufstellung zeigt:

	25. Juni 1909	22. Oktober 1909
4 % Reichsanleihe . . .	1¼ %	1⅞ %
4 % Bundesanleihe . . .	¾ %	⅝ %
3½ % Reichsanleihe . . .	1¾ %	3½ %
3½ % Bundesanleihe . . .	2½ %	3⅝ %
3 % Reichsanleihe . . .	2½ %	4¼ %

Siebentes Kapitel.

Einwirkungen besonderer Ereignisse auf Anleihe- und Pfandbriefkurse.

Aus den vorstehenden, über die ganze Periode sich erstreckenden Untersuchungen haben wir die erfolgreiche Politik der Hypothekenbanken gegenüber den Kursbewegungen ihrer Emissionspapiere in großen Zügen kennen gelernt. Im folgenden soll nun das von den staatlichen Anleihen abweichende Verhalten der Hypothekenbank-Obligationen gegenüber einzelnen, die Börse besonders stark beeinflussenden Ereignissen besonders hervorgehoben werden, wodurch die für den Pfandbriefbesitzer wie für die Hypothekenbanken selbst gleich vorteilhafte regulierende Tätigkeit der Banken noch deutlicher erkennbar wird.

Drei Momente sind es, bei deren Eintritt der Markt der inländischen Anlagewerte besonders in Mitleidenschaft gezogen wird: Anziehen der Zinssätze, Neuemissionen, besonders Staatsanleihen beeinflussend, politische Vorgänge. Besonders stark wird natürlich auf die Kurse eingewirkt, wenn mehrere solche Ereignisse gleichzeitig oder kurz nacheinander eintreten. Unter dem Zeichen teueren Geldes hatte die ganze Periode von 1906 bis Mitte 1908 gestanden, und wir haben bereits oben feststellen können, daß während dieser ganzen Zeit die Tendenz des Anlagemarktes nach unten gerichtet war und die Kurse auf ein sehr tiefes Niveau gelangten. Dabei war zugleich die Beobachtung gemacht, daß zeitweise die Kurse infolge Eintrittes besonders ungünstiger Verhältnisse auf den Geldmarkt stark geworfen wurden; daß nach Behebung der Schwierigkeiten oder infolge ruhigerer Beurteilung derselben seitens der Börse aber bald wieder eine kürzere oder längere Erholung eintrat. Auf diese Unregelmäßigkeiten in der Kurskurve, diese Abweichungen nach oben oder unten in der allgemeinen Richtung der Linie, war schon oben hingewiesen und zugleich betont, daß diese Hebungen und Senkungen innerhalb der großen Welle infolge vorübergehender, die Kurse beeinflussender Ereignisse, die Kurven der Pfandbriefe bei weitem nicht in dem Maße unterbrachen, wie die der staatlichen Anleihen.

Einige konkrete Beispiele mögen dies deutlich machen. Im Dezember 1905 mußte die Reichsbank ihren Diskont auf 6 % erhöhen, der Privatdiskont stand auf 5—5¼ % und Ultimogeld kostete sogar 7—7¾ %. Die Folge waren Kursermäßigungen, die vom 1.—22. Dezember bei 3½ % Reichsanleihe 0,60 %, bei 3 % sogar 1,05 %, bei 3½ und 4 % Bundesanleihe 0,10 resp. 0,40 % betrugen. Dagegen standen die Kurven der 3½ und 4 % Pfandbriefe am 1. Dezember auf 96,56 resp. 102,40, am 22. Dezember auf 96,53 resp. 102,29.

Der Einfluß der Diskonterhöhung ist hier also kaum bemerkbar. Zu erwähnen ist allerdings, daß zum Rückgang der Reichsanleihe auch durch politische Erwägungen hervorgerufene französische Käufe beigetragen hatten.

Ende Mai und Anfang Juni 1906 waren infolge der Erdbebenkatastrophe in San Francisco viele Versicherungsgesellschaften genötigt, sich durch Effektenverkäufe die Mittel zur Erfüllung ihrer Verbindlichkeiten zu verschaffen. Gleichzeitig brachte der Reichsinvalidenfonds größere Summen seines Anleihebestandes direkt an der Börse zum Verkauf. Die Wirkung an der Börse war stark, aber nur von kurzer Dauer — ebensolange, bis diese Realisationen beendet waren. Dann machte sich der übliche Anlagebedarf zum Semesterwechsel geltend und die Kurse erholten sich wieder. In der fraglichen Periode finden wir folgende Bewegungen der Kurven:

	3½ % Reichsanleihe	3 % Reichsanleihe	3½ % Pfandbriefe	4 % Pfandbriefe
25. Mai bis 8. Juni	— 0,90 %	— 0,90 %	— 0,07 %	— 0,08 %
8. Juni bis 29. Juni	+ 0,50 %	+ 0,90 %	— 0,10 %	— 0,10 %
Schwankung . .	1,40 %	1,80 %	0,17 %	0,18 %

Die Gesamtschwankung während dieses Zeitraumes beträgt also bei Anleihen 1,40 und 1,80 %, während die kleinen Differenzen bei Hypothekenbank-Obligationen überhaupt nicht der Rede wert sind. Interessant ist nun auch die Bewegung der Kurse während einzelner Phasen innerhalb der Geldkrisis des Jahres 1907 zu beobachten. Zwei Perioden zeigen hier besonders starke Kursschwankungen. Einmal die Zeit vom 1. März bis 3. Mai 1907, dann vom 5. Juli bis 8. November 1907. Beide Perioden zeigen drei Abschnitte, indem die allgemeine Abwärtsbewegung der Kurse jedesmal durch eine Erholung unterbrochen wird. So finden wir in der ersten Periode vom 1. bis 15. März starke Kursrückgänge, vom 15. März bis 12. April eine Aufwärtsbewegung, die dann vom 12. April bis 3. Mai durch stärkere Verluste wieder wettgemacht wird. Die zweite Periode läßt in gleicher Weise drei Abschnitte erkennen: 5. Juli bis 16. August, 16. August bis 11. Oktober, 11. Oktober bis 8. November. Die Ursachen dieser Bewegungen sind oben im ersten Teil näher geschildert; es sei hier nur kurz wiederholt, daß starke New Yorker Ansprüche in Europa zur Geldknappheit und mehreren Diskonterhöhungen führten, die wieder starke Effektenrealisationen zwecks Geldbeschaffung im Gefolge hatten. Die Bewegung der wichtigsten Kurven zeigt nun folgende Tabelle:

1. März bis 3. Mai 1907.

	3½ % Reichs-anleih. u. Konsols	3 % Reichs-anleih. u. Konsols	3½ % Bundes-anleihen	4 % Bundes-anleihen	3½ % Pfand-briefe	4 % Pfand-briefe
1. März bis 15. März	— 1,55	— 1,30	— 1,30	— 0,40	— 0,45	— 0,25
15. März bis 12. April	+ 0,40	+ 0,50	+ 0,60	+ 0,10	— 0,60	— 0,25
12. April bis 3. Mai	— 1,05	— 1,20	— 1,40	— 0,95	— 0,35	— 0,40
Gesamtschwankung .	3 %	3 %	3,30 %	1,45 %	1,40 %	0,90 %

5. Juli bis 8 November 1907.

	3½ % Reichs-anleih. u. Konsols	3 % Reichs-anleih. u. Konsols	3½ % Bundes-anleihen	4 % Bundes-anleihen	3½ % Pfand-briefe	4 % Pfand-briefe
5. Juli bis 16. August	— 2,15	— 2,50	— 1,55	— 0,85	— 0,85	— 0,35
16. Aug. bis 11. Oktob.	+ 2,40	+ 3,80	+ 1,60	+ 0,55	— 0,45	— 0,40
11. Oktob. bis 8. Nov.	— 2,—	— 3,10	— 1,50	— 1,40	— 0,25	— 0,10
Gesamtschwankung .	6,55 %	9,40 %	4,65 %	2,80 %	1,55 %	0,85 %

Diese Zahlen zeigen den Unterschied noch viel stärker, der zwischen Anleihen und Hypothekenbank-Obligationen in bezug auf die Beeinflussung durch besondere Ereignisse herrscht. Schwankungen von 3, 6,55 oder gar 9,40 % sind bei Pfandbriefen ganz ausgeschlossen, falls nicht etwa besondere Verhältnisse bei einem bestimmten Institut — es sei hier an den Krach der sogenannten Spielhagenbanken erinnert — dessen Emissionspapiere stärkeren Schwankungen aussetzen. Solche Ausnahmefälle können aber bei unserer Untersuchung vollständig außer acht gelassen werden.

Es mögen nun einige Beispiele folgen, welche zeigen, wie die Ankündigung neuer staatlicher Anleiheemissionen die Anleihekurse, viel weniger aber die Kurse der Hypothekenbank-Obligationen beeinflussen kann. Diese Tatsache ist nicht weiter verwunderlich, wenn wir uns die gänzlich verschiedene Emissionstechnik des Staates der Kommunen u. a. gegenüber derjenigen der Hypothekenbanken vergegenwärtigen. Die letztere ist schon oben dargestellt und es wurde besonders hervorgehoben, daß die Banken den Verkauf ihrer Pfandbriefe ganz dem Bedarf anpassen können. Bei geringerer Nachfrage sind sie nicht genötigt, zu niedrigeren Kursen zu verkaufen, vielmehr können sie bei vermindertem Absatz ihrer Pfandbriefe auch ihre Beleihungstätigkeit einschränken und bessere Zeiten abwarten. Anders der Staat und ähnliche Körperschaften. Hier muß oft durch Anleiheemissionen auch bei ungünstiger Lage des Anleihemarktes Geld geschafft werden, und da dies fast ausschließlich durch Subskription auf einmal geschieht, so muß durch Festsetzung des Subskriptionspreises unter dem jeweiligen Tageskurs der bereits bestehenden Anleihen ein Anreiz für das Publikum geschaffen werden, die neuen Emissionen zu erwerben. Daß dadurch viele Kapitalisten zum Verkauf ihres Besitzes an der Börse und Ersatz desselben durch die neuen gleichwertigen Anleihen zum billigeren Zeichnungspreis veranlaßt werden, ist ganz erklärlich, und es sind denn auch im ersten Teil mehrfach Kursrückgänge infolge „Tauschoperationen" festgestellt worden.

So bewirkte die Erwartung einer größeren Anleiheemission des Reiches und Preußens im März 1905 stärkere Kursrückgänge der betreffenden Anleihen, die vom 3. bis 17. März bei der $3\,^1/_2$ % Gattung 0,75 %, bei der 3 % 0,80 % betrugen, aber bald wieder ausgeglichen wurden, als die Ankündigung einer neuen $3\,^1/_2$ %, statt wie in den letzten Jahren 3 % Emission, bekannt wurde. Hypothekenbank-Obligationen wurden hierdurch überhaupt nicht beeinflußt. Ebenso ließ im August desselben Jahres die starke Zunahme des Schatzscheinbestandes der Reichsbank auf bevorstehenden größeren Anleihebedarf des Reiches schließen, und machte einen ungünstigen Eindruck auf die Börse, wodurch vom 4. bis 18. August Kursrückgänge von 0,45 resp. 0,70 % bei $3\,^1/_2$ und 3 % Reichsanleihe hervorgerufen, während wiederum Hypothekenbank-

Obligationen nicht berührt wurden. — Wie oben erwähnt, überraschte der preußische Finanzminister die Börse im Januar 1908 mit der plötzlichen Emission der sogenannten Staffelanleihe mit automatisch sich reduzierendem Zinsfuß. Gleichzeitig fanden Subskriptionen auf württembergische, badische und hamburgische Staatsanleihen, sowie verschiedene Kommunalanleihen statt. Das Resultat an der Börse waren Kursrückgänge vom 3. bis 17. Januar, die folgende Aufstellung zeigt:

3½ %	Reichsanleihen und Konsols	1,10 %
3 %	Reichsanleihen	0,60 %
3½ %	Bundesanleihen	0,75 %
4 %	Bundesanleihen	1,20 %
3½ %	Hypothekenbank-Obligationen	0,05 %
4 %	Hypothekenbank-Obligationen	0,15 %

Der erhebliche Unterschied tritt klar hervor! Ähnliche Verhältnisse, wie im Januar 1908 lagen im Juni desselben Jahres vor, als das Preußen-Konsortium 100 Mill. Mk. 4 % preußische Schatzscheine zur Subskription auflegte, und auch andere inländische erstklassige Anleihen mehrfach herausgebracht wurden. Gleichzeitig wirkten allerdings politische Momente mit, indem die Börse die Zusammenkunft von Reval zwischen König Eduard VII. und dem Zaren ungünstig beurteilte. Die eingetretene Mattigkeit auf dem Anleihemarkte war jedoch nicht von langer Dauer, da größere Geldflüssigkeit und andere Gründe bald darauf die Kurse wieder in die Höhe brachten. Die fragliche Periode zeigt nun folgendes Bild:

	3½ % Reichs-anleih. u. Konsols	3 % Reichs-anleih. u Konsols	3½ % Bundes-anleihen	4 % Bundes-anleihen	3½ % Pfand-briefe	4 % Pfand-briefe
19. Juni bis 3. Juli	— 0,55	— 0,30	— 0,80	+ 0,10	— 0,12	— 0,05
3. Juli bis 10. Juli	+ 0,70	+ 0,40	+ 0,55	+ 0,15	+ 0,05	—
Gesamtschwankung .	1,25 %	0,70 %	1,35 %	0,25 %	0,17 %	0,05 %

Die große Empfindlichkeit des Anleihemarktes gegenüber großen Neuemissionen ist ferner aus Vorgängen im Oktober und November 1909 zu erkennen. Zu bemerken ist zunächst, daß zu dieser Zeit die allgemeine Lage des Geldmarktes — es waren in Deutschland und England verschiedene Diskonterhöhungen vorgenommen — dem Anleihemarkt nicht günstig war. Stärkere Kursrückgänge wurden nun durch ein Gerücht veranlaßt, daß der Anleihebedarf des Reiches im Frühjahr sich auf ca. eine halbe Milliarde stellen würde. Es trat jedoch bald eine Beruhigung mit höheren Kursen ein, als diese Gerüchte dementiert wurden, und gleichzeitig bekannt wurde, daß die Einnahmen aus den neuen Steuern der Reichsfinanzreform über Erwarten günstige Erträge lieferten, und das Reich große Summen Schatzscheine eingelöst habe. Wir finden in der fraglichen Zeit folgende Bewegungen:

	$3^{1}/_{2}$ % Reichs-anleih. u. Konsols	3 % Reichs-anleih. u. Konsols	4 % Reichs-anleih. u. Konsols	3 % Bundes-anleihen	$3^{1}/_{2}$ % Pfand-briefe	4 % Pfand-briefe
1. Oktob. bis 22. Oktober 1909 . . .	— 1,45	— 1,65	— 0,75	— 0,90	— 0,50	— 0,15
22. Oktob. bis 26. November 1909 . .	+ 1,05	+ 1,80	+ 0,30	+ 0,75	— 0,40	— 0,25
Gesamtschwankung	2,50 %	3,45 %	1,05 %	1,65 %	0,90 %	0,35 %

Auch hier sehen wir wieder die erheblichen Differenzen im Umfange der Schwankungen.

Wir haben nun noch einige Perioden zu berücksichtigen, in denen die Kurse unserer Papiere durch politische Bedenken oder Ereignisse in Mitleidenschaft gezogen wurden. Auf die Revaler Zusammenkunft ist eben schon hingewiesen, ebenso im ersten Teil auf ausländische Verkäufe aus Gründen, die mit der internationalen Politik zusammenhingen. Stärkere Schwankungen bewirkten nun die Ereignisse auf dem Balkan Ende 1908 und Anfang 1909, und besonders die Einverleibung Bosniens und der Herzegowina seitens Österreich-Ungarns im Oktober 1908 sowie die hiermit im Zusammenhang stehende österreichisch-serbische Spannung im März bis April 1909, die zeitweilig die Gefahr eines Weltbrandes in größere Nähe rückte. Bei beiden Ereignissen finden wir zunächst einen stärkeren Rückgang, der aber von Kurserholungen abgelöst wurde, sobald eine ruhigere Beurteilung der Lage Platz gegriffen hatte. So finden wir im Oktober 1908 vom 2. bis 9. eine recht matte Verfassung des Anleihemarktes, dagegen vom 9. bis 23. größere Festigkeit. Im verstärkten Maße wiederholen sich diese Vorgänge vom 5. bis 19. März, resp. 19. März bis 8. April 1909. Die genauen Verluste und Gewinne zeigt folgende Tabelle:

	$3^{1}/_{8}$ % Reichs-anleih. u. Konsols	3 % Reichs-anleih. u. Konsols	4 % Reichs-anleih. u. Konsols	4 % Bundes-anleihen	$3^{1}/_{2}$ % Pfand-briefe	4 % Pfand-briefe
2. Oktober bis 9. Oktober 1908 . . .	— 0,50	— 1,—	— 0,20	— 0,40	— 0,07	—
9. Oktob. bis 23. Oktober 1908 . . .	+ 0,50	+ 0,55	+ 0,40	+ 0,60	+ 0,05	+ 0,07
Gesamtschwankung	1 %	1,55 %	0,60 %	1 %	0,12 %	0,07 %

	$3\frac{1}{2}$ % Reichs-anleih. u. Konsols	3 % Reichs-anleih. u. Konsols	4 % Reichs-anleih. u. Konsols	4 % Bundes-anleihen	$3\frac{1}{2}$ % Pfand-briefe	4 % Pfand-briefe
5. März bis 19. März 1909	— 1,—	— 1,40	— 0,60	— 0,35	— 0,45	— 0,20
19. März bis 3. April 1909	+ 1,05	+ 1,60	+ 0,90	+ 0,40	+ 0,25	—
Gesamtschwankung	2,05 %	3 %	1,50 %	0,75 %	0,70 %	0,20 %

Auch hier finden wir wieder die stets beobachtete Tatsache, daß Hypothekenbank-Obligationen nicht annähernd so stark beeinflußt wurden, als Anleihen.

Nebenbei sei hier noch darauf hingewiesen, daß die bereits oben, S. 83 f., erwähnte Tatsache, daß nämlich 4 % Staatsanleihen viel geringeren Kursverlusten und Schwankungen ausgesetzt sind, als niedriger verzinsliche, auch aus den in diesem Kapitel ausgeführten Tabellen klar hervorgeht. Wenn sie auch den jeweiligen Einflüssen an der Börse stärker unterlagen als Hypothekenbank-Obligationen, so erreicht diese Abhängigkeit doch bei weitem nicht den Grad der 3 und 3 ½ % Gattungen.

Achtes Kapitel.

Zusammenhang von Geldmarkt und Umlauf der Hypothekenbank-Obligationen.

Von großem Interesse würde es sein, den Zusammenhang und die Abhängigkeit des Pfandbriefumlaufes mit Geld- und Kapitalmarkt und Kursbewegungen in kurzen Zwischenräumen zu untersuchen. Leider ist dies jedoch mangels genügender statistischer Unterlagen unmöglich. Die Hypothekenbanken sind nach § 24, Ziffer 7, Hypothekenbank-Gesetz nur verpflichtet „den Gesamtbedarf der im Umlauf befindlichen Hypothekenpfandbriefe nach ihrem Nennwerte, bei verschieden verzinslichen Hypothekenpfandbriefen, den Gesamtbetrag jeder dieser Gattungen“ zu veröffentlichen. In den nach § 23, Abs. 1 vorgeschriebenen halbjährlichen Ausweisen ist jedoch n u r die Gesamtsumme des Pfandbriefumlaufes o h n e Berücksichtigung der verschieden verzinslichen Gattungen bekanntzumachen. Für eine eingehende Untersuchung sind natürlich halb- resp. ganzjährliche Ausweise vollständig ungenügend, vielmehr wären hierzu genaue Ausweise in mindestens zweimonatlichen Perioden erforderlich.

Außer den gesetzlich vorgeschriebenen Veröffentlichungen geben jedoch nur die Preußische Bodenkredit-Aktienbank und die Preußische Zentralbodenkredit A.-G. in kürzeren Perioden, und zwar monatlich, ihren Status bekannt. Private Mitteilungen über diesen Punkt lehnen die meisten Hypothekenbanken aus geschäftlichen Rücksichten ab. Es wäre sehr zu wünschen, wenn sich die Banken möglichst zahlreich dem Beispiel der beiden Berliner Institute anschließen würden, denn es würden manche interessante Untersuchungen über den Zusammenhang von Geldmarkt, Hypothekenmarkt und Pfandbriefumlauf, Anteil der verschieden verzinslichen Gattungen am Gesamtumlauf, Ersatz niedrig verzinslicher Pfandbriefe durch höher verzinsliche und dergleichen anzustellen sein. Ferner würden derartige Veröffentlichungen ein klareres Bild über den ganzen Geschäftsbetrieb eines jeden Institutes geben, was für Aktionäre, Pfandbriefgläubiger und Hypothekenschuldner nur von Vorteil sein könnte. Wie die Dinge jetzt liegen, sind wir zur Beurteilung obiger Punkte außer auf die jährlichen Bilanzen der Banken nur auf Angaben über Pfandbriefverkauf und -rückfluß in Zeitungsnotizen, Börsenwochenberichten u. dgl. angewiesen, die naturgemäß nur ganz allgemein berichten und keine geeignete Unterlage für eine genaue Untersuchung bilden können.

Die Gestaltung des Gesamtumlaufes an Hypothekenbank-Obligationen ist naturgemäß in den einzelnen unter Betrachtung stehenden Jahren sehr verschieden. Geldmarkt, Konkurrenz sonstiger Emissionen, größeres Interesse für Dividendenpapiere sind die Hauptfaktoren, die den Absatz der Hypothekenbank-Obligationen beeinflussen. Wie das Interesse für diese Papiere im allgemeinen in den einzelnen Monaten war, haben wir im ersten Teil kennen gelernt und dabei die Wirkung der eben erwähnten Faktoren in großen Umrissen feststellen können.

Den Gesamtumlauf der Hypothekenbank-Obligationen zeigt Tabelle VII[1]. Gewisse Abweichungen dieser Statistik gegen-

---

[1] Eine sehr eingehende Statistik über die deutschen Bodenkreditinstitute bringt Dr. Schulte im 1. Heft der „Veröffentlichungen zur Statistik des Bodenkredits“, herausgegeben vom Archiv für Bodenkredit der Bayerischen Handelsbank in München. Die Schrift „Die Deutschen Bodenkreditinstitute 1900—1909“ bildet eine Fortsetzung der 2. und 3. Abteilung des unvollendet gebliebenen, groß angelegten Werkes von Felix Hecht, des früheren Direktors der Rheinischen Hypothekenbank in Mannheim, „Die Organisation des Bodenkredits in Deutschland“. Der Schulteschen Statistik ist die anhängende Tabelle VII entnommen, wobei jedoch die Pfandbriefe und Kommunalobligationen gleicher Verzinsung in eine Summe zusammengezogen wurden. Ferner wurden, abweichend von Dr. Schulte, der die Hessische Landeshypothekenbank in Darmstadt den staatlichen und provinziellen Bodenkreditinstituten zurechnet (vgl. auch den Artikel „Landeskreditkassen“ von Hecht-Schulte im Handwörterbuch der Staatswissenschaften, VI, S. 320 ff.), die Ziffern für dieses Institut denjenigen der Hypotheken-Aktienbanken zugerechnet. Wenn auch die Hessische Landeshypothekenbank sich in ihrem Wesen mehr den staatlichen Instituten nähert, dadurch, daß das Aktienkapital fast vollständig im Besitz des hessischen Staates ist, und dieser die Obligationen der Bank mit seiner Garantie

über anderen Zusammenstellungen ohne Berücksichtigung der Zinsgattungen, sind durch verschiedene Behandlung der verlosten, noch nicht eingelösten Pfandbriefe in den Bilanzen der Banken zu erklären[1].

Der jährliche Mehrabsatz an Obligationen zeigt von 1905 bis 1907 entsprechend der immer stärker hervortretenden Geldspannung eine Abnahme. 1905 betrug die Zunahme des Umlaufes 524 Mill. Mk., sinkt 1906 auf 363 Mill. Mk., 1907 auf 287 Mill. Mk. Mit eintretender Gelderleichterung steigt der Mehrabsatz 1908 wieder auf 541 Mill. Mk., 1909 sogar auf 579 Mill. Mk. Zu dem gewaltigen Sprung von 1907 auf 1908 trug besonders das erheblich gesunkene Interesse für Dividendenpapiere bei

Der Einfluß des Geldmarktes auf den Absatz von Hypothekenbank-Obligationen läßt sich klar ersehen, wenn wir den Absatz im ersten und zweiten Semester jeden Jahres betrachten. Erfahrungsgemäß haben die Zinssätze im ersten Halbjahr stets eine sinkende Tendenz, und die Noteninstitute sind in der Lage, ihre Diskontraten in den ersten Monaten des Jahres zu ermäßigen und mit dem niedrigsten Satz bis zum Herbst auszukommen, zu welcher Zeit dann die Erntebewegung, Rohstoffbezüge usw. eine Versteifung der Geldsätze zu bewirken pflegen. Der halbjährliche Durchschnitt des Bank- und Privatdiskontes ist infolgedessen stets niedriger als im zweiten Semester. Daher ist auch im ersten Semester jeden Jahres das Angebot von Neuemissionen jeder Art viel stärker als im zweiten. Die Gelderleichterung, die erfahrungsgemäß im Frühjahr eintritt und auch regelmäßig mit größerem Anlagebedürfnis des Privatkapitals verbunden ist — es sei hier besonders an die umfangreichen, aus Dividendenzahlungen stammenden Summen erinnert —, suchen sich Staaten, Kommunen und industrielle Körperschaften nutzbar zu machen, um ihre eigenen Geldbedürfnisse zu befriedigen und es entsteht zeitweise ein wahrer Wettlauf, um möglichst frühzeitig mit Anleihen an den Markt zu kommen, bevor das Anlagebedürfnis anderweitig befriedigt ist. Auch den Hypothekenbanken kommt diese Nachfrage nach Anlagewerten im ersten Halbjahr zugute, und trotz eben erwähnter stärkerer Konkurrenz verkaufen sie im ersten Halbjahr regelmäßig mehr ihrer Emissionspapiere als im zweiten.

Dagegen bewirkt das geringere Emissionsangebot im zweiten Semester, daß der Absatz der Hypothekenbanken, der

---

versehen hat, so ist doch der Form nach das Institut den privaten Bodenkreditinstituten gleichzustellen. Die Bank hat die Rechtsform einer privaten Erwerbsgesellschaft, der Aktiengesellschaft, untersteht dem Hypothekenbankgesetz und ähnelt in ihrer ganzen Geschäftsführung mehr den privaten Hypotheken-Aktienbanken. Auch die Frankfurter Zeitung nimmt in ihre regelmäßige Statistik der Hypothekenbanken die Ziffern der Hessischen Landeshypothekenbank mit auf.

[1] Vgl. Schulte a. a. O. S. 11, Anm. 2.

absolut geringer ist, prozentual, im Verhältnis zu den gesamten Emissionen des Halbjahres, höher ist als im ersten Semester. Das Anlagebedürfnis des Publikums wendet sich also im zweiten Halbjahr mangels stärkerer Konkurrenz besonders von Staatsanleihen, prozentual mehr den Pfandbriefen zu, deren Verkauf sich ja infolge seiner eigenartigen Organisation dem jeweiligen Bedarf sehr genau anpassen kann.

Die Tabelle VIII, die den regelmäßigen Besprechungen der Neuemissionen eines jeden Semesters in der Frankfurter Zeitung entnommen ist, gibt hierüber Aufschluß. Ihre Zahlen decken sich fast genau mit denen der Schulteschen Statistik, kleinere Abweichungen, deren Gründe oben erwähnt wurden, sind unwesentlich und beeinflussen das Gesamtergebnis unserer Untersuchungen in keiner Weise[1].

Wir finden nun hier im Jahre 1905 einen Gesamtabsatz von 513 Mill. Mk., davon mehr als $^2/_3$, nämlich 349 Mill. Mk., im ersten Semester. Da jedoch der Geldmarkt, durch in- und ausländische Staatsanleihen, sowie durch städtische und industrielle Emissionen stark in Anspruch genommen wurde, ist der Anteil der Hypothekenbank-Obligationen am Gesamtabsatz nur 15,8 %, im zweiten Semester dagegen mit nur 164 Mill. Mk. gleich 18,2 % der 903 Mill. Mk. betragenden Emissionstätigkeit. Im folgenden Jahre 1906, in welchem die Reichsbank mit ihrem Diskontsatz überhaupt nicht unter 4 $^1/_2$ % ging, verminderte sich der Mehrabsatz auf 360 Mill. Mk., und wieder finden wir im ersten Semester davon mehr als $^2/_3$, nämlich 250 Mill. Mk., während im zweiten Semester, indem der Privatdiskont durchschnittlich 4,47 % betrug, nur 110 Mill. Mk. abgesetzt wurden. Ebenso als Verhältniszahlen zur Gesamtemission 12 resp. 14,24 %. 1907, im Jahre der stärksten Geldversteifung — Jahresdurchschnitt des Bankdiskonts 6,03 %, des Privatdiskonts 5,12 % — sinkt die gesamte Emissionstätigkeit in Deutschland von 2843 Mill. Mk. 1906 auf 1900 Mill. Mk. Der Anteil der Hypothekenbanken sinkt absolut auf 287 Mill. Mk., davon 192 Mill. Mk. im ersten, 95 Mill. Mk. im zweiten Halbjahr. Dagegen steigt der Prozentsatz auf 12,55 % resp. sogar 25,76 %. Die allgemeine Emissionstätigkeit im zweiten Halbjahr war so gering — nur Stadtanleihen wurden stärker zur Subskription angeboten —, daß sich das vorhandene, wenn auch kleinere Anlagebedürfnis, relativ stärker den Hypothekenbank-Obligationen zuwandte.

Eine Sonderstellung in dieser Betrachtung nimmt das Jahr 1908 ein. Wir finden hier eine Ausnahme von der allgemein beobachtenden Tatsache, daß der größere Teil des Absatzes an Hypothekenbank-Obligationen auf das erste Halbjahr fällt. Dagegen sehen wir die oben aufgestellte Regel über

[1] Vgl. hierzu auch Eßlen a. a. O. S. 93 ff.

den Zusammenhang von Geldmarkt und Absatz bestätigt. Denn auch die Verhältnisse auf dem Geldmarkt weichen 1908 von denen der übrigen Jahre ab, da hier im ersten Semester ein höherer Durchschnittssatz bestand als im zweiten. Die näheren Begebenheiten auf dem Geldmarkt haben wir im ersten Teil kennen gelernt, hier interessiert uns die Tatsache, daß der Durchschnitt des Bank- resp. Privatdiskontes im ersten Halbjahr 1908 ca. 6 resp. 4,56 %, im zweiten Halbjahr dagegen 4 resp. 2,83 % betrug, und im Zusammenhang damit von dem Gesamtmehrabsatz an Hypothekenbank-Obligationen, der wieder auf ca. 540 Mill. Mk. stieg, die kleinere Hälfte auf das erste, die größere mit 295 Mill. Mk. dagegen auf das zweite Halbjahr entfällt. Interessant ist nun ferner die Tatsache, daß trotz des noch hohen Geldstandes die allgemeine Emissionstätigkeit im ersten Halbjahr 1909 wieder derartig zunahm — nämlich auf 2259 Mill. Mk. gegenüber 1530 Mill. Mk. im ersten und 370 Mill. Mk. im zweiten Halbjahr 1907 —, daß der erhöhte Absatz von Hypothekenbank-Obligationen nur 10,72 % der Gesamtemissionen ausmachte. Dagegen erreichte die Prozentziffer im zweiten Semester die hohe Zahl von 32,90 %. Also fast ein Drittel des Anlagebedürfnisses wurde im zweiten Semester 1908 durch Hypothekenbank-Obligationen befriedigt!

1909 herrschten wieder normale Zustände. Der Gesamtumlauf erhöht sich um 569 Mill. Mk. auf 10160 Mill. Mk. — eine Rekordziffer! — und davon entfallen nicht ganz zwei Drittel, nämlich 358 Mill. Mk. auf das erste Halbjahr, damit 15,46 % der Gesamtemissionen des Halbjahres bildend, während 211 Mill. Mk. im zweiten Halbjahr einen Prozentsatz von 23,52 % ausmachen. Der starke Absatz von Hypothekenbank-Obligationen gerade im ersten Semester 1909 ist besonders auffallend in Anbetracht der wieder überaus starken Konkurrenz von sonstigen neu emittierten Anlagewerten, die nur wenig hinter derjenigen des ersten Semesters 1908 zurückstand. Das geringere Interesse für Dividendenwerte dürfte der Hauptgrund für diese Erscheinung sein.

Die Zunahme des Umlaufes von Hypothekenbank-Obligationen bei den einzelnen Instituten ist nun, sowohl absolut wie relativ, ganz verschieden. Sie steht in ursächlichem Zusammenhang mit der Verteilung des Umlaufes nach verschiedener Verzinsung der Obligationen und soll gleichzeitig mit dieser untersucht werden. Je nachdem sich ein Institut entschlossen hat, früher oder später die Ausgabe von 3½ % Papieren einzustellen und dafür 3¾ % oder 4 % Obligationen abzusetzen oder gar seine Emissionen von 4½ % Verzinsung auszustatten, war der Erfolg des Absatzes verschieden. Dies steht natürlich in engem Zusammenhang mit der Verfassung des H y p o t h e k e n marktes, da vor Übergang zu einer höheren

Verzinsung der Obligationen auch Hypotheken zur Verfügung stehen müssen, die nicht nur die gesetzlich vorgeschriebene Verzinsung in gleicher Höhe der ausgegebenen Obligationen haben (vgl. HBG. § 6 Abs. 1), sondern auch eine entsprechende Marge für Verwaltungskosten und Gewinn der Bank lassen, also ca. 1/2 % höhere Verzinsung abwerfen, als die dagegen ausgegebenen Obligationen erfordern.

Was nun den Anteil der einzelnen Gattungen von Pfandbriefen am Gesamtumlauf anbelangt, so ist die starke Verschiebung im Verhältnis zu 3 1/2 und 4 % Typen besonders auffallend, aber nicht verwunderlich. Die Steigerung des landesüblichen Zinsfußes, die Verteuerung der Lebenshaltung und dadurch notwendig gemachte Erhöhung des Renteneinkommens, Konkurrenz in- und ausländischer, höher verzinslicher Anlagepapiere sind die Ursachen, die wir im ersten Teil schon kennen gelernt haben.

Die überwiegende Mehrzahl aller umlaufenden Obligationen sind mit 3 1/2 oder 4 % Verzinsung ausgestattet. Unter 3 1/2 % Verzinsung tragen nur konvertierte Pfandbriefe der Berliner (früher Pommerschen) Hypothekenbank und der Preußischen Hypotheken-Aktienbank. Ebenso stammen die wenigen 100 000 Mk. 3,6 %, in der Zahl für 3 1/2 % enthaltenen Pfandbriefe aus der Sanierung der Preußischen Hypotheken-Aktienbank her. Diese Zinstypen bilden aber eine in Betracht zum Gesamtumlauf so geringe Zahl, daß sie bei den folgenden Untersuchungen ganz außer acht gelassen werden können.

Größere Bedeutung haben die 3 3/4 % Obligationen. Sie wurden hauptsächlich 1903—1906 von einigen Instituten ausgegeben, die der Abneigung des Publikums gegen 3 1/2 % Papiere Rechnung tragen; aber nicht sofort ausschließlich 4 % Obligationen emittieren wollten. Diese Gattung fand jedoch, hauptsächlich wegen der ungewohnten Verzinsung und der krummen Beträge der Zinskupons, nicht die erwartete günstige Aufnahme, und ihr Anteil am Gesamtumlauf stieg von 1,27 % 1904 bis 1906, in welchem Jahre der Höchstumlauf von 164,8 Mill. Mk. erreicht wurde, nur auf 1,88 %. Seit 1907 ging der Umlauf absolut und relativ wieder zurück, so daß er Ende 1909 mit 149,7 Mill. Mk. nur 1,47 % ausmachte.

Die höher als 4 % verzinslichen Obligationen setzen sich bis 1907, bis zu welchem Jahre sie nur eine ganz geringe Summe ausmachen, nur aus den ältesten Serien einzelner Institute, meist Prämienpfandbriefen mit gebundenem Tilgungsplan zusammen. 1907 und 1908 emittierten dann zwei Banken Serien von 4 1/2 % Pfandbriefen, als der Absatz auch 4 % Pfandbriefe stockte, und auf dem Hypothekenmarkt eine derartige Geldknappheit herrschte, daß Deckungshypotheken mit entsprechender Marge, also ca. 5 % Verzinsung, genügend zu erlangen waren. Größere Bedeutung haben jedenfalls 4½ % Hypothekenbank-Obligationen bis jetzt nicht zu erlangen vermocht, zumal die Ausgabe 4½ % Pfandbriefe von der Finanzpresse nicht günstig beurteilt wurde (s. oben S. 76 f., 93).

Unser Interesse wendet sich also vorzugsweise den 3½ und 4 % Gattungen zu. Ende 1904 war von dem Gesamtumlauf von 7874,8 Mill. Mk. noch die größere Hälfte, nämlich 53,21 % mit dem 3½ % Zinsfuß ausgestattet, nur 45,38 % waren 4 %ig. Der tatsächliche Mehrumlauf von 3½ % Obligationen betrug noch 616,8 Mill. Mk. In den folgenden Jahren änderte sich das Verhältnis immer mehr. 1905 und 1906 konnte zwar der Umlauf der 3½ % Obligationen noch erhöht werden, jedoch wuchs der Betrag der 4 % Obligationen viel stärker, so daß prozentual der Anteil der 3½ % Gattungen zurückging und 1906, dem Jahre mit der höchsten Umlaufszahl der 3½ % Obligationen, nur noch 50,23 % betrug, während 4 % Gattungen mit 47,78 % beteiligt waren. Von 1907 an ändert sich das Verhältnis rapide, da der Zunahme der 4 %-eine Abnahme der 3½ %-Typen gegenübersteht. Bereits Ende 1908 ist der Umlauf der 3½ % Hypothekenbank-Obligationen geringer als Ende 1904, und 1909 erfolgte eine weitere Verminderung der Umlaufszahl, so daß Ende 1909 von dem Gesamtumlauf von 10151,8 Mill. Mk. nur 4075,7 Mill. Mk. oder 40,12 % auf 3½ % Obligationen entfielen, während der Anteil der 4 % Gattungen 5887,6 Mill. Mk. oder 57,95 % betrug. Ende 1904 war also der Anteil der 3½ % Hypothekenbank-Obligationen mit 53,21 % um 7,83 % höher als derjenige der 4 %igen. Bis Ende 1909 hatte sich das Verhältnis derartig verschoben, daß der Anteil der 3½ % Gattungen mit 40,12 % um 17,84 % hinter dem der 4 %igen zurückblieb. Bemerkt sei hier noch, daß Ende 1900 die 3½ %-Typen noch 62,12 % des Gesamtumlaufes ausmachten, während 4 % Obligationen erst mit 37,62 % beteiligt waren.

Auch im Ansteigen der Durchschnittsverzinsung der von den Banken ausgegebenen Obligationen ist die Verschiebung zugunsten der 4 % Obligationen zu erkennen, indem der Durchschnittszins 1904 von 3,73 %, der ein Überwiegen der niedrig verzinslichen Obligationen kundgibt, bis 1909 sich auf 3,80 % vergrößert.

Durch diese Zahlen wird klar zum Ausdruck gebracht, daß die Hypothekenbanken durch ihre Organisation des Pfandbriefabsatzes sich den Bedürfnissen des Anlagemarktes und den Wünschen des Anlage suchenden Publikums in außerordentlich hohem Maße anschmiegen können. Durch die Regulierung der Kurse, die stete Bereitschaft, das an den Markt kommende Material aufzunehmen, niedrig verzinsliche Pfandbriefe durch höher verzinsliche zu ersetzen, sobald die Gunst des Publikums sich den letzteren zuwendet, vermeiden die

Hypothekenbanken stärkere Kursschwankungen ihrer Emissionspapiere und erzielen, wie oben festgestellt, eine bemerkenswerte Stabilität der Kurse. Sie tragen hierdurch wesentlich zur Beliebtheit ihrer Papiere bei dem in Frage kommenden Publikum bei, handeln dabei allerdings auch in ihrem eigenen Interesse, denn es ist geradezu eine Notwendigkeit für die Banken, für ihre Emissionen das Interesse des Publikums zu erhalten, da sie ja auf dauernden Absatz ihrer Obligationen angewiesen sind, um sich die Mittel zu neuen Beleihungen und Ausdehnung ihres Geschäftsbetriebes zu beschaffen.

Allerdings hat diese Entwicklung des Obligationenumlaufes auch Nachteile für die Hypothekenbanken mit sich gebracht. Bei einer Steigerung des Gesamtumlaufes von 1906–1909 um 1397,9 Mill. Mk. betrug die Zunahme der 4 und 4½ % Obligationen 1739,6 Mill. Mk. Es mußten also nicht weniger als 341,7 Mill. Mk. niedrig verzinslicher Obligationen aufgenommen werden, und ehe eine tatsächliche Steigerung des Gesamtumlaufes eintrat, mußte zunächst diese Summe durch höher verzinsliche ersetzt werden. Dies verursachte den Banken ganz erhebliche Kosten für Herstellung, Stempel und Vertriebsspesen.

Neben diesem Ersatz niedrig verzinslicher Obligationen hatten aber die Banken auch noch ganz erhebliche Summen 4 % älterer Pfandbriefe aufzunehmen und dafür neue Serien auszugeben, was ebenfalls mit denselben Kosten verbunden war.

Den Umfang dieser Umtauschtätigkeit in exakten Ziffern zu ermitteln, ist unmöglich, da die Banken in ihren Geschäftsberichten den Betrag ihrer Rückkäufe oder die genauen Umlaufssummen der einzelnen Serien, aus denen der Rückgang derselben zu erkennen wäre, zum größten Teil nicht angeben. Auch der Vergleich der zur Börsenzulassung beantragten Summen mit dem tatsächlichen Mehrabsatz gibt kein genaues Bild, da die Banken stets die Zulassung von sehr großen Summen, 10—20 und mehr Millionen, gleichsam „auf Vorrat", beantragen. Lansburgh berechnet[1], daß im Jahre 1907 die sechs Berliner Hypothekenbanken bei einem Zuwachs des Umlaufes von ca. 67 Mill. Mk. nicht weniger als 145 Mill. Mk. neuer Obligationen in Verkehr gebracht haben; daß also mehr als die Hälfte der neuen Obligationen nicht den Zwecken des Hypothekengeschäftes gedient, sondern die Mittel hat liefern müssen, um alte Pfandbriefe an der Börse zurückzukaufen. Er weist dabei ausführlich auf die Nachteile hin, die für die Hypothekenbanken mit diesen Umtauschtransaktionen ver-

[1] „Die Bank" 1908, 4. Heft, S. 347.

bunden sind, und erwähnt besonders, daß 1907 keine der Hypothekenbanken ihre Dividende aus den Einnahmen des Hypothekengeschäftes hat erhöhen können, trotzdem die Hypothekenkonjunktur mit erhöhten Zins- und Provisionssätzen günstig gewesen war.

Neuntes Kapitel.

Besonderheiten bei einzelnen Instituten.

A. Bezüglich des Umlaufes der Obligationen.

In den vorhergegangenen Kapiteln sind bei den Untersuchungen über die Kursbildung und Umlauf im allgemeinen die Hypothekenbank-Obligationen in ihrer Gesamtheit betrachtet worden. Es sind jedoch bei den Emissionspapieren einzelner Institute Besonderheiten zu konstatieren, die im folgenden einer Betrachtung unterzogen werden sollen.

Es ist natürlich unmöglich, eine genaue Untersuchung über die Qualität der Emissionspapiere eines jeden Institutes anzustellen, nach welcher eine Bewertung vorzunehmen wäre. Hierzu wäre eine genaue Kenntnis des als Unterlage für die ausgegebenen Pfandbriefe dienenden Hypothekenmateriales, ferner der inneren („stillen", nicht in der Bilanz erscheinenden) Reserven, der Buchwerte von Effekten- und Immobilienbesitz usw. notwendig, und es liegt auf der Hand, daß kein Institut zu Auskünften über diese Punkte bereit sein würde.

Die Hypothekenbanken sind zwar verpflichtet, die zu ihrer Kenntnis gelangenden freiwilligen, sowie die Zwangsverkäufe der von ihnen beliehenen Objekte unter Angabe des Verkaufspreises, sowie der Höhe der Beleihung in ihren Geschäftsberichten summarisch zu veröffentlichen, so daß die Höhe der Beleihung in Prozenten des erzielten Verkaufswertes festzustellen ist, allein auch dieses ist nur ein unzuverlässiger Maßstab, der nicht auf den Gesamtbesitz an Hypotheken übertragen werden kann. Die Taxe des Wertes der zu beleihenden Objekte ist und bleibt stets subjektivem Ermessen der Taxatoren unterworfen und ist außerdem, einmal festgesetzt, kein unveränderlicher Wert, da stets die Möglichkeit vorhanden ist, daß der Wert eines Hauses durch irgendwelche Faktoren in erheblichem Maße sinkt.

Es sollen vielmehr in diesem Abschnitt Besonderheiten besprochen werden, die bezüglich des Umlaufes und der Kursbewertung der Obligationen einzelner Institute vorhanden sind, soweit diese durch gewisse erkennbare Ursachen hervorgerufen und zu erklären sind.

Wir beginnen mit der Betrachtung der Entwicklung des Obligationen umlaufes bei einzelnen Instituten. Hierbei ist zunächst zu bemerken, daß bei den folgenden Berechnungen fünf Institute ganz außer acht gelassen sind, bei denen besondere Verhältnisse vorliegen. Es sind dies die Anhalt-Dessauische Landesbank in Dessau, deren Realkreditabteilung 1906 aufgehoben ist, die Allgemeine Deutsche Kreditanstalt in Leipzig, die das Pfandbriefgeschäft ebenfalls abwickelt und ganz eingehen läßt, ferner die Mecklenburg-Strelitzsche Hypothekenbank in Neu-Strelitz, die in den in Betracht stehenden Jahren noch in der Sanierung begriffen war und ihre reguläre Tätigkeit noch nicht wieder aufgenommen hatte; endlich die Landwirtschaftliche Kreditbank Frankfurt a. M. und die Grundkreditbank in Königsberg, die beide nur geringfügige lokale Bedeutung haben. An die Spitze unserer Betrachtungen ist die Hessische Landeshypothekenbank zu stellen, die, wie bereits erwähnt, in vielfacher Beziehung eine Ausnahmestellung unter den Hypothekenbanken einnimmt. Die Bank ist erst 1903 gegründet und hatte 1904, welches Jahr als Basis für die Berechnung der prozentualen Zunahme angenommen wurde, erst einen geringen Pfandbriefumlauf, so daß die Zunahme des Umlaufes bis Ende 1909 350 % betrug. Auch die absolute Zunahme des Umlaufes ist mit 91 Mill. Mk. sehr hoch — sie steht damit an elfter Stelle — jedoch durch die den Papieren der Bank verliehene Reichsmündelsicherheit — weil von Hessen garantiert — vollständig erklärt. Derselbe Umstand begründet auch die weit unter dem allgemeinen Durchschnitt stehende Durchschnittsverzinsung, aber auch die von allen Banken stärkste Steigerung derselben. Da die Bank bis 1906 sich auf die Emission $3^1/_2$ % Papiere beschränken konnte, ist die Verzinsung 1904 sehr niedrig, mußte sich jedoch naturgemäß durch Hinzutreten der 4 % Obligationen beträchtlich erhöhen. Endlich war sie in der Lage, bis 1907 ihren Umlauf an $3^1/_2$ % Obligationen zu erhöhen — was außer ihr nur noch der A.-G. für Boden- und Kommunalkredit in Elsaß-Lothringen möglich war — und sogar, als einziger Hypothekenbank, 1909 noch $3^1/_2$ % Papiere abzusetzen.

Bei den übrigen 33 Instituten ist die Zunahme des Obligationenumlaufes ganz verschieden, sowohl absolut wie prozentual. Absolut stehen natürlich die beiden größten Hypothekenbanken, die Bayerische Hypotheken- & Wechselbank, sowie die Preußische Zentralbodenkredit A.-G. mit 135,6 Mill. Mk. resp. 165,9 Mill. Mk. an der Spitze, und von den neun großen Instituten mit je mehr als 400 Mill. Mk. Gesamtumlauf befinden sich sechs unter den zehn Banken, die den größten Zuwachs zu verzeichnen hatten. In der Reihenfolge nach der relativen Zunahme des Pfandbriefumlaufes sind jedoch große und kleine Institute vollständig durcheinandergewürfelt.

Der Gesamtumlauf sämtlicher Banken betrug Ende 1904

7874,8 Mill. Mk., Ende 1909 10159,8 Mill. Mk. Die Zunahme also 2285 Mill. Mk. = 29 % des Umlaufes 1904. Bei den einzelnen Instituten schwankt nun die prozentuale Zunahme von 13,16 % bis 84,28 %, des Umlaufes Ende 1904, abgesehen von der Hessischen Landeshypothekenbank mit 350 %. In Tabelle 9 sind die Banken nach der prozentualen Zunahme ihres Obligationenumlaufes von 1904—1909 geordnet und dabei in vier Klassen eingeteilt. Die erste Kategorie umfaßt die Banken mit einem besonders großen Zuwachs von über 75 %, die zweite diejenigen Banken, die einen sehr starken Zuwachs, von über 40 %, zu verzeichnen haben; die dritte Klasse die Banken mit normalem Zuwachs, wozu 10 % über und unter den Durchschnitt gerechnet werden kann, also mit ca. 20—40 % Vermehrung des Obligationenumlaufes; in der vierten Kategorie sind die Banken mit relativ geringem Zuwachs, von unter 20 % verzeichnet. Wie bereits bemerkt, wechseln in der Reihenfolge dieser Tabelle große und kleine Banken ganz unregelmäßig miteinander ab, und es kommt in ihr mehr oder weniger der geschäftliche Aufschwung und die Ausdehnung einzelner Institute zum Ausdruck, Vorgänge, welche abhängig und verursacht sind von vielen verschiedenen Faktoren des wirtschaftlichen Lebens, die der Kenntnisnahme und wissenschaftlichen Verwertung nicht zugängig sind. Hervorzuheben ist nur, daß die Banken der 1. Klasse außer der Hessischen Landeshypothekenbank ebenfalls Institute sind, bei denen die an sich nicht sehr große Steigerung des Obligationenumlaufes infolge des niedrigen, als Basis für die Prozentberechnung dienenden Umlaufes 1904 relativ sehr hoch erscheint; daß ferner der umgekehrte Fall bei den größten Instituten vorliegt, so daß deren prozentuale Zunahme verhältnismäßig niedrig erscheint. Die neun Banken mit über 400 Mill. Mk. Umlauf Ende 1909 gehören sämtlich zur dritten und vierten Kategorie, und von den 15 Banken mit über 300 Mill. Mk. ausgegebenen Obligationen sind nur drei in der zweiten, dagegen zehn in der dritten und zwei in der vierten Kategorie. Außerdem ist hier als Ursache besonders kräftigen Aufschwunges des Obligationenumlaufes einzelner Institute noch auf den schon oben erwähnten frühzeitigen Übergang zu höher verzinslichen Obligationen hinzuweisen. Die Deutsche Hypothekenbank in Berlin z. B. verzeichnet 1907 und 1908 eine Steigerung des Umlaufes um 21 resp. 14 Mill. gegen nur 8 Mill. Mk. 1906 als Folge der Ausgabe $4^1/_2$ % Pfandbriefe; ferner die Berliner Hypothekenbank 1908 eine Steigerung von 34 Mill. Mk. gegen nur 0,8 Mill. 1907, ebenfalls infolge Ausgabe von 20 Mill. Mk. $4^1/_2$ % Pfandbriefe. Die übrigen Institute verhielten sich gegenüber der Ausgabe $4^1/_2$ % Pfandbriefe ablehnend, gaben jedoch die Emission von $3^1/_2$ und $3^3/_4$ % Obligationen frühzeitig auf und beschränkten ihre Emissionstätigkeit auf 4 % Gattungen. So finden wir, außer bei der Hessischen Landeshypothekenbank, von den elf Banken der ersten und zweiten Kategorie im Jahre 1905 noch bei sechs Banken eine, meist geringfügige Vermehrung der 3½ % Obligationen, 1906 nur noch bei fünf Instituten und dies im Gesamtbetrage von 19 Mill. Mk., die fast ausschließlich auf zwei Institute entfallen, nach 1907 endlich nur noch bei der Sächsischen Bodenkreditbank im verschwindenden Betrage von 0,75 Mill. Mk.

Hierdurch fand natürlich eine kräftige Steigerung der Durchschnittsverzinsung statt, die meist höher als die Durchschnittssteigerung für sämtliche Banken (0,07 %) betrug. Von den zwölf Banken der 1. und 2. Klasse finden wir diese übernormale Steigerung der Durchschnittsverzinsung bei sieben Instituten, bei den übrigen fünf Banken war der Durchschnittssatz schon Ende 1904 absolut sehr hoch (0,17—0,24 % über dem Gesamtdurchschnitt), so daß eine weitere erhebliche Steigerung kaum noch möglich war. Andererseits sind in der vierten Kategorie keine Institute, die eine größere Steigerung ihrer Verzinsung zu verzeichnen haben, als die durchschnittliche Zunahme für sämtliche Banken beträgt; vielmehr hat nur ein Institut die gleiche Steigerung, die übrigen fünf eine unter dem Durchschnitt sich haltende. Ebenfalls ist in derselben Klasse nur eine Bank, die Bayerische Bodenkreditanstalt Würzburg — bei der übrigens besondere Verhältnisse vorliegen, da sie die den übrigen bayerischen Instituten für ihre Pfandbriefe verliehene Mündelsicherheit nicht besitzt — mit einer höheren absoluten Verzinsung ihrer Obligationen als der Durchschnitt für sämtliche Banken. Die übrigen fünf Institute hatten ihre Obligationen durchweg niedriger zu verzinsen, größtenteils sogar ganz erheblich (0,16—0,04 %) unter dem Durchschnitt. Ein Zusammenhang zwischen der relativen Steigerung des Obligationenumlaufes und der Erhöhung der Durchschnittsverzinsung läßt sich also für die in Betracht stehenden Jahre zweifellos feststellen.

An dieser Stelle sei auch auf den großen Unterschied hingewiesen, der zwischen nord- und süddeutschen Banken bezüglich der aufzuwendenden Verzinsung für ihre Obligationen besteht. Es hatten Ende 1909 ihre Obligationen zu verzinsen mit:

%	Nordd. Banken	Südd. Banken
3,50—3,60 . . .	—	1
3,61—3,70 . . .	—	7
3,71—3,80 . . .	4	2
3,81—3,90 . . .	8	2
3,91—4,00 . . .	9	—
über 4,00 . . .	1	—
	22	12

Zu den süddeutschen Banken sind die sieben bayerischen, zwei württembergische Institute sowie je eine Bank in Baden, Hessen und Elsaß-Lothringen gerechnet. Der erhebliche Unterschied zwischen Nord- und Süddeutschland fällt sofort in die Augen. Von den süddeutschen Banken waren nicht weniger wie acht, also genau zwei Drittel, in der Lage, ihre Obligationen mit weniger als 3,70 % zu verzinsen, von den norddeutschen keine einzige! Und während in Süddeutschland kein Institut über 3,83 % hinauszugehen brauchte, finden wir diesen Satz in Norddeutschland bei 18 Instituten, das sind fast 82 % der Gesamtzahl, überschritten, zehn Banken mußten sogar über 3,90 % Durchschnittsverzinsung aufwenden. Ähnlich, natürlich unter Berücksichtigung der seinerzeit allgemein niedrigeren Zinssätze, war das Verhältnis bereits Ende 1904 gewesen. Bis zu 3,70 % Durchschnittssatz hatten 10 von den 12 süddeutschen Banken, dagegen in Norddeutschland nur 2 von 22! Mit mehr als 3,90 % hatten 7 norddeutsche Institute ihre Obligationen zu verzinsen, mit über 3,80 % 16, während wir unter den süddeutschen Banken nur die Bayerische Bodenkreditanstalt mit 3,82 % finden, alle übrigen sich aber unter 3,73 % halten.

Die Gründe für diese Sonder- (und Vorzugs-)stellung sind verschiedener Natur. An erster Stelle ist die den süddeutschen Banken — mit zwei Ausnahmen — für das Gebiet des Staates, in dem die Bank ihren Sitz hat, verliehene Mündelsicherheit zu nennen. (Die Hessische Landeshypothekenbank besitzt sogar, wie wir kennen gelernt haben, Reichsmündelsicherheit!) Den preußischen Hypothekenbanken, sowie der Braunschweig-Hannoverschen Hypothekenbank, der Hypothekenbank in Hamburg und den beiden Mecklenburgischen Hypothekenbanken fehlt die Mündelsicherheit ganz, den übrigen nord- und mitteldeutschen Banken ist sie zwar ebenfalls für den Heimatsstaat verliehen, hat jedoch für diese infolge der geringeren Ausdehnung der in Frage kommenden Gebiete bei weitem nicht die Bedeutung, wie für die süddeutschen Institute.

Der Einfluß der Mündelsicherheit auf die Verzinsung der Obligationen tritt besonders hervor, wenn wir die süddeutschen Institute für sich betrachten. Wie oben erwähnt, bestehen zwei Ausnahmen: Den Obligationen der Bayerischen Bodenkreditanstalt und der Württembergischen Vereinsbank ist die Mündelsicherheit nicht verliehen. Gerade diese beiden Institute weisen nun die höchste Verzinsung in Süddeutschland auf. Ende 1909 beträgt der Satz für die zehn übrigen, mündelsicheren Banken, zwischen 3,50 und 3,67 %. In größerem Abstande folgen die Württembergische Vereinsbank mit 3,73 % und die Bayerische Bodenkreditanstalt mit 3,82 %. Ende 1909 zeigen die Sätze ein ähnliches Verhältnis. Derjenige für die Bayerische Bodenkreditanstalt ist unverändert geblieben, der für die Württembergische Vereinsbank auf 83 % gestiegen, die übrigen Institute verzeichnen 3,57—3,76 %.

An zweiter Stelle ist zu nennen das Fehlen der Konkurrenz, der Spezialinstitute für den landwirtschaftlichen Realkredit. Während in Norddeutschland die genossenschaftlichen (Landschaften, Kreditvereine usw.) sowie staatliche und provinzielle (Landeskreditkassen, Landesbanken usw.) Bodenkreditinstitute mit ihren durchweg mündelsicheren Emissionspapieren den Hypothekenbank-Obligationen ganz erhebliche Konkurrenz machen — betrug doch z. B. der Obligationenumlauf allein der Preußischen Landschaften Ende 1909 2890 Mill. Mk.! –, finden wir diese Institute in Süddeutschland fast gar nicht. An solchen Spezialinstituten bestehen nur die Bayerische Landwirtschaftsbank e. G. m. b. H. in München, mit einem Obligationenumlauf Ende 1909 von 119 Mill. Mk., sowie der Württemberger Kreditverein in Stuttgart, mit 97 Mill. Mk. Pfandbriefumlauf Ende 1909. Im übrigen wird der landwirtschaftliche Realkredit in Süddeutschland in hervorragendem Maße von den Hypothekenbanken gepflegt. (Von den norddeutschen Instituten betreibt diesen Geschäftszweig in nennenswertem Maßstabe nur die Preußische Zentralbodenkredit A.-G., die Ende 1909 etwa zwei Siebentel ihrer Hypothekendarlehen auf ländliche Grundstücke ausgeliehen hatte.) In Süddeutschland wird das Darlehnsgeschäft auf ländliche Grundstücke im großen Maßstabe von der Bayerischen Hypotheken- & Wechselbank, der Süddeutschen Bodenkreditbank und der Bayerischen Vereinsbank, in geringerem Umfange auch von der Bayerischen Handelsbank und der Rheinischen Hypothekenbank betrieben. Die Bayerische Handelsbank hat das ländliche Darlehnsgeschäft erst in den letzten Jahren aufgenommen, wendet ihm aber große Aufmerksamkeit zu, und ist bemüht, es möglichst vielseitig zu entwickeln. Es steht dies im Zusammenhang mit der Filialentwicklung der Bank. Die Rheinische Hypothekenbank hat sogar mit der badischen Regierung, um die Gründung einer staatlichen Anstalt hintanzuhalten, einen Vertrag abgeschlossen, wonach ihre Landeskreditkassenabteilung die Darlehen an landwirtschaftliche Besitzer zu den Selbstkosten der Bank gibt.

Endlich entspricht es auch wohl süddeutscher Eigenart, die Hypothekenbanken des eigenen Landes zu bevorzugen. Zum Schluß sei noch auf einen Punkt hingewiesen, der speziell für Bayern zutreffen dürfte, nämlich eine gewisse Vorliebe der kleinen Kapitalisten für den Erwerb von Pfandbriefen gegenüber der Anlage bei Sparkassen. Frankenberg erwähnt dies bereits [1], aber auch ein Vergleich der Sparkassenstatistik

---

[1] Die gemischten und reinen Hypothekenbanken in Deutschland. Würzburger Diss. 1910, S. 45.

bestätigt diese Vermutung, wie folgende Zahlen[1] zeigen, aus denen die ganz exzeptionelle Stellung Bayerns klar hervorgeht.

Staat	Einwohner 1. Dezember 1910	Guthaben der Einleger (öffentl. und nichtöffentl. Sparkassen Ende 1910) (1000 Mk.)	Einlage pro Kopf der Bevölkerung
Preußen	40 163 333	11 106 793	276,54
Bayern	6 876 497	607 590	88,36
Sachsen	4 802 485	1 716 188	357.35
Württemberg . .	2 435 611	519 863	213,44
Baden	2 141 832	813 547	379,84
Elsaß-Lothringen .	1 871 702	178 702	95,48

Auch für Elsaß-Lothringen dürfte dies zutreffen und die günstige Lage der A.-G. für Boden- und Kommunalkredit in Straßburg, die sich des niedrigsten Zinsfußes für die ausgegebenen Obligationen erfreut, hinlänglich erklären.

B. Kursbewegung.

Über Verschiedenheiten in der Bewertung der Obligationen bei einzelnen Instituten ist nunmehr folgendes hervorzuheben:

In Tabelle 11 sind die Kurse der Pfandbriefe verschiedener Institute zusammengestellt, die Besonderheiten zeigen. Die gewählten Daten sind, neben den Ultimotagen, Höchst- oder Tiefpunkte der einzelnen Jahre oder die Endpunkte einzelner Perioden besonderer Mattigkeit oder festen Haltung des Anleihemarktes.

Zur Betrachtung der einzelnen Abweichungen von dem Durchschnitt ist es zweckmäßig, die in Frage kommenden Institute in einzelne Gruppen einzuteilen, und zwar:

1. die Hessische Landeshypothekenbank;
2. die süddeutschen Hypothekenbanken;
   a) die bayerischen Institute;
   b) die sonstigen Institute;
3. die sächsischen Hypothekenbanken;
4. die preußischen Hypothekenbanken.

Vielfach werden wir für abweichende Kursbewertungen, besonders Höherbewertungen, auf dieselben Tatsachen hinweisen können, die im vorhergehenden Kapitel als Grund besonders günstiger Gestaltung von Umlauf und Durchschnittsverzinsung bei einzelnen Instituten festgestellt worden sind.

---

[1] Nach dem Statistischen Jahrbuch für das Deutsche Reich, 1912, S. 295 f.

Wenden wir uns nunmehr den einzelnen Instituten zu, so erscheint die Höherbewertung der Obligationen der Hessischen Landeshypothekenbank, infolge der Ausstattung derselben mit der Garantie des Hessischen Staates und infolgedessen mit Reichsmündelsicherheit, gerechtfertigt. Ihre Kursentwicklung ähnelt mehr derjenigen der Bundesanleihen. Der Kurs stellt sich fast ausnahmslos über den Durchschnitt der Hypothekenbank-Obligationen, überschreitet sogar zeitweise denjenigen der Bundesanleihen, ist jedenfalls letzteren meist sehr nahe. Größere Differenzen beobachten wir Ende 1908 bis Anfang 1909, wo auch die hessischen Pfandbriefe der schnellen und starken Aufwärtsbewegung der Staatsanleihen nur langsamer folgen.

Dieselben Umstände, die den bayerischen Banken gestatten, die Durchschnittsverzinsung ihrer Obligationen auf einen sehr günstigen niedrigen Stand zu halten, begünstigen auch die Kursentwicklung. Die in der Tabelle 11 angeführten Kurse verschiedener bayerischer Hypothekenbanken geben ein Beispiel der Abweichungen vom Durchschnitt. Sowohl 3½ wie 4 % Obligationen weisen, teilweise erheblich, höhere Kurse auf und nur ganz vereinzelt sind niedrigere zu verzeichnen. Unter den Obligationen der bayerischen Hypothekenbanken erfreuen sich nun die Pfandbriefe der Bayerischen Hypotheken- und Wechselbank einer besonderen Vorzugsstellung, die in höheren Kursen, auch den Pfandbriefen der übrigen bayerischen Institute gegenüber, zum Ausdruck kommen. Dies ist zurückzuführen einmal auf den Umstand, daß die Bayerische Hypotheken- und Wechselbank die älteste und größte Hypothekenbank nicht nur Bayerns, sondern von ganz Deutschland ist (sie ist gegründet 1835), ferner auf die Tatsache, daß die Bank ihre Darlehen vorzugsweise in Pfandbriefen gibt, bei denen die Rückzahlung wieder in Pfandbriefen zum Nennwert erfolgen kann. Hierdurch wird an der Börse eine dauernde Nachfrage nach Pfandbriefen der Bank hervorgerufen, die besonders den niedrig verzinslichen, unter pari notierenden Pfandbriefen zugute kommt und den Kurs in erheblichem Maße zu beeinflussen imstande ist. Es handelt sich hier um ganz bedeutende Summen, denn von dem Darlehnsbestand bei der Bayerischen Hypotheken- und Wechselbank Ende 1909 im Gesamtbetrage von 1045 Mill. Mk. waren 1022 Mill. Mk. Pfandbriefdarlehen und nur 23 Mill. Mk. Bardarlehen. Die im Jahre 1909 vorgenommenen Rückzahlungen auf Pfandbriefdarlehen betrugen 38 Mill. Mk. Eine Nachfrage nach Pfandbriefen in dieser Höhe ist wohl imstande, auch bei einem sehr umfangreichen Gesamtumlauf den Kurs nach oben zu beeinflussen. Diesem letzteren Umstande ist es u. E. auch zuzuschreiben, daß die Pfandbriefe der Bayerischen Hypotheken- und Wechselbank mit ihren Kursnotierungen sich der

Lage des Geld- und Anleihemarktes im allgemeinen viel schneller und genauer anpassen, und durch Veränderung derselben stärker berührt werden, als die Obligationen der übrigen Institute. Aus den Tabellen 1—5 ist diese Erscheinung deutlich zu ersehen und wir können auch hier einen Beweis für den Erfolg der Interventionstätigkeit der Banken bezüglich stabiler Kurse erkennen. Bei den Pfandbriefen der Bayerischen Hypotheken- und Wechselbank besteht, wie eben gesagt, an der Börse eine private Nachfrage nach Pfandbriefen, auch von Serien, die nicht mehr von der Bank vertrieben werden. Die Folge davon ist eben, daß die Kurse sich der jeweiligen Lage der Börse und des Kapitalmarktes mehr anpassen, als bei den Pfandbriefen derjenigen Institute, die allein als Käufer ihrer Emissionspapiere auftreten.

Von den übrigen süddeutschen Hypothekenbanken erfreut sich besonders die A.-G. für Boden- und Kommunalkredit in Straßburg günstiger und stabiler Kurse für Obligationen, wofür die im vorigen Kapitel bereits hervorgehobenen Gründe ebenfalls maßgebend sein dürften.

Die beiden sächsischen Hypothekenbanken nehmen eine eigenartige Stellung ein insofern, als bei diesen nicht alle Serien mündelsicher sind. Den beiden Instituten wurde gesetzlich eine Höchstsumme vorgeschrieben, bis zu der den ausgegebenen Pfandbriefen in Sachsen Mündelsicherheit zuerkannt wurde, der Leipziger Hypothekenbank 80 Mill. Mk., der Sächsischen Bodenkredit-Anstalt 60 Mill. Mk. Die darüber hinaus ausgegebenen Pfandbriefe genießen die Mündelsicherheit nicht. Infolgedessen sind bei der Leipziger Hypothekenbank nur die Serien B—F, VII und VIII mündelsicher, bei der Sächsischen Bodenkreditanstalt die Serien I—III. Es wäre nun eigentlich anzunehmen, daß dieser Vorzug auch in der Kursbewertung zum Ausdruck kommen, und diese mündelsicheren Serien erheblich höher notieren würden, als die später ausgegebenen. Dies ist jedoch nur in geringem Maße der Fall. Gegenüber dem Durchschnitt ist eine Höherbewertung zu beobachten, allein diese kommt nicht nur bei den älteren, mündelsicheren Serien vor, sondern auch die neueren profitieren von der Vorzugsstellung der älteren. So ist die Differenz zwischen mündelsicheren und nichtmündelsicheren ganz minimal, erreicht nur bei den 4 % vereinzelt 1 %, zeitweise notieren sogar die nichtpupillarischen Serien höher als die älteren (3½ % Leipziger Hypothekenbank-Pfandbriefe am 16. August 1907, 4 % am 30. Dezember 1905, 26. Oktober und 31. Dezember 1906, 16. August 1907; 4 % Sächsische Bodenkredit-Pfandbriefe am 23. Oktober 1908, 19. März und 31. Dezember 1909).

Unter den preußischen Hypothekenbanken ist es die Preußische Zentralbodenkredit A.-G., das größte preußische

Institut, welches sich eines ganz besonderen Ansehens und einer gewissen Vorzugsstellung erfreut, die auch in einer Höherbewertung seiner Obligationen zum Ausdruck kommt. Die Gesellschaft wurde bei ihrer 1870 erfolgten Gründung den drückenden preußischen Normativbestimmungen nicht unterworfen; sie erhielt bald nach ihrer Gründung die Erlaubnis, ihren Wirkungskreis auf das ganze Deutsche Reich auszudehnen, während die übrigen preußischen Institute auf das preußische Staatsgebiet beschränkt blieben; ferner bedarf die Bestellung des Vorstandes der Bestätigung des Königs, und außerdem ist ein ständiger Regierungskommissar ernannt, der den Geschäftsbetrieb der Bank dauernd zu überwachen hat [1].

Zehntes Kapitel.

Die Kursbewertung der verschiedenen Serien desselben Institutes.

Nachdem wir einige Besonderheiten der Kursentwicklung bei verschiedenen Instituten kennen gelernt haben, ist nunmehr noch die verschiedene Bewertung von älteren und neueren Serien eines Institutes einer Betrachtung zu unterziehen.

Wenn wir die Notierungen der Hypothekenbank-Obligationen auf den Kurszetteln durchsehen, finden wir in der Bewertung der verschiedenen Serien jedes Institutes recht erhebliche Differenzen. Eine Zusammenstellung solcher Kursunterschiede ist auf Tabelle 12 gegeben, wo wir solche bis zu 3,10 % finden. Und zwar notieren die neuesten Serien eines jeden Institutes — diejenigen, die gerade zum Verkauf gebracht werden — fast ausnahmslos höher als die älteren. Unterschiede zugunsten der älteren Serien sind mit roten Ziffern hervorgehoben. Wie sind diese Kursunterschiede zu erklären und sind sie berechtigt?

Zur Beurteilung dieser Fragen müssen wir auf die Emissionstechnik der Hypothekenbanken zurückgreifen. Wie bereits oben erwähnt, pflegen die Banken ihre Obligationen in Serien auszugeben und diese mit meist zehnjähriger Unkündbarkeit auszustatten. Nach vollständigem Verkauf einer solchen Serie von vielleicht 5,10 und mehr Mill. Mk. wird eine neue Serie mit wieder zehnjähriger Unkündbarkeit ausgegeben, welch letztere aber natürlich erst einen gewissen Zeitraum später abläuft, als die Unkündbarkeitsfrist der vorhergegangenen. So existieren nun von fast allen Instituten

---

[1] Näheres bei Fränken, Der Staat und die Hypothekenbanken in Preußen, S. 19.

Obligationen, von denen einige Serien, die ältesten, sofort künd- und verlosbar sind, andere noch 2, 4 usw. bis zu zehn Jahren, die neuesten, weder verlost noch gekündigt werden können. Eine lange Unkündbarkeit seines Besitzes an Hypothekenbank-Obligationen ist nun für den Kapitalisten in mehrfacher Hinsicht von Vorteil, wobei jedoch die allgemeine Kurshöhe dieser Papiere zu berücksichtigen ist. Auf jeden Fall angenehm ist eine lange Unkündbarkeit in der Hinsicht, daß bei solchen Obligationen der Besitzer der Mühe enthoben ist, dieselben auf eventuelle Auslosungen zu kontrollieren. Einmal stehen die Verlosungslisten nicht jedem und stets zur Verfügung, dann ist mit eventuellem Übersehen einer Auslosung auch Zinsverlust verbunden, da mit dem Rückzahlungstermin die Verzinsung aufhört, höchstens Depositalzinsen vergütet werden, die aber stets geringer sind, als der eigentliche Zinsfuß der Obligationen. Diese Umstände dürften eine geringere Höherbewertung der neuesten Serien, mit längster Unkündbarkeit, rechtfertigen.

Ein anderer Punkt ist ein tatsächlicher Verlust, den der Obligationenbesitzer durch Pari-Rückzahlung einer verlosten Hypothekenbank-Obligation erleidet sowie die Gefahr einer Gesamtkonvertierung auf einen niedrigeren Zinsfuß. Ein solcher Verlust tritt bei beiden Fällen jedoch nur ein, wenn Hypothekenbank-Obligationen über Pari notieren. Beide Fälle, die vielleicht theoretisch eine etwas größere Höherbewertung der neuesten Serien rechtfertigen würden, sind jedoch praktisch nicht von großer Bedeutung, da einmal die jährlich vorgeschriebene Tilgung — jede Serie ist gewöhnlich innerhalb 60 Jahren zurückzuzahlen — meist durch Vernichtung an der Börse aufgenommener Obligationen geschieht, während zur Zwangsverlosung nur wenige Institute verpflichtet sind. Andererseits ist an eine Konvertierung der gesamten umlaufenden 4 % Hypothekenbank-Obligationen — 3½ % kommen hierfür überhaupt nicht in Frage! — im Betrage von 5888 Mill. Mk. Ende 1909 zu einer Zeit steigenden Zinsfußes, wie wir sie seit ca. acht bis zehn Jahren haben und voraussichtlich behalten werden, gar nicht zu denken, zumal die Konkurrenz höher verzinslicher Industrie- und ausländischer Obligationen ein solches Vorgehen der Hypothekenbanken sehr bedenklich erscheinen lassen müßte! Stehen nun gar Hypothekenbank-Obligationen unter Pari, so ist eine Konvertierung gänzlich ausgeschlossen, eine eventuelle Auslosung wäre sogar mit, teilweise erheblichem, Gewinn für den Besitzer verbunden, welcher sich z. B. bei 3½ % Obligationen Ende 1907 auf volle 10 % und mehr belaufen hätte. In diesen Fällen wäre also theoretisch sogar eine Minderbewertung der neuesten gegenüber den älteren Serien gerechtfertigt.

Wie stehen nun die Kurse in Wirklichkeit? Wir finden, daß bei 4 % Gattungen ausnahmslos, bei 3½ % größtenteils, die neuesten Serien ganz erheblich, im allgemeinen 1—2 %, aber auch 2½ und sogar 3½ % höher stehen, als die ältesten, auch zu Zeiten, zu welchen die Obligationen erheblich unter Pari notieren, eine Verlosung also nur von Vorteil für den Besitzer gewesen wäre. Es ist gegen diese Tatsache schon viel geschrieben worden[1]. „Frankfurter Zeitung", „Deutscher Ökonomist", „Bank" u. a. haben diese Zustände geradezu „Mißstände" genannt und gefordert, daß die Banken, die ja den Markt ihrer Obligationen vollständig beherrschen, auf eine gleichmäßigere Bewertung Wert legen möchten. Es ist jedoch alles beim alten geblieben. Im Interesse der Banken ist eine solch erhebliche Kursdifferenz ohne Frage, denn es ist erklärlich, daß die Banken für ihre neuesten Serien, die gängigen, gerade zum Verkauf stehenden, einen möglichst günstigen Kurs zu erzielen suchen. Andererseits ist ein niedrigerer Kurs der älteren Serien für die Banken von Vorteil, einmal um den Erwerber von Hypothekenbank-Obligationen durch den mit einer Veräußerung verbundenen Verlust zu möglichst dauerndem Festhalten seines Besitzes zu veranlassen, andererseits um die an der Börse zum Verkauf kommenden Obligationen, die ja, wie in der Einleitung dargelegt, fast ausschließlich von den emittierenden Banken wieder aufgenommen werden, möglichst billig zu erwerben. Der Kapitalist, der Gelder in Hypothekenbank-Obligationen anlegen will, hat also stets die Frage zu entscheiden, welche Serie für ihn am vorteilhaftesten ist. Meist wird er sich, besonders zu Zeiten niedrigen Kursstandes, nicht für die neueste, teuerste Serie entscheiden, sondern für eine billigere, wenn auch mit nur etwas kürzerer Unkündbarkeit. Auch der gewissenhafte Bankier wird seinem Klienten einen solchen Rat geben, obgleich er, wie wir gleich sehen werden, am Vertriebe der jeweilig neuesten Serie ganz besonders interessiert ist. Es ist nur fraglich, ob der Kapitalist die gewünschte Serie an der Börse auch bekommt. Falls nicht zufällig gleichzeitig mit seinem Kaufauftrag eine Verkaufsorder für die betreffende Serie an die Börse gelangt — was nur selten der Fall sein dürfte —, kommt als einziger Abgeber nur die emittierende Hypothekenbank in Frage. Für diese hat ein Verkauf älterer Serien zu niedrigem Kurse aber meist kein Interesse; die Folge davon ist, daß „Ausweichkurse" zu Notiz kommen, d. h. die Bank läßt das betreffende Papier etwas

[1] Frankfurter Zeitung vom 9. Juli 1904, I, 23. Januar 1905, A., 19. November 1911, I. „Deutscher Ökonomist", 1905 S. 572 u. 625, 1910 S. 66, 1911 S. 760. „Die Bank" 1908 Heft 4 S. 350 ff., 1909 Heft 8 S. 712 ff.

höher notieren, als das Kauflimit lautet. Wenn z. B. ein Auftrag zum Kauf zu 96,50 % an die Börse kommt, gibt die Bank nur zu 98,75 % ab, die Notiz wird dann 96,75 Brief. Erhöht der Käufer sein Limit an den nächsten Tagen auf 96,75 %, so wird der Kurs vielleicht infolge Eingreifens der Bank 97 [1].

Eine gewisse Berechtigung hätte ein etwas höherer Kurs für die neuesten Serien vielleicht, wenn die Differenz gegenüber den sofort kündbaren Serien ganz allmählich geringer würde, um dann nach Ablauf der zehnjährigen Unkündbarkeitsfrist ganz zu verschwinden. Tatsächlich sinkt aber der Kurs der zum Verkauf stehenden Serie sofort um $^1/_2$—1 %, sobald dieselbe ausverkauft ist und eine neue Serie zur Emission kommt. In Tabellen 1—5 ist das Erscheinen einer neuen Serie in Kurszetteln vermerkt. Ausnahmslos sind die eben erwähnten Rückgänge der bis dahin neuesten Serien zu konstatieren. Der Kapitalist, der Hypothekenbank-Obligationen neuester Serien erwirbt, muß bestimmt damit rechnen, daß seine Obligationen nach ein bis zwei Jahren — außer den eventuellen Veränderungen, denen Hypothekenbank-Obligationen im allgemeinen infolge politischer, Geldmarkts- und anderer Verhältnisse unterworfen sind — einen Kursverlust von $^1/_2$—1 % erleiden, wenn das Emissionsinstitut eine folgende Serie Obligationen ausgibt. Dannenbaum [2], der übrigens die Differenz zwischen älteren und neueren Serien nicht so scharf verurteilt wie der „Deutsche Ökonomist“ und „Die Bank“, nennt sie eine Art Kaufprovision, die einen Teil der Bankierbonifikation und sonstige Verkaufsspesen deckt und dann wie jede Kaufprovision einem spekulativen und wirtschaftlich überflüssigen Wiederverkauf der Obligationen entgegenwirkt.

Wie man sich nun auch zu der ganzen Frage stellen mag, es ist jedenfalls sehr unwahrscheinlich, daß hier eine Änderung eintritt, da das Publikum nun einmal an die zehn Jahre unkündbaren Obligationen gewöhnt ist, die seinerzeit bei Konvertierung der zuerst ausgegebenen 4$^1/_2$ und 5 % Hypothekenbank-Obligationen geschaffen sind, und außerdem die Bank oder der Bankier, die den Vertrieb der Obligationen an das Publikum vermitteln, am Verkauf gerade der neuesten Serien durch die auf diese Serien gewährten höchsten Bonifikationen interessiert sind.

Wir kommen damit zur Frage der Verkaufsprovisionen, meist „Bonifikationen“ genannt [3]. Wie in der Einleitung dar-

---

[1] Für solche Fälle vgl. „Deutscher Ökonomist“, 1910, S. 66, Berliner Tageblatt vom 23. Mai 1912, A.

[2] A. a. O. S. 83.

[3] Vgl. hierzu Dannenbaum a. a. O. S. 75 ff.; Ehrlich, Das Reichshypothekenbankgesetz in seiner wirtschaftlichen Bedeutung, Berlin 1909, S. 145; Fränken a. a. O. S. 77; Frankenberg a. a. O. S. 45 ff.

gestellt, erfolgt der Verkauf der Hypothekenbank-Obligationen an das Publikum zum allergrößten Teil durch freihändigen Verkauf durch Vermittelung von Banken und Bankfirmen. Von 19 auf den Fragebogen antwortenden Banken bedienten sich 18 dieses Weges, die meisten davon ausschließlich. Es ist wohl ganz verständlich, daß die Hypothekenbanken durch Gewährung besonderer Vorteile, also Verkaufsprovisionen, die Bankfirmen zu intensivem Vertrieb gerade ihrer Obligationen anzuspornen suchen, zumal denselben bei Emissionen von Aktien, industriellen und ausländischen Anleihen, ja sogar Staatsanleihen ähnliche Vermittlungsprovisionen geboten werden. Gegen eine geringe Bonifikation vielleicht $^1/_4$—$^1/_2$ % ist auch absolut nichts einzuwenden. Die Konkurrenz der deutschen Hypothekenbanken untereinander hat nun aber dazu geführt, daß die Sätze bis auf 1, ja $1^1/_4$ % gestiegen sind. Nur wenige Banken, z. B. die Preußische Zentralbodenkredit A.-G. infolge ihrer obenerwähnten Vorzugsstellung, und die bayerischen Hypothekenbanken, die infolge ihrer Verbindung mit regulärem Bankgeschäft und vieler eigener Filialen auf die Vermittelung von Bankfirmen nicht so angewiesen sind, wie die reinen Hypothekenbanken, haben niedrigere Bonifikationssätze aufrechterhalten können. Es ist natürlich, daß gerade kleinere und jüngere Banken ihren Vermittlern hohe Bonifikationen gewähren, um ins Geschäft zu kommen und der Konkurrenz der älteren und größeren Institute die Spitze bieten zu können — es liegt aber auch die Gefahr vor, daß weniger solide Institute durch Gewährung hoher Bonifikationen eventuelle Bedenken von Bankiers einschläfern, und so eine Schädigung des Publikums entsteht[1].

Jedenfalls bedeuten Bonifikationen von 1 % und mehr ungesunde Zustände, aber so viel Kritik daran schon in der Finanzpresse geübt ist, auch hier ist eine Änderung weder eingetreten noch zu erwarten. Bereits in den neunziger Jahren waren Bonifikationen in solcher Höhe gewährt, die Sätze gingen dann zwar infolge der Enthüllungen in den verschiedenen Prozessen nach dem Krach der Spielhagenbanken zurück, da die Gewährung hoher Bonifikationen allgemein als Zeichen von Unsolidität angesehen wurde. Allein bald begann das gegenseitige Überbieten der Banken in diesem Punkt von neuem. Heute kann man sagen, daß ein Prozent Bonifikation die Regel bildet — genaue Auskunft hierüber war nicht zu erlangen, da fast alle Banken die Beantwortung gerade dieses Punktes des Fragebogens ablehnten, aber selbst höhere Bonifikationen kommen vor, wie aus einem Zirkular

[1] „Deutscher Ökonomist“, 1902, S. 581, 1904, S. 398. Frankfurter Zeitung vom 23. Januar 1905, A.

einer größeren Hypothekenbank hervorgeht, welches zur Verfügung stand. Zwar werden im allgemeinen die Bonifikationen nur auf Stücke gewährt, die mit einjähriger Sperrverpflichtung bezogen werden resp. die Bonifikation ist vom Bankier zurückzuzahlen, falls die betreffenden Obligationen vor Ablauf des Sperrjahres an die Börse zurückkommen und von der Emissionsbank wieder aufgenommen werden müssen — allein es sind auch Fälle zu verzeichnen, wo Bonifikationen ohne Übernahme einer Sperrverpflichtung gewährt werden [1]. Daß aus solchen Zuständen Mißstände werden können, leuchtet ein; es sei hier nur das Beispiel erwähnt, daß ein Bankier, sobald die Hypothekenbank-Obligationen in seiner Kundschaft „Geburtstag feiern", d. h. das Sperrjahr abgelaufen ist, seine Klienten unter irgendwelchen Vorwänden zum Umtausch bewegt und neue Obligationen mit neuer Bonifikation von der Bank bezieht [2]. Einem kleineren Bankier, dessen Einnahmen vielleicht zu einem erheblichen Teil aus solchen Bonifikationen auf Verkauf von Wertpapieren bestehen, kann man dies eigentlich kaum verübeln; die Geschädigten sind die Hypothekenbanken, die durch die Gewährung solch hoher Bonifikationen selbst dazu beitragen!

Es hat nun nicht an Versuchen gefehlt, durch Vereinbarung unter den Banken die Bonifikationen auf ein niedrigeres Niveau zu bringen, allein diese Anläufe zu einer Regelung haben zu keinem Resultat geführt [3]. Auch eventuelle spätere Versuche dürften mit ähnlichen Mißerfolgen enden, da in der Tat die Interessen der einzelnen Institute zu verschieden sind. Von den auf den Fragebogen antwortenden Banken halten nur drei eine Regelung der Frage für möglich, die meisten übrigen für wünschenswert, aber teils sehr schwierig, teils unmöglich, eine sogar „nicht für durchführbar und auch nicht für wünschenswert". Zunächst hatte sich der Zentralverband des Deutschen Bank- und Bankiergewerbes bald nach dem Krach der Spielhagenbanken der Angelegenheit angenommen, nachdem der Landwirtschaftsminister in einer Konferenz der Hypothekenbanken am 8. April 1902 auf den Punkt der überhohen Absatzprovisionen hingewiesen und eine Vereinbarung der Banken unter sich angeregt hatte. Der Versuch mußte aber aufgegeben werden, da überhaupt nur eine Minderheit der Hypothekenbanken sich mit den gemachten Vorschlägen einverstanden erklärte. (Die Verhandlungen in dieser Angelegenheit sind vertraulich geführt worden

[1] „Deutscher Ökonomist" 1900, S. 343.
[2] A. a. O. 1903 S. 281.
[3] Vgl. hierzu „Deutscher Ökonomist", 1904, S. 598. Frankfurter Zeitung vom 23. Januar 1905, A., 16. Juni 1906, A., 13. Dezember 1906, A., 1. März 1907, A.

und Einzelheiten nicht an die Öffentlichkeit gelangt.) Mit etwas mehr Erfolg, wenn auch am Ende resultatlos, verliefen die Bestrebungen, zu welchen Ende 1905 bis Anfang 1906 mehrere größere Banken, nämlich die Bayerische Hypotheken- und Wechselbank, die Deutsche Hypothekenbank, Meiningen, die Frankfurter Hypothekenbank, Hypothekenbank in Hamburg, Rheinische Hypothekenbank und Schlesische Bodenkredit-Aktienbank die Initiative ergriffen hatten. Den von diesen gemachten Vorschlägen stimmten die meisten Banken zu, allein die Preußische Bodenkredit-Aktienbank und die Deutsche Hypothekenbank, Berlin, lehnten ihren Beitritt ab unter Hinweis auf die den preußischen Hypothekenbanken nicht zugestandene Mündelsicherheit ihrer Pfandbriefe, und mit der Begründung, daß denjenigen Banken, die an Konsortien begeben, freie Hand gelassen sei. Die Finanzpresse kritisierte das Verhalten der beiden Banken natürlich sehr scharf, und war auch weiter der Ansicht, daß eine Regelung der Frage unter allen Umständen zu erstreben und möglich sei, eventuell durch Ausdehnung der Staatsaufsicht und der Tätigkeit der Bankkommissare und -inspektoren auf diesen Punkt. Auch Dannenbaum[1] bedauert das Fehlen einer gemeinsamen Reichsaufsicht in diesem Punkte.

Worin bestehen nun die Hauptschwierigkeiten? Zunächst in dem stets bestehenden Gegensatz zwischen großen alten Instituten einerseits, die im Publikum bekannt und beliebt sind, infolgedessen auch mit geringen Bonifikationen einen genügenden Absatz ihrer Papiere erreichen, und den jüngeren, kleineren Instituten andererseits, denen diese Vorteile nicht zur Seite stehen. Es wäre ja die Möglichkeit für diese letzteren vorhanden, durch Festsetzung niedrigerer Verkaufspreise dem Publikum einen Anreiz zu geben, allein hierdurch könnte dasselbe doch auch stutzig gemacht werden bezüglich der Qualität des betreffenden Institutes, und eventuell würde das Gegenteil erreicht, wie beabsichtigt war.

Die zweite Schwierigkeit liegt in der verschiedenen Art des Absatzes seitens der Hypothekenbanken. Wenn alle ausschließlich freihändig verkauften, wäre eine Beschränkung der Bonifikationen auf vielleicht $^1/_2$ % möglich; es begeben aber mehrere Institute vorzugsweise größere Posten an Konsortien, und wenn hier auch der Begebungspreis gegenüber dem Tageskurs durch Revisionen zu kontrollieren wäre, so entzieht es sich doch dem Einfluß der Hypothekenbanken, welche Vorteile das Übernahmekonsortium seinerseits den weiter vermittelnden Firmen gewährt.

---

[1] A. a. O. S. 77.

Neben der Barbonifikation gibt es jedoch noch viele andere Wege, durch welche die Hypothekenbanken ihren Vermittlern Vorteile zukommen lassen können, die sich ganz und gar der Kontrolle entziehen: Die Hypothekenbanken führen Börsenaufträge in allen Sorten Wertpapieren provisionsfrei aus, diskontieren Wechsel, auch in kleineren Abschnitten, zu besonders günstigen Sätzen, eventuell Privatdiskontsatz, sie schreiben Kupons lange vor Fälligkeit gut, belassen den Erlös für abgesetzte Obligationen längere Zeit zu niedrigen Zinsen, eventuell ganz zinslos bei den Bankfirmen u. a. m. Solche kleine Nebenvorteile, die aber bei großen Umsätzen in ihrem Gesamtwerte einen recht beträchtlichen Umfang annehmen können, sind natürlich gar nicht zu kontrollieren, und wenn wirklich sämtliche Banken sich verpflichten würden, keine solche Nebenvorteile mehr zu gewähren, würde doch die Umgehung solcher Vereinbarung nichts weniger als schwierig sein.

Wir schließen also dieses Kapitel mit dem Ergebnis, daß auf dem Gebiete der Bonifikationen Mißstände bestehen, daß aber die Aussichten auf eine Beseitigung derselben sehr gering sind, falls nicht das Publikum selbst dafür sorgt und sein Interesse nur solchen Instituten zuwendet, die bekanntermaßen nur geringe Absatzbonifikationen gewähren.

Schlußwort.

Als Ergebnis unserer Betrachtungen können wir zum Schluß feststellen, daß die Kurse der Hypothekenbank-Obligationen mit der jeweiligen Lage des Geld- und Kapitalmarktes selbstverständlich in engem Zusammenhang stehen, daß jedoch diese Abhängigkeit nicht so stark ist und nicht zu so starken Kursschwankungen führt, wie bei den Staatspapieren. Als Grund hierfür haben wir vor allem die Interventionstätigkeit der Banken bei ihren eigenen Emissionen hervorzuheben, die durch ihre Käufe an der Börse eine bemerkenswerte Stabilität der Kurse herbeizuführen in der Lage sind.

Gerade diese regulierende Tätigkeit der Banken, die dem Kapitalisten wohl ausnahmslos eine eventuell notwendige Realisierung seines Besitzes an Pfandbriefen auch in größerem Umfange garantiert, ohne befürchten zu müssen, dadurch einen starken Kursdruck herbeizuführen, verleiht den Pfandbriefen erstklassiger Hypothekenbanken beim Publikum den Charakter einer äußerst vorteilhaften Kapitalanlage.

Wir haben ferner festgestellt, daß diese Tatsachen im allgemeinen bei sämtlichen Hypothekenbanken festzustellen sind, daß aber unter den einzelnen Instituten doch gewisse Unterschiede zu bemerken sind. Von diesen ist besonders beachtenswert die bevorzugte Stellung, die sich die süddeutschen Hypothekenbanken, sowohl bezüglich des Kurses als auch der Absatzverhältnisse ihrer Pfandbriefe zu erfreuen haben; ferner auch die Schwierigkeiten, mit denen jüngere und kleinere Institute zu kämpfen haben, um gegen die bevorzugte Stellung älterer und größerer aufkommen zu können.

Wir haben zum Schluß die komplizierte Bonifikationsfrage gestreift, die ihren Ursprung eben in der Konkurrenz der Banken genommen und zu tatsächlichen Mißständen geführt hat, für deren Behebung die Aussichten heute nicht sehr günstig erscheinen.

Tabellen.

Tabelle 1. **Kurse im Jahre 1905.**

1905	Bank-Disk. Berlin	Bank-Disk. London	Privat-Disk. Berlin	Tägliche Gelder Berlin	Ultimo-Gelder Berlin	3 % Deutsche Reichsanleihe	3 % Preußische Konsols	3½ % Deutsche Reichsanleihe	3½ % Preußische Konsols	3½ % Badische Staatsanleihe von 1904	3½ % Bayerische Staatsanleihe	3½ % Hamburger amort. Staatsanleihe von 1904
6. Januar	5	3	2¾	3		89,90	90,—	101,90	101,90	100,40	101,30	99,60
13. „	4	3	2⅝	1¼		89,80	89,90	101,80	101,90	100,20	100,40	99,60
20. „	4	3	2½	1½		89,90	89,90	101,90	101,90	100,50	100,40	99,60
27. „	4	3	2⅜	1½	2⅝	90,20	90,20	102,—	102,—	100,50	100,20	99,75
3. Februar	4	3	2	1½		90,50	90,50	102,40	102,40	100,50	100,25	99,90
10. „	4	3	1⅞	1½		90,50	90,50	102,30	102,25	100,50	100,25	99,80
17. „	3½	3	2	1½		91,40	91,30	102,40	102,40	100,40	100,70	100,10
24. „	3	3	1¾	1	2	91,60	91,50	102,40	102,40	100,50	100,50	100,10
3. März	3	3	2	2		91,60	91,50	102,50	102,50	100,75	100,60	100,30
10. „	3	2½	2	1¾		90,90	90,80	102,10	102,—	100,30	100,50	100,20
17. „	3	2½	2¼	1¾		90,75	90,70	101,75	101,80	100,30	100,40	100,20
24. „	3	2½	2¼	1½	3¼-⅛	90,90	90,90	102,—	102,—	100,30	100,30	100,10
31. „	3	2½	2⅜	4½-4		91,—	91,—	101,80	101,80	100,30	100,40	100,—
7. April	3	2½	1¾	1¾		91,10	91,—	101,70	101,70	100,30	100,40	100,20
14. „	3	2½	1¾	1		91,10	91,10	101,80	101,80	100,40	100,30	100,20
20. „	3	2½	2	1	2¾	90,90	90,75	101,70	101,70	100,40	100,30	100,—
28. „	3	2½	2⅛	2	3-2⅞	90,50	90,50	101,50	101,50	101,40	100,30	100,—
5. Mai	3	2½	2⅜	2¾		90,30	90,30	101,40	101,50	100,30	100,30	99,90
12. „	3	2½	2¼	2		90,30	90,30	101,40	101,40	100,30	100,10	99,90
19. „	3	2½	2¼	1¾		90,30	90,30	101,40	101,40	100,50	100,20	99,75
26. „	3	2½	2¼	1½	2¾-⅜	90,60	90,50	101,40	101,40	100,40	100,30	99,80
2. Juni	3	2½	2¼	2½-2		90,50	90,50	101,40	101,30	100,40	100,25	99,90
9. „	3	2½	2⅛	1½		90,40	90,40	101,40	101,40	100,40	100,25	100,—
16. „	3	2½	2½	2¼		90,40	90,40	101,30	101,30	100,40	100,30	99,90
23. „	3	2½	2¼	2½	3⅞-¾	89,90	89,90	101,25	101,25	100,40	100,30	99,90
30. „	3	2½	2¼	4¾-4		89,90	89,90	101,25	101,20	100,50	100,30	99,70
7. Juli	3	2½	2	2½		90,30	90,30	101,20	101,30	100.50	100,40	100,25
14. „	3	2½	2⅜	2¾		90,50	90,50	101,20	101,30	100,50	100,40	100,10
21. „	3	2½	2⅛	2	3	90,30	90,30	101,20	101,25	100,40	100,40	100,—
28. „	3	2½	2	2	2⅞-¾	90,40	90,30	101,30	101,30	100,25	100,40	100,10
4. August	3	2½	2	2		90,30	90,30	101,30	101,40	100,40	100,30	100,10
11. „	3	2½	2	1½		90,25	90,20	101,30	101,40	100,40	100,40	100,—
18. „	3	2½	2⅜	1½		89,60	89,60	100,80	101,—	100,30	100,40	100,—
25. „	3	2½	2⅜	1½	2⅞	89,80	89,80	100,90	101,10	100,50	100,40	99,80
1. Septbr.	3	2½	2½	3-2¾		89,90	89,90	100,90	101,10	100,25	100,50	99,90
8. „	3	3	2⅞	2		89,75	89,75	100,70	101,—	100,40	100,20	99,90
15. „	4	3	2⅞	2		89,70	89,70	100,90	101,—	100,25	100,—	99,70
22. „	4	3	3¼	2	4⅞-¾	89,60	89,60	100,90	101,10	100,25	100,10	99,70
29. „	4	4	3⅜	—		89,60	89,60	101,—	100,90	100,10	100,20	98,90
6. Oktbr.	5	4	3⅜	3½		89,60	89,50	100,—	101,10	100,—	100,—	99,60
13. „	5	4	4⅛	4		89,10	89,10	100,60	100,90	100,20	100,10	99,25
20. „	5	4	4	3¾	5	89,10	89,—	100,60	100,90	100,10	99,80	99,50
27. „	5	4	4¼	4	5¼	88,70	88,70	100,60	100,90	99,75	99,70	99,60
3. Novbr.	5	4	4½	4½		89,20	89,20	100,70	101,—	100,—	99,70	99,25
10. „	5½	4	4¾	4½-4		89,—	88,90	100,50	100,80	99,90	99,70	99,—
17. „	5½	4	4¾	4¼		89,20	89,—	100,70	100,90	99,60	99,60	98,50
24. „	5½	4	4¾	4-3½	5⅞-⅝	88,90	89,—	100,60	100,80	99,80	99,80	98,50
1. Dezbr.	5½	4	4⅝	4		89,50	89,40	101,—	101,10	99,75	99,80	98,75
8. „	5½	4	5	3		89,25	89,20	100,90	100,90	99,60	100,—	99,25
15. „	6	4	5¼	4	7	89,—	89,—	100,70	100,70	99,40	99,80	99,—
22. „	6	4	5⅜	4	7¾	88,40	88,40	100,40	100,50	99,60	99,70	98,70
29. „	6	4	4¼	4	7¾	88,60	88,75	100,60	100,60	99,40	99,80	99,20

Tabelle 1. Kurse im Jahre 1905. (Fortsetzung.)

1905	Bank-Disk. Berlin	Bank-Disk. London	Privat-Disk. Berlin	Tägliche Gelder Berlin	Ultimo-Gelder Berlin	$3\frac{1}{2}$% Bayr. Hyp.- u. Wechsel-Bk.-Pfbr.	$3\frac{1}{2}$% Bschw.-Hann. Hyp.-Bk.-Pfbr. XX	$3\frac{1}{2}$% Deutsche Hyp.-Bk.-(Berlin) Pfbr. VIII—IX	$3\frac{1}{2}$% Hamb. Hyp.-Bk.-Pfbr. 311—330	$3\frac{1}{2}$% Meininger Hyp.-Bk.-Pfbr. X	$3\frac{1}{2}$% Preuß. Bod.-Kred.-Pfbr. XVI	$3\frac{1}{2}$% Preuß. Zentr.-Bod.-Pfbr. v. 1904	$3\frac{1}{2}$% Preuß. Pfbr.-Bk.-Pfbr. XXIV
6. Januar.	5	3	$2\frac{3}{4}$	3		99,40	96,—	95,—	96,50	99,—	95,10	96,60	96,5
13. „ .	4	3	$2\frac{5}{8}$	$1\frac{1}{4}$		99,30	96,—	95,—	96,50	99,—	94,90	96,70	96,5
20. „ .	4	3	$2\frac{1}{2}$	$1\frac{1}{2}$		99,40	96,—	95,—	96,50	99,—	94,80	96,70	96,5
27. „ .	4	3	$2\frac{3}{8}$	$1\frac{1}{2}$	$2\frac{5}{8}$	99,40	96,—	95,—	96,50	99,—	94,80	96,70	96,5
3. Februar	4	3	2	$1\frac{1}{2}$		99,40	96,—	95,25	96,50	99,—	94,90	96,80	96,5
10. „	4	3	$1\frac{7}{8}$	$1\frac{1}{2}$		99,30	96,—	95,—	96,50	99,—	95,30	96,90	96,7
17. „	$3\frac{1}{2}$	3	2	$1\frac{1}{2}$		99,30	96,—	95,25	96,50	99,—	95,40	97,—	96,75
24. „	3	3	$1\frac{3}{4}$	1	2	99,40	96,—	95,20	96,50	99,—	95,40	97,—	96,7
3. März .	3	3	2	2		99,40	96,—	95,50	96,75	99,—	95,80	97,10	96,7
10. „ .	3	$2\frac{1}{2}$	2	$1\frac{3}{4}$		99,40	96,—	95,75	96,75	98,—	95,80	97,30	96,7
17. „ .	3	$2\frac{1}{2}$	$2\frac{1}{4}$	$1\frac{3}{4}$		99,40	96,—	95,75	96,75	98,—	95,60	97,30	96,75
24. „ .	3	$2\frac{1}{2}$	$2\frac{1}{4}$	$1\frac{1}{2}$	$3\frac{1}{4}$-$\frac{1}{8}$	99,50	96,—	96,—	97,—	98,—	96,—	97,30	96,75
31. „ .	3	$2\frac{1}{2}$	$2\frac{3}{8}$	$4\frac{1}{2}$-4		99,40	96,—	96,—	97,—	98,—	95,75	97,30	97,—
7. April .	3	$2\frac{1}{2}$	$1\frac{3}{4}$	$1\frac{3}{4}$		99,40	96,—	96,10	97,—	98,—	95,50	97,40	97,—
14. „ .	3	$2\frac{1}{2}$	$1\frac{3}{4}$	1		99,50	96,—	96,10	97,—	98,—	95,50	97,40	97,—
20. „ .	3	$2\frac{1}{2}$	2	1	$2\frac{3}{4}$	99,50	96,—	96,10	97,—	98,—	95,70	97,40	97,—
28. „ .	3	$2\frac{1}{2}$	$2\frac{1}{8}$	2	3-$2\frac{7}{8}$	99,50	96,—	96,10	97,—	98,—	95,80	97,40	97,—
5. Mai . .	3	$2\frac{1}{2}$	$2\frac{3}{8}$	$2\frac{3}{4}$		99,40	96,—	96,—	97,—	98,—	95,70	97,30	97,—
12. „ . .	3	$2\frac{1}{2}$	$2\frac{1}{4}$	2		99,40	96,—	96,—	97,—	98,—	95,70	97,20	97,—
19. „ . .	3	$2\frac{1}{2}$	$2\frac{1}{4}$	$1\frac{3}{4}$		99,40	96,—	96,—	97,—	98,—	95,60	97,30	97,—
26. „ . .	3	$2\frac{1}{2}$	$2\frac{1}{4}$	$1\frac{1}{2}$	$2\frac{3}{4}$-$\frac{3}{8}$	99,40	96,—	95,90	97,—	98,—	95,50	97,40	97,—
2. Juni . .	3	$2\frac{1}{2}$	$2\frac{1}{4}$	$2\frac{1}{2}$-2		99,40	96,—	96,—	97,—	98,—	95,50	97,40	97,—
9. „ . .	3	$2\frac{1}{2}$	$2\frac{1}{8}$	$1\frac{1}{2}$		99,40	96,—	96,—	97,—	98,—	95,30	97,40	97,—
16. „ . .	3	$2\frac{1}{2}$	$2\frac{1}{2}$	$2\frac{1}{4}$		99,40	96,—	96,—	97,—	98,—	95,40	97,50	97,—
23. „ . .	3	$2\frac{1}{2}$	$2\frac{1}{4}$	$2\frac{1}{2}$	$3\frac{7}{8}$-$\frac{3}{4}$	99,30	96,—	96,—	97,25	98,—	95,50	97,50	97,—
30. „ . .	3	$2\frac{1}{2}$	$2\frac{1}{4}$	$4\frac{3}{4}$-4		99.20	96,—	95,75	97,25	98,—	95,20	97,60	97,—
7. Juli . .	3	$2\frac{1}{2}$	2	$2\frac{1}{2}$		99,20	96,—	95,75	97,25	98,—	95,40	97,60	97,—
14. „ . .	3	$2\frac{1}{2}$	$2\frac{3}{8}$	$2\frac{3}{4}$		99,20	96,—	95,75	97,25	98,—	95,25	97,60	97,—
21. „ . .	3	$2\frac{1}{2}$	$2\frac{1}{8}$	2	3	99,—	96,—	95,75	97,25	98,—	95,40	97,60	97,—
28. „ . .	3	$2\frac{1}{2}$	2	2	$2\frac{7}{8}$-$\frac{3}{4}$	99,20	96,—	95,80	97,25	98,—	95,30	97,50	97,—
4. August.	3	$2\frac{1}{2}$	2	2		99,10	96,—	95,75	97,25	98,—	95,70	97,60	97,—
11. „ .	3	$2\frac{1}{2}$	2	$1\frac{1}{2}$		99,—	96,—	95,75	97,25	98,—	95,60	97,60	97,—
18. „ .	3	$2\frac{1}{2}$	$2\frac{3}{8}$	$1\frac{1}{2}$		99,—	95,90	95,75	97,25	98,—	95,40	97,50	97,—
25. „ .	3	$2\frac{1}{2}$	$2\frac{3}{8}$	$1\frac{1}{2}$	$2\frac{7}{8}$	99,—	96,—	95,75	97,25	98,—	95,30	97,50	97,—
1. Septbr..	3	$2\frac{1}{2}$	$2\frac{1}{2}$	3-$2\frac{3}{4}$		99,—	96,—	95,75	97,25	98,—	95,30	97,50	97,—
8. „ .	3	3	$2\frac{7}{8}$	2		98,40	95,75	95,75	97,25	98,—	95,10	97,50	97,—
15. „ .	4	3	$2\frac{7}{8}$	2		98,30	95,75	95,75	97,25	98,—	95,10	97,60	97,—
22. „ .	4	3	$3\frac{1}{4}$	2	$4\frac{7}{8}$-$\frac{3}{4}$	98,10	95,75	95,75	97,25	98,—	95,20	97,50	97,—
29. „ .	4	4	$3\frac{3}{8}$	—		98,25	95,75	95,50	97,25	98,—	95,15	97,30	97,—
6. Oktbr. .	5	4	$3\frac{3}{4}$	$3\frac{1}{2}$		98,40	95,75	95,50	97,25	98,—	95,—	97,30	97,—
13. „ .	5	4	$4\frac{1}{8}$	4		98,40	95,75	95,50	97,25	98,—	94,90	97,50	97,—
20. „ .	5	4	4	$3\frac{3}{4}$	5	98,25	95,75	95,50	97,25	98,—	94,90	97,40	97,—
27. „ .	5	4	$4\frac{1}{4}$	4	$5\frac{1}{4}$	98,40	95,75	95,50	97,25	98,—	94,80	97,50	97,—
3. Novbr..	5	4	$4\frac{1}{2}$	$4\frac{1}{2}$		98,40	95,75	95,50	97,—	98,—	94,80	97,50	97,—
10. „ .	$5\frac{1}{2}$	4	$4\frac{3}{4}$	$4\frac{1}{2}$-4		98,40	95,75	95,50	96,50	98,—	94,75	97,30	97,—
17. „ .	$5\frac{1}{2}$	4	$4\frac{3}{4}$	$4\frac{1}{4}$		98,20	95,75	95,50	96,50	98,—	94,70	97,50	97,—
24. „ .	$5\frac{1}{2}$	4	$4\frac{3}{4}$	4-$3\frac{1}{2}$	$5\frac{7}{8}$-$\frac{5}{8}$	98,40	95,75	95,50	96,50	98,—	94,90	97,50	97,—
1. Dezbr. .	$5\frac{1}{2}$	4	$4\frac{5}{8}$	4		98,50	95,75	95,50	96,50	97,60	94,70	97,50	97,—
8. „ .	$5\frac{1}{2}$	4	5	3		98,50	95,75	95,50	96,50	97,60	94,90	97,50	97,—
15. „ .	6	4	$5\frac{1}{4}$	4	7	98,50	95,75	95,50	96,50	97,60	94,70	97,30	96,75
22. „ .	6	4	$5\frac{3}{8}$	4	$7\frac{3}{4}$	98,40	95,75	95,50	96,50	97,60	94,75	97,50	96,75
29. „ .	6	4	$4\frac{1}{4}$	4	$7\frac{3}{4}$	98,50	95,75	95,50	96,50	97,60	94,70	97,50	96,75

3½ % Rhein. Hyp.-Bk.-Pfbr. 69—82	4 % Badische Staatsanleihen	4 % Bayerische Staatsanleihen	4 % Hamb. amort. Staatsanl. v. 1904	4 % Brschw.-Hann. Hyp.-Bk.-Pfbr. XXI bis XXII	4 % Deutsche Hyp.-Bk.-(Berlin) Pfbr. XIV	4 % Frankf. Hyp.-Bk.-Pfbr. XIV	4 % Hambg. Hyp.-Bk.-Pfbr. 401-450	4 % Meining. Hyp.-Bk.-Pfbr. IX	4 % Preuß. Bod.-Kred.-Pfbr. XI	4 % Preuß. Zentr.-Bod.-Pfbr. v. 1903	4 % Preuß. Pfbr.-Bk.-Pfbr. XXV	4 % Rhein. Hyp.-Bk.-Pfbr. v. 83-85
97,—	103,80	103,—	103,50	102,25	102,30	100,70	103,—	102,90	102,50	103,75	102,50	100,66
97,—	104,50	103,50	103,25	102,50	102,30	101,—	103,—	102,90	102,50	103,70	102,50	100,86
97,—	104,30	103,25	103,30	102,50	102,30	100,70	103,—	102,90	102,50	104,—	102,50	100,70
97,—	104,50	103,50	103,40	102,50	102,30	100,70	103,—	102,90	102,50	103,90	102,50	100,70
97,—	104,20	103,50	103,50	102,50	102,30	101,—	103,—	102,90	102,75	104,20	102,60	100,70
97,50	104,40	103,30	103,60	102,50	102,50	101,—	103,—	102,90	102,75	103,90	102,75	100,80
97,50	104,40	103,10	103,60	102,50	102,50	101,50	103,—	102,90	102,75	104,—	102,75	100,80
97,50	104,40	103,—	103,50	102,50	102,50	—	103,—	102,90	103,—	103,80	103,—	100,90
97,50	104,40	101,80	103,50	102,50	102,80	100,90	103,—	103,—	103,—	103,80	103,—	100,75
97,50	104,10	101,60	103,50	102,50	102,80	101,—	103,—	103,30	103,—	104,—	103,—	100,90
97,50	103,90	101,25	103,30	102,50	102,80	100,70	103,—	103,30	103,—	104,—	103,—	100,90
97,50	104,10	101,40	103,25	102,50	102,80	101,—	103,—	103,30	103,—	104,—	103,—	100,75
97,50	104,—	101,40	103,10	102,75	102,80	101,40	103,25	103,30	103,—	104,20	103,—	100,70
97,50	104,25	101,50	103,30	102,75	102,90	101,60	103,25	103,30	103,—	104,40	103,—	100,70
97,50	104,—	101,60	103,50	102,75	102,90	101,30	103,25	103,30	103,—	104,40	103,—	100,90
97,50	103,90	101,60	103,60	102,75	102,90	101,20	103,25	103,30	103,—	104,10	103,—	100,70
97,50	104,—	101,30	103,25	102,75	103,—	101,75	103,25	103,30	103,—	104,40	103,—	—
97,20	103,30	101,40	103,25	102,75	103,—	101,—	103,25	103,30	103,—	104,30	103,—	101,10
97,20	104,40	101,40	103,40	102,75	103,—	101,—	103,25	103,30	103,—	104,20	103,20	—
97,20	104,—	101,30	103,60	102,75	103,—	101,—	103,25	103,30	102,90	104,30	103,20	100,90
97,20	104,—	101,40	103,50	102,75	103,—	101,50	103,25	103,30	102,75	104,—	103,20	100,90
97,20	103,90	101,40	103,40	102,75	103,—	101,50	103,25	103,30	102,75	104,10	103,20	100,60
97,20	103,90	101,40	103,60	102,75	103,—	101,—	103,25	103,30	102,75	104,20	103,20	100,70
97,20	103,60	101,40	103,70	102,75	103,—	101,—	103,25	103,30	102,75	104,25	103,20	100,70
97,20	102,80	101,20	103,50	102,75	103,—	101,—	103,25	103,30	102,75	104,30	103,20	100,60
97,—	102,90	101,20	103,40	102,75	103,—	101,—	103,25	103,30	102,75	104.30	103,20	100,50
97,—	103,60	101,30	103,30	102,75	103,—	101,—	103,25	103,30	102,80	104,60	103,20	100,60
97,—	103,60	101,50	103,40	102,75	103,—	101,30	103,25	103,30	102,75	104,70	103,20	100,70
97,—	103,75	101,60	103,30	102,75	103,—	101,30	103,25	103,30	102,80	104,60	103,20	100,75
97,—	103,90	101,60	103,20	102,75	103,—	101,70	103,25	103,30	102,75	104,25	103,20	101,20
97,—	103,70	101,50	103,30	102,75	103,—	102,—	103,25	103,30	102,75	104,30	103,20	101,25
97,—	103,70	101,50	103,40	102,75	103,—	101,80	103,25	103,30	102,75	104,10	103,20	100,90
97,—	103,90	101,60	103,25	102,75	103,—	101,30	103,25	103,30	102,75	104,25	103,—	100,70
97,—	103,75	101,40	103,40	102,75	103,—	101,30	103,25	103,30	102,50	104,—	103,20	100,50
97,—	103,75	101,25	103,30	102,75	103,—	101,30	103,25	103,30	102,40	103,80	103,20	100,75
97,—	103,20	101,30	103,20	102,75	103,—	101,30	103,25	103,30	102,20	103,80	103,20	100,60
96,80	103,40	101,—	103,10	102,75	103,—	101,30	103,25	103,30	102,25	103,80	103,20	100,80
96,80	103,10	101,10	102,40	102,75	103,—	101,30	103,25	103,30	102,20	103,50	103,—	100,50
96,60	102,80	100,90	102,70	102,75	103,—	101,30	103,25	103,30	102,—	103,40	103,—	100,70
96,50	103,—	101,—	103,—	102,75	103,—	101,30	103,25	103,30	102,20	103,80	103,—	100,80
96,50	103,30	101,10	102,75	102,75	103,—	101,30	103,25	103,30	102,30	103,80	103,—	100,40
96,50	103,30	101,20	102,50	102,50	103,—	101,20	103,25	103,30	102,10	103,90	103,—	100,60
96,50	103,40	101,10	102,10	102,50	103,—	101,20	103,25	103,—	101,90	104,—	103,—	100,70
96,50	103,70	101,—	102,75	102,50	103,—	101,30	103,25	103,—	102,—	103,80	103,—	100,70
96,30	103,75	101,20	102,80	102,50	103,—	101,—	103,25	103,—	101,90	103,90	103,—	100,70
96,20	103,40	101,30	102,60	102,25	103,—	101,—	103,25	103,—	101,90	103,70	103,—	100,70
96,10	103,70	101,20	102,50	102,25	103,—	101,20	103,25	103,—	102,30	103,75	103,—	100,50
96,—	103,50	101,10	102,90	102,25	103,—	100,80	103,25	103,—	102,10	103,80	102,90	100,50
96,—	103,60	101,20	102,70	102,25	103,—	100,60	103,25	103,—	102,10	104,—	102,75	100,50
96,—	103,50	101,—	102,90	102,25	103,—	100,70	103,30	103,—	102,—	103,30	102,75	100,50
96,—	102,50	101.10	102.75	102,25	103,—	100.50	103,—	103,—	102,10	103,50	102,75	100,50
96,—	102,70	101,—	102,50	102,25	103,—	100,60	103,—	103,—	101,90	103,60	102,75	100,50

Tabelle 2. **Kurse im Jahre 1906.**

1906	Bank-Disk. Berlin	Bank-Disk. London	Privat-Disk. Berlin	Tägliche Gelder Berlin	Ultimo-Gelder Berlin	3 % Deutsche Reichsanleihe	3 % Preußische Konsols	3 1/2 % Deutsche Reichsanleihe	3 1/2 % Preußische Konsols	3 1/2 % Badische Staatsanleihe von 1904	3 1/2 % Bayerische Staatsanleihe	3 1/2 % Hamburger amort. Staatsanleihe von 1904
5 Januar.	6	4	4 1/4	4-3 1/2		88,90	88,90	100,90	101,—	100,20	100,10	99,50
12. „ .	6	4	4	4 1/4-4		88,90	88,90	100,90	101,—	100,—	99,90	99,40
19. „ .	5	4	3 3/4	4-3 1/2	4 3/4	88,80	89,—	101,—	101,10	99,75	99,80	99,30
26. „ .	5	4	3/8	2 1/2	4 1/2-3/8	89,—	89,—	101,—	101,25	100,—	99,90	99,60
2. Februar	5	4	1/4	3 1/2		89,30	89,40	101,30	101,75	100,20	100,10	99,75
9. „ .	5	4	1/4	3 1/4-3		89,25	89,40	101,30	101,50	100,—	100,10	100,10
16. „ .	5	4	1/2	3 1/4-3		89,25	89,30	101,30	101,40	100,—	100,—	99,75
23. „ .	5	4	1/4	2 1/2	4-3 7/8	89,10	89,20	101,20	101,30	99,90	100,—	99,80
2. März .	5	4	3 5/8	4		88,80	88,80	100,80	101,—	99,70	99,80	99,75
9. „ .	5	4	4	4		88,90	88,90	100,90	100,90	99,50	99,50	99,50
16. „ .	5	4	4 1/8	3 1/2		88,75	88,90	100,70	100,70	99,75	99,60	99,60
23. „ .	5	4	4 1/8	3	5 3/8	89,10	89,10	100,30	100,90	99,80	99,70	99,90
30. „ .	5	4	4 5/8	3 1/4-3		89,25	89,30	100,80	100,80	99,75	99,60	99,70
6. April .	5	3 1/2	3 3/8	3 1/2-1/4		88,90	88,90	100,70	100,70	99,10	99,60	99,70
12. „ .	5	3 1/2	3 1/2	3 1/2		88,70	88,70	100,60	100,60	99,10	99,40	99,40
20. „ .	5	3 1/2	3 3/8	3	4 1/2	88,70	88,40	100,20	100,20	99,10	99,20	98,75
27. „ .	5	3 1/2	1/4	4	4 1/4	88,30	88,30	100,25	100,25	99,10	99,10	98,90
4. Mai . .	5	4	3 1/4	4		88,30	88,30	100,30	100,30	99,20	99,20	99,10
11. „ . .	5	4	3/8	3 3/4-1/2		88,20	88,10	100,10	100,10	99,25	99,—	98,80
18. „ . .	5	4	1/2	3 3/4-1/2		88,10	88,—	100,—	100,—	99,25	99,—	98,70
25. „ . .	4 1/2	4	3 1/2	3 1/2	4 1/4	88,20	88,20	100,20	100,20	99,25	99,—	98,50
1. Juni . .	4 1/2	4	3 3/8	4-3 1/2		88,—	87,90	99,90	99,90	99,10	99,—	98,50
8. „ . .	4 1/2	4	1/2	3 1/4		87,30	87,30	99,30	99,30	98,40	98,50	98,40
15. „ . .	4 1/2	4	3 7/8	4		87,60	87,60	99,60	99,60	98,50	98,40	97,90
22. „ . .	4 1/2	3 1/2	5/8	3 1/2	5 3/8-1/4	88,—	88,—	99,75	99,80	98,40	98,40	98,50
29. „ . .	4 1/2	3 1/2	3 7/8	—	5 1/4	88,20	88,20	99,80	99,80	98,60	98,30	—
6. Juli . .	4 1/2	3 1/2	3 1/2	3 1/2-3		88,20	88,25	99,80	99,90	98,10	98,10	98,75
13. „ . .	4 1/2	3 1/2	3 5/8	3 1/2		87,80	87,80	99,60	99,60	98,20	98,30	98,10
20. „ . .	4 1/2	3 1/2	1/2	3 1/2-1/4		87,90	87,90	99,40	99,50	98,—	98,25	97,75
27. „ . .	4 1/2	3 1/2	3/8	3	4	87,50	87,50	99,30	99,30	97,90	98,20	98,—
3. August.	4 1/2	3 1/2	3 1/4	3 1/2		87,40	87,30	99,25	99,30	98,10	98,20	97,60
10. „ .	4 1/2	3 1/2	3 3/8	3 1/2		87,—	87,—	99,—	99,—	98,20	98,25	97,30
17. „ .	4 1/2	3 1/2	3 1/2	3 1/4		86,80	86,70	98,80	98.80	98,10	98,40	97,10
24. „ .	4 1/2	3 1/2	3 1/2	2 3/4	4 1/4-1/8	86,75	86,70	98,75	98,75	98,10	98,10	96,80
31. „ .	4 1/2	3 1/2	3 1/2	4		87,20	87,20	98,90	98,90	98,25	98,20	96,90
7. Septbr..	4 1/2	3 1/2	7/8	3 1/2		86,90	87,—	99,—	99,—	98,20	98,10	97,10
14. „ .	4 1/2	4	4 1/2	3 1/2		86,60	86,60	98,75	98,80	98,—	98,10	97.—
21. „ .	5	4	3/8	3	6	86,70	86,70	98,70	98,70	98,—	97,80	—
28. „ .	5	4	4 5/8	—	6 1/8	86,70	86,60	98,50	98,60	97,90	97,50	96,40
5. Oktbr. .	5	4	1/2	3 1/2		86,70	86,60	98,50	98,70	97,80	97,60	96,75
12. „ .	6	5	3/4	3 1/2		86,25	86,20	98,—	98,20	97,30	97,40	97.—
19. „ .	6	6	3/4	4-3 1/2	5 1/2	86,25	86,20	98,—	98,—	97,90	97,40	97,10
26. „ .	6	6	4 7/8	—	5 7/8	85,90	85,90	97,70	97,70	97,25	97,25	96,70
2. Novbr. .	6	6	5 1/4	5		86,20	86,20	98,—	98,—	97,20	97,25	97,40
9. „ .	6	6	5 1/8	4 1/2		86,20	86,20	97,90	97,90	97,20	97,20	96,70
16. „ .	6	6	3/8	5		86,30	86,25	97,90	97,90	97,20	97,50	96,25
23. „ .	6	6	5 3/8	5-4 1/2	6 1/4-1/8	86,40	86,30	98,—	98,—	97,20	97,40	96,25
30. „ .	6	6	5	6		86,60	86,50	98,10	98,10	97,20	97,60	96,60
7. Dezbr. .	6	6	5 3/8	4 1/2		87,10	87,10	98,25	98,25	97,40	97,75	96,40
14. „ .	6	6	5 1/2	4 1/2	7 1/2	87,—	87,—	98,—	98,—	97,20	97,75	96,40
21. „ .	7	6	5 7/8	4 1/2	8 1/2	87,10	87,10	98,10	98,10	97,20	97,80	96,50
28. „ .	7	6	5 5/8	4 1/2	8 3/4-1/2	86,90	86,90	98,—	98,—	97,25	97,70	96,75

3½ % Bayr. Hyp.- u. Wechsel-Bk.-Pfbr.	3½ % Bschw.-Hann. Hyp.-Bk.-Pfbr. XX	3½ % Deutsche Hyp.-Bk.-(Berlin) Pfbr. VIII—IX	3½ % Hamb. Hyp.-Bk.-Pfbr. 311—330	3½ % Meininger Hyp.-Bk.-Pfbr. X	3½ % Preuß. Bod.-Kred.-Pfbr. XVI	3½ % Preuß. Zentr.-Bod.-Pfbr. v. 1904	3½ % Preuß. Pfbr. Bk.-Pfbr. XXIV	3½ % Rhein. Hyp.-Bk.-Pfbr. 69—82	4 % Badische Staatsanleihen	4 % Bayerische Staatsanleihen	4 % Hamb. amort. Staatsanl. v. 1900	4 % Braunschw.-Hann.-Hyp.-Bk.-Pfbr. XXIII	4 % Deutsche Hyp.-Bk.-(Berlin) Pfbr. XIV
98,50	95,75	95,50	96,50	97,60	94,80	97,60	96,75	96,—	103,40	101,60	102,90	102,75	103,—
98,40	95,75	95,50	96,50	97,60	95,60	97,60	96,75	96,—	103,—	101,40	102,75	102,75	103,—
98,40	95,75	95,50	96,50	97.60	95,20	97,60	96,75	96,—	102,70	101,40	102,80	102,75	103,—
98,40	95,75	95,50	96,50	97,60	94,90	97,50	96,75	96,—	102,90	101,70	103,—	102,75	103,—
98,50	95,75	95,50	96,50	97,60	95,—	97,50	96,75	96,—	103,—	101,60	103,40	102,75	103,—
98,50	95,75	95,50	96,50	97,60	95,—	97,50	96,75	96,—	102,90	101,75	103,40	102,75	103,—
98,50	95,75	95,50	96,50	97,60	95,—	97.50	96,75	96,—	102.40	101,50	103,30	102,75	103,—
98,50	95,75	95,50	96,50	97,60	95,—	97,50	96,75	96,—	102,75	101,25	103,30	102,75	103,—
98,50	95,75	95,50	96,50	97,60	95,—	97,50	96,75	96,—	102,50	101,20	103,70	102,75	103,—
98,50	95,75	95,50	96,50	97,60	94,90	97,50	96,75	96,—	102,50	101,70	102,80	102,75	102,50
98,40	95,75	95,50	96,50	97,60	94,90	97,50	96,75	95,80	102,50	101,20	102,70	102,75	102,50
98,40	95,75	95,50	96,50	97,60	94,90	97,50	96,75	95,80	102,50	101,90	102,60	102,75	102,50
98,50	95,75	95,50	96,50	97,60	94,90	97,50	96,75	95,80	102,50	101,60	102.50	102,75	102,50
98,40	95,75	95,50	96,50	97,60	94,80	97,50	96,75	95,80	102,70	101,80	102,30	102,75	102,50
98,50	95,75	95,50	96,50	97,60	94,80	97,50	96,75	95,80	102,50	101,50	102,50	102,75	102,50
98,50	95,75	95,50	96,50	97.60	94,80	97,40	96,75	95,80	102,75	101,20	102,40	102,75	102,50
97,90	95,75	95,50	96,50	97,—	94,70	97,50	96.75	95.80	102,50	101,—	102,40	102,75	102,50
97,90	95,75	95,50	96,50	97,—	94,70	97,50	96,75	95,80	102,30	101,25	102,60	102,75	102,50
97,90	95,75	95,50	96,50	97,—	94,75	97,50	96,75	95,75	102,50	101,60	103,20	102,75	102,50
97,90	95,75	95,50	96,50	97,—	94,50	97,50	96,75	95,70	102,50	101,60	103,30	102,75	102,50
97,90	95,75	95,50	96,50	97,—	94,50	97,50	96,75	95,70	102,30	101,50	103,10	102,75	102,50
97,90	95,75	95,50	96,50	97,—	94,50	97,50	96,75	95,70	102,50	101,90	103,40	102,75	102,50
97,90	95,60	95,30	96.50	97,—	94,50	97,50	96,50	95,70	102,60	101,80	103,50	102,75	102,50
97,40	95,50	95,30	96,50	97,—	94,50	97.50	96,50	95,70	—	102,—	102,80	102,75	102,50
97,40	95,60	95,30	96,50	97,—	94,50	97.50	96,50	95.70	102,10	102,20	103,40	102,75	102,50
97,40	95,50	95,30	96,50	97,—	94.40	97,30	96,50	95,70	102,90	102,30	102.75	102,75	102,50
97,40	95,50	95,—	96,50	97,—	94,40	97,50	96,—	95,50	102,80	102.60	103,10	102,75	102,—
97.40	95,50	95,—	96,50	97,—	94,40	97,50	96,—	95.50	102,80	102.90	102,60	102,75	102,—
97,40	95,50	95,—	96,50	97,—	94.40	97,50	96,—	95,50	102,60	103,10	102,90	102,75	102,—
97,40	95,50	95,—	96,50	97,—	94,10	97,50	96,—	95,50	102,75	102,90	102.50	102,75	102,—
97,40	95,50	95,—	96,50	97,—	94,10	97,50	96,—	95,50	102,90	103,—	102,30	102,75	102,—
97,40	95,50	95,—	96.50	96,50	94,—	97,50	96,—	95,50	102,90	102,90	102,50	102,75	102,—
97,40	95,50	95,—	96,50	96,50	94,10	97.50	96,—	95,50	102,50	102,75	102,20	102;75	102,—
97,40	95,50	95,—	96,50	96,50	94,—	97,10	96,—	95,50	102,50	102,80	102,25	102,75	102,—
97,40	95,50	95,—	96,50	96,50	94,—	97,—	96,30	95,50	102,50	102,60	102,—	102,75	102,—
97,40	95,50	95,—	96.50	96,50	94,10	97,—	96,30	95,50	103,—	102,60	102,—	102,75	102,—
97.20	95,50	95,—	96,50	96,50	94,—	97,—	96,30	95,50	103,30	102,60	101,50	102,60	102,—
97,20	95,50	95,—	96,—	96,—	94,—	97,—	96,—	95,30	102,30	102,10	101,90	102,50	101,50
96,90	95.50	95,—	95,25	96,—	94,—	97.—	96,—	95,30	101,60	101,70	102,—	102,50	101,50
96,90	94,50	95,—	95,25	96,—	94,—	96,40	95,75	95,—	102,40	101,20	102,20	102,25	101,30
96,90	94,50	95,—	95,—	96,—	94,—	96,50	95,75	95,—	102,25	101,25	102,40	102,25	101,30
96,60	94,50	95,	95,—	96,—	93,90	96,20	95,50	95,—	102,70	101,70	102,30	102,25	101,30
96,70	94,50	95,—	95,—	96,—	93,90	96,10	95,60	95,—	102,25	101,50	102.50	102,25	101,30
96,70	94,50	94,75	95,—	96,—	93,90	96,—	95,60	95,—	102,10	101,50	102,50	102,25	101,30
96,70	94,50	94,75	95,—	96,—	93.90	96,—	95,60	94,50	102,10	102.10	101,60	102,25	101,30
96.70	94.50	94,75	95,—	96,—	93,75	96,—	95,60	94,—	102,25	101,70	101,50	102,—	101,30
96,70	94,50	94,75	95,—	96,—	93.75	96,—	95,60	94,50	102,10	101,90	101,75	102,—	101,30
96,70	94,50	94,75	95,—	96,—	94,—	96,—	95,50	94,50	102,50	102,—	101,50	102,—	101,30
96,50	94,50	94,75	95,—	96,—	94,10	96,—	95.60	94,50	102,20	102,20	101,70	102,—	101,30
97,—	94,50	94,75	95,—	96,—	94,—	96,—	95,60	94,50	103,10	102,30	101 90	102,—	101,30
97,—	94,50	94,75	95,—	96,—	94,—	96,—	95,60	94,50	102,75	102,25	102,50	102,—	101,30
96,90	94,50	94,75	94,75	96,—	94,—	96,—	95,60	94,50	102,10	101,60	102,—	102,—	101,30

Tabelle 2. Kurse im Jahre 1906. (Fortsetzung.)

1906	Bank-Disk. Berlin	Bank-Disk. London	Privat-Disk. Berlin	Tägliche Gelder Berlin	Ultimo-Gelder Berlin	4 % Frankf. Hyp.-Bk.-Pfbr. XIV	4 % Hambg. Hyp.-Bk.-Pfbr. 401-470	4 % Meining. Hyp.-Bk.-Pfbr. XI	4 % Preuß. Bod.-Kred.-Pfbr. XXII	4 % Preuß. Zentr.-Bod.-Pfbr. v. 1903	4 % Preuß. Pfbr.-Bk.-Pfbr. XXVII	4 % Rh. Hyp.-Bk.-Pfbr. 66-68, 83-85
5. Januar	6	4	$4\frac{1}{4}$	$4-3\frac{1}{2}$		100,60	103,—	103,10	103,—	103,60	103,—	100,60
12. „	6	4	4	$4\frac{1}{4}-4$		100,50	103,—	103,10	103,—	103,50	103,—	100,60
19. „	5	4	$3\frac{3}{4}$	$4-3\frac{1}{2}$	$4\frac{3}{4}$	100,60	103,—	103,10	103,—	103,40	103,—	100,60
26. „	5	4	$\frac{3}{8}$	$2\frac{1}{2}$	$4\frac{1}{2}-\frac{3}{8}$	100,80	103,—	103,10	103,—	103,40	103,—	100,60
2. Februar	5	4	$\frac{1}{4}$	$3\frac{1}{2}$		100,70	103,—	103,10	103,—	103,40	103,—	100,50
9. „	5	4	$\frac{1}{4}$	$3\frac{1}{4}-3$		100,60	103,—	103,10	103,—	103,40	103,—	100,80
16. „	5	4	$\frac{1}{2}$	$3\frac{1}{4}-3$		100,80	103,—	103,10	103,—	103,40	103,—	100,50
23. „	5	4	$\frac{1}{4}$	$2\frac{1}{2}$	$4-3\frac{7}{8}$	100,60	103,—	103,10	103,—	103,40	103,—	100,75
2. März	5	4	$3\frac{5}{8}$	4		100,60	103,—	103,10	103,—	103,40	103,—	106,50
9. „	5	4	4	4		100,60	103,—	103,10	103,—	103,10	103,—	100,50
16. „	5	4	$4\frac{1}{8}$	$3\frac{1}{2}$		100,60	103,—	103,10	103,—	102,80	103,—	100,60
23. „	5	4	$4\frac{1}{8}$	3	$5\frac{3}{8}$	100,80	102,75[1]	103,10	102,75	102,80	102,75	100,60
30. „	5	4	$4\frac{5}{8}$	$3\frac{1}{4}-3$		100,80	102,50	103,10	102,75	102,90	102,50	100,60
6. April	5	$3\frac{1}{2}$	$3\frac{3}{8}$	$3\frac{1}{2}-\frac{1}{4}$		100,80	102,50	102,90	102,75	103,—	102,50	100,20
12. „	5	$3\frac{1}{2}$	$3\frac{1}{2}$	$3\frac{1}{2}$		100,80	102,50	102,90	102,75	102,90	102,50	100,50
20. „	5	$3\frac{1}{2}$	$3\frac{3}{8}$	3	$4\frac{1}{2}$	100,80	102,50	102,90	102,75	102,80	102,50	100,75
27. „	5	$3\frac{1}{2}$	$\frac{1}{4}$	4	$4\frac{1}{4}$	100,80	102,50	102,90	102,75	102,70	102,50	100,75
4. Mai	5	4	$3\frac{1}{4}$	4		100,80	102,50	102,90	102,75	103,—	102,50	100,50
11. „	5	4	$\frac{3}{8}$	$3\frac{3}{4}-\frac{1}{2}$		100,60	102,50	102,90	102,75	103,20	102,60	100,60
18. „	5	4	$\frac{1}{2}$	$3\frac{3}{4}-\frac{1}{2}$		100,60	102,50	102,90	102,75	103,20	102,60	100,50
25. „	$4\frac{1}{2}$	4	$3\frac{1}{2}$	$3\frac{1}{2}$	$4\frac{1}{4}$	100,80	102,50	102,90	102,75	103,20	102,60	100,50
1. Juni	$4\frac{1}{2}$	4	$3\frac{3}{8}$	$4-3\frac{1}{2}$		100,60	102,50	102,80	102,75	102,80	102,60	100,50
8. „	$4\frac{1}{2}$	4	$\frac{1}{2}$	$3\frac{1}{4}$		100,70	102,50	102,80	102,75	102,70[1]	102,60	100,50
15. „	$4\frac{1}{2}$	4	$3\frac{7}{8}$	4		100,80	102,25[1]	102,80	102,75	102,70	102,50	100,50
22. „	$4\frac{1}{2}$	$3\frac{1}{2}$	$\frac{5}{8}$	$3\frac{1}{2}$	$5\frac{3}{8}-\frac{1}{4}$	100,60	102,25	102,80	102,50	102,60	102,50	100,40
29. „	$4\frac{1}{2}$	$3\frac{1}{2}$	$3\frac{7}{8}$	—	$5\frac{1}{4}$	101,10	101,75	102,80	102,50	102,50	102,50	100,50
6. Juli	$4\frac{1}{2}$	$3\frac{1}{2}$	$3\frac{1}{2}$	$3\frac{1}{2}-3$		100,60	101,75	102,50	102,—	102,60	102,—	100,50
13. „	$4\frac{1}{2}$	$3\frac{1}{2}$	$3\frac{5}{8}$	$3\frac{1}{2}$		100,80	101,75	102,50	102,—	102,30	102,—	100,50
20. „	$4\frac{1}{2}$	$3\frac{1}{2}$	$\frac{1}{2}$	$3\frac{1}{2}-\frac{1}{4}$		100,60	101,75	102,50	102,—	102,30	102,—	100,50
27. „	$4\frac{1}{2}$	$3\frac{1}{2}$	$\frac{3}{8}$	3	4	100,60	101,75	102,50	102,—	102,10	102,—	100,50
3. August	$4\frac{1}{2}$	$3\frac{1}{2}$	$3\frac{1}{4}$	$3\frac{1}{2}$		100,60	101,75	102,50	102,—	102,40	102,—	100,60
10. „	$4\frac{1}{2}$	$3\frac{1}{2}$	$3\frac{3}{8}$	$3\frac{1}{2}$		100,80	101,75	102,30	102,—	102,30	102,—	100,50
17. „	$4\frac{1}{2}$	$3\frac{1}{2}$	$3\frac{1}{2}$	$3\frac{1}{4}$		100,60	101,75	102,30	102,—	102,10	102,—	100,50
24. „	$4\frac{1}{2}$	$3\frac{1}{2}$	$3\frac{1}{2}$	$2\frac{3}{4}$	$4\frac{1}{4}-\frac{1}{8}$	100,80	101,75	102,30	102,—	102,—	102,—	100,30
31. „	$4\frac{1}{2}$	$3\frac{1}{2}$	$3\frac{1}{2}$	4		100,60	101,75	102,30	102,—	102,—	102,—	100,30
7. Septbr.	$4\frac{1}{2}$	$3\frac{1}{2}$	$\frac{7}{8}$	$3\frac{1}{2}$		100,60	101,75	102,30	102,—	102,—	102,—	100,30
14. „	$4\frac{1}{2}$	4	$4\frac{1}{2}$	$3\frac{1}{2}$		100,60	101,75	102,30	102,—	101,75	102,—	100,25
21. „	5	4	$\frac{3}{8}$	3	6	100,80	101,50	102,20	101,75	101,75	101,50	100,25
28. „	5	4	$4\frac{5}{8}$	—	$6\frac{1}{8}$	100,60	101,25	102,—	101,50	101,70	101,50	100,30
5. Oktbr.	5	4	$\frac{1}{2}$	$3\frac{1}{2}$		100,80	101,25	102,—	101,50	101,80	101,50	100,10
12. „	6	5	$\frac{3}{4}$	$3\frac{1}{2}$		100,60	101,—	102,—	101,50	101,75	101,50	100,10
19. „	6	6	$\frac{3}{4}$	$4-3\frac{1}{2}$	$5\frac{1}{2}$	100,60	101,—	102,—	101,50	101,50	101,50	100,10
26. „	6	6	$4\frac{7}{8}$	—	$5\frac{7}{8}$	100,60	101,—	102,—	101,50	101,40	101,50	100,—
2. Novbr.	6	6	$5\frac{1}{4}$	5		100,40	101,—	102,—	101,50	101,50	101,30	100,10
9. „	6	6	$5\frac{1}{8}$	$4\frac{1}{2}$		100,40	101,—	102,—	101,50	101,20	101,50	100,—
16. „	6	6	$\frac{3}{8}$	5		100,40	101,—	102,—	101,50	101,30	101,50	100,—
23. „	6	6	$5\frac{3}{8}$	$5-4\frac{1}{2}$	$6\frac{1}{4}-\frac{1}{8}$	100,50	101,—	102,—	101,50	101,30	101,50	100,—
30. „	6	6	5	6		100,30	101,—	101,60	101,50	101,20	101,50	100,—
7. Dezbr.	6	6	$5\frac{3}{8}$	$4\frac{1}{2}$		100,20	101,—	101,60	101,50	101,10	101,50	100,—
14. „	6	6	$5\frac{1}{2}$	$4\frac{1}{2}$	$7\frac{1}{2}$	100,20	101,—	101,60	101,50	101,30	101,50	100,—
21. „	7	6	$5\frac{7}{8}$	$4\frac{1}{2}$	$8\frac{1}{2}$	100,20	101,—	101,60	101,50	101,10	101,50	100,—
28. „	7	6	$5\frac{5}{8}$	$4\frac{1}{2}$	$8\frac{3}{4}-\frac{1}{2}$	100,20	100,75	101,40	101,50	101,—	101,25	100,—

[1] Neue Serie erscheint im Kurszettel.

Tabelle 3. **Kurse im Jahre 1907.**

1907	Bank-Disk. Berlin	Bank-Disk. London	Privat-Disk. Berlin	Tägliche Gelder Berlin	Ultimo-Gelder Berlin	3 % Deutsche Reichsanleihe	3 % Preußische Konsols	3 1/2 % Deutsche Reichsanleihe	3 1/2 % Preußische Konsols	3 1/2 % Badische Staatsanleihe von 1904	3 1/2 % Bayerische Staatsanleihe	3 1/2 % Hamburger amort. Staatsanleihe von 1904
4. Januar.	7	6	5 1/8	5		87,10	87,10	98,10	98,20	97,20	97,90	97,60
11. „ .	7	6	5 1/8	5 1/2		87,10	87,10	98,20	98,20	97,—	98,10	97,80
18. „ .	7	5	5	6-5 1/2		86,90	86,80	98,10	98,10	96,75	97,90	97,60
26. „ .	6	5	4 1/2	4	5 1/2	86,80	86,75	98,—	98,10	96,75	96,90	97,50
1. Febr. .	6	5	4 3/8	5 1/2		87,—	87,—	98,10	98,10	96,50	97,50	97,50
8. „ .	6	5	4 1/2	5-4 1/2		86,90	86,90	98,—	98,—	96,50	97,40	97,10
15. „ .	6	5	4 7/8	5		86,30	86,40	97,80	97,80	96,20	97,30	97,20
22. „ .	6	5	4 3/4	4 1/2	5 1/4-1/8	85,90	85,90	97,40	97,60	96,20	96,90	96,75
1. März .	6	5	4 7/8	5 1/2		86,10	86,10	97,50	97,60	96,10	96,75	96,10
8. „ .	6	5	5 1/8	5		85,70	85,70	97,10	97,20	96,—	96,90	95,60
15. „ .	6	5	5 5/8	5		84,30	84,80	96,—	96,—	95,40	95,95	93,90
22. „ .	6	5	5 5/8	4 1/2	7	84,70	84,80	96,10	96,20	95,10	95,50	93,80
30. „ .	6	5	5 1/2	4 1/2	7	85,60	85,60	96,20	96,20	95,10	95,60	94,10
5. April .	6	5	5 5/8	4 1/2		85,40	85,50	96,40	96,50	94,90	95,80	94,50
12. „ .	6	4 1/2	4 5/8	3 1/2		85,30	85,30	96,30	96,50	95,20	96,25	95,40
19. „ .	6	4 1/2	4 1/2	3 1/2	5	84,75	84,80	95,70	95,90	94,90	95,30	94,50
26. „ .	5 1/2	4	4	3	4 1/2	84,40	84,30	95,30	95,50	94,25	95,—	94,60
3. Mai . .	5 1/2	4	4 3/8	5		84,10	84,10	95,30	95,40	94,10	95, –	93,60
10. „ . .	5 1/2	4	4 1/4	4 1/2		84,20	84,25	95,80	95,80	94,—	95,—	93,50
17. „ . .	5 1/2	4	4 1/2	4 1/2		83,75	83,70	94,40	94,40	93,40	94,60	93,10
24. „ . .	5 1/2	4	4 1/2	4 1/2-4	4 7/8-3/4	83,75	83,75	94,—	94,10	93,40	93,90	93,20
31. „ . .	5 1/2	4	4 1/2	5 1/4-5		83,70	83,60	93,75	94,—	93,20	93,50	93,20
7. Juni . .	5 1/2	4	4 5/8	4-3 1/2		83,60	83,60	93,75	93,90	93,25	93,20	93,—
14. „ . .	5 1/2	4	4 5/8	3 1/2		83,50	83,50	93,50	93,70	93,25	93,—	92,90
21. „ . .	5 1/2	4	4 3/4	3 1/2	5 7/8	83,50	83,50	93,40	93,40	93,—	93,—	93,—
28. „ . .	5 1/2	4	4 3/4	3 1/2	5 3/4	83,90	83,90	93,70	94,—	92,80	92,90	93,20
5. Juli . .	5 1/2	4	4 1/2	4 1/2-5		83,90	83,90	94,10	94,50	93,—	93,20	93,30
12. „ . .	5 1/2	4	4 1/2	4 1/2-5		83,50	83,40	93,70	94,30	93,—	93,10	93,—
19. „ . .	5 1/2	4	4 1/2	4 1/2		83,40	83,40	93,10	93,30	92,40	93,—	92,—
26. „ . .	5 1/2	4	4 1/4	3 1/2	4 3/4-5/8	83,40	83,30	93,10	93,30	92,40	93,—	91,90
2. August.	5 1/2	4	4 3/4	4 1/2		82,75	82,75	92,80	93,20	92,40	92,75	92,40
9. „ .	5 1/2	4	4 1/2	4		82,10	82,—	92,70	93,—	92,20	91,90	92,10
16. „ .	5 1/2	4 1/2	4 7/8	4		81,40	81,40	92,10	92,20	91,50	91,75	91,60
23. „ .	5 1/2	4 1/2	4 3/8	3 1/2-3	4 7/8	81,90	81,80	92,—	92,40	90,80	91,60	91,—
30. „ .	5 1/2	4 1/2	4 5/8	3	4 5/8	82,30	82,30	92,50	92,50	91,10	91,50	91,30
6. Septbr..	5 1/2	4 1/2	4 7/8	3		82,60	82,60	93,10	92,50	91,25	91,60	91,75
13. „ .	5 1/2	4 1/2	5	3	6 1/2	83,40	83,40	93,75	94,—	91,60	92,20	92,40
20. „ .	5 1/2	4 1/2	5 1/4	4 1/2	6 1/2-3/8	83,80	83,80	93,60	93,90	91,90	92,80	92,40
27. „ .	5 1/2	4 1/2	5 1/4	4	6 1/2	84,25	84,25	93,90	94,20	91,90	92,90	92,50
4. Oktbr. .	5 1/2	4 1/2	4 7/8	4 1/2-4		84,75	84,80	94,—	94,60	92,50	93,25	93,40
11. „ .	5 1/2	4 1/2	4 3/4	4		85,25	85,20	94,30	94,80	92,60	93,60	93,50
18. „ .	5 1/2	4 1/2	4 7/8	4 1/2-4		84,30	84,30	94,10	94,50	92,60	94,40	93,30
25. „ .	5 1/2	4 1/2	4 7/8	4	5 1/8	84,30	84,20	94,25	94,80	92,60	93,90	93,10
1. Novbr. .	6 1/2	5 1/2	5 1/2	5 1/2		83,30	83,30	93,80	94,—	92,—	93,—	91,80
8. „ .	7 1/2	7	6 5/8	6 1/2-6		82,10	82,10	92,40	92,75	91,70	92,20	91,25
15. „ .	7 1/2	7	6 5/8	6		82,90	82,90	93,40	93,90	91,75	92,10	91,20
22. „ .	7 1/2	7	7	6 1/2-6	7 1/4	82,75	82,70	93,25	93,50	91,70	92,—	92,—
29. „ .	7 1/2	7	7	5 1/2	7 1/2	82,70	82,60	93,—	93,20	91,75	92,—	92,—
6. Dezbr. .	7 1/2	7	7 1/8	6		82,60	82,60	92,70	93,—	91,40	91,90	92,10
13. „ .	7 1/2	7	7 1/8	6	9	82,50	82,50	92,50	92,90	91,60	92,—	91,90
20. „ .	7 1/2	7	7 1/4	6 1/2	9	82,50	82,50	92,40	93,25	91,50	92,—	92,—
27. „ .	7 1/2	7	7	6	9	82,40	82,—	92,60	93,60	91,60	91,90	92,40

Tabelle 3. Kurse im Jahre 1907. (Fortsetzung.)

1907	Bank-Disk. Berlin	Bank-Disk. London	Privat-Disk. Berlin	Tägliche Gelder Berlin	Ultimo-Gelder Berlin	$3\frac{1}{2}$ % Bayr. Hyp.- u. Wechsel-Bk.-Pfbr.	$3\frac{1}{2}$ % Bschw.-Hann. Hyp.-Bk.-Pfbr. XX	$3\frac{1}{2}$ % Deutsche Hyp.-Bk.-(Berlin) Pfbr. VIII—IX	$3\frac{1}{2}$ % Hamb. Hyp.-Bk.-Pfbr. 311—350	$3\frac{1}{2}$ % Meininger Hyp.-Bk.-Pfbr. X	$3\frac{1}{2}$ % Preuß. Bod.-Kred.-Pfbr. XI, XIV, XVI	$3\frac{1}{2}$ % Preuß. Zentr.-Bod.-Kred.-Pfbr. v. 1904	$3\frac{1}{2}$ % Preuß. Pfbr.-Bk.-Pfbr. XXIV
4. Januar.	7	6	$5\frac{1}{8}$	5		97,—	94,50	94,75	95,—	96,—	94,—	96,—	95,60
11. „ .	7	6	$5\frac{1}{8}$	$5\frac{1}{2}$		97,—	94,50	94,50	95,—	96,—	93,80	96,—	95,60
18. „ .	7	5	5	6-$5\frac{1}{2}$		97,—	94,50	94,50	95,—	96,—	93,80	96,—	95,60
26. „ .	6	5	$4\frac{1}{2}$	4	$5\frac{1}{2}$	97,—	94,50	94,50	95,—	96,—	93,90	96,—	95,60
1. Februar	6	5	$4\frac{3}{8}$	$5\frac{1}{2}$		96,80	94,50	94,50	95,—	96,—	93,80	96,—	95,60
8. „ .	6	5	$4\frac{1}{2}$	5-$4\frac{1}{2}$		96,80	94,50	94,50	95,—	96,—	93,80	96,—	95,60
15. „ .	6	5	$4\frac{7}{8}$	5		96,80	94,50	94,50	95,—	96,—	94,25	96,—	95,30
22. „ .	6	5	$4\frac{3}{4}$	$4\frac{1}{2}$	$5\frac{1}{4}$-$\frac{1}{8}$	96,80	94,50	94,50	95,—	96,—	93,90	96,—	95,50
1. März .	6	5	$4\frac{7}{8}$	$5\frac{1}{2}$		96,80	94,50	94,50	95,—	96,—	93,80	95,80	95,75
8. „ .	6	5	$5\frac{1}{8}$	5		96,70	94,50	94,50	94,75	96,—	93,70	96,—	95,50
15. „ .	6	5	$5\frac{5}{8}$	5		96,20	94,—	94,50	94,50	94,80	93,25	96,—	95,10
22. „ .	6	5	$5\frac{5}{8}$	$4\frac{1}{2}$	7	95,40	94,—	94,—	94,50	94,80	93,10	95,80	95,—
30. „ .	6	5	$5\frac{1}{2}$	$4\frac{1}{2}$	7	94,90	94,—	94,—	94,—	94,80	93,10	95,70	94,75
5. April .	6	5	$5\frac{5}{8}$	$4\frac{1}{2}$		95,—	94,—	93,75	94,—	94,30	93,10	95,50	94,—
12. „ .	6	$4\frac{1}{2}$	$4\frac{5}{8}$	$3\frac{1}{2}$		95,—	94,—	94,—	94,—	94,30	93,10	95,50	94,—
19. „ .	6	$4\frac{1}{2}$	$4\frac{1}{2}$	$3\frac{1}{2}$	5	94,80	93,60	93,—	94,—	94,30	93,—	95,40	94,—
26. „ .	$5\frac{1}{2}$	4	4	3	$4\frac{1}{2}$	95,—	93,50	93,—	94,—	94,30	92,75	95,—	94,—
3. Mai . .	$5\frac{1}{2}$	4	$4\frac{3}{8}$	5		95,—	93,50	93,—	94,—	94,30	92,80	94,50	93,75
10. „ . .	$5\frac{1}{2}$	4	$4\frac{1}{4}$	$4\frac{1}{2}$		94,50	93,50	93,—	94,—	94,30	92,50	94,20	93,75
17. „ . .	$5\frac{1}{2}$	4	$4\frac{1}{2}$	$4\frac{1}{2}$		94,80	93,50	93,—	93,50	94,30	92,50	94,30	93,60
24. „ . .	$5\frac{1}{2}$	4	$4\frac{1}{2}$	$4\frac{1}{2}$-4	$4\frac{7}{8}$-$\frac{3}{4}$	94,80	93,—	93,—	93,—	94,30	92,30	93,80	93,60
31. „ . .	$5\frac{1}{2}$	4	$4\frac{1}{2}$	$5\frac{1}{4}$-5		93,60	93,—	92,75	93,—	93,80	92,25	94,—	93,60
7. Juni . .	$5\frac{1}{2}$	4	$4\frac{5}{8}$	4-$3\frac{1}{2}$		93,20	93,—	93,—	93,—	93,80	92,25	93,80	93,60
14. „ . .	$5\frac{1}{2}$	4	$4\frac{5}{8}$	$3\frac{1}{2}$		93,—	93,—	93,—	93,—	93,80	92,25	93,30	93,30
21. „ .	$5\frac{1}{2}$	4	$4\frac{3}{4}$	$3\frac{1}{2}$	$5\frac{7}{8}$	93,20	93,—	92,75	93,—	93,—	92,25	93,20	93,30
28. „ . .	$5\frac{1}{2}$	4	$4\frac{3}{4}$	$3\frac{1}{2}$	$5\frac{3}{4}$	93,—	92,50	92,75	93,—	93,—	91,90	93,30	93,—
5. Juli . .	$5\frac{1}{2}$	4	$4\frac{1}{2}$	$4\frac{1}{2}$-5		93,20	92,—	92,75	93,—	93,—	91,80	93,20	93,—
12. „ . .	$5\frac{1}{2}$	4	$4\frac{1}{2}$	$4\frac{1}{2}$-5		93,—	92,—	92,75	93,—	93,—	91,60	93,30	93,—
19. „ . .	$5\frac{1}{2}$	4	$4\frac{1}{2}$	$4\frac{1}{2}$		93,—	92,—	92,50	93,—	93,—	91,50	93,20	93,—
26. „ . .	$5\frac{1}{2}$	4	$4\frac{1}{4}$	$3\frac{1}{2}$	$4\frac{3}{4}$-$\frac{5}{8}$	92,80	91,—	92,50	93,—	92,50	91,10	93,—	92,90
2. August.	$5\frac{1}{2}$	4	$4\frac{3}{4}$	$4\frac{1}{2}$		92,60	90,—	92,50	93,—	92,50	91,—	92,75	93,—
9. „ . .	$5\frac{1}{2}$	4	$4\frac{1}{2}$	4		92,60	90,—	92,25	93,—	92,50	90,90	92,75	93,—
16. „ .	$5\frac{1}{2}$	$4\frac{1}{2}$	$4\frac{7}{8}$	4		92,60	90,—	92,25	92,50	92,50	90,40	91,75	93,—
23. „ .	$5\frac{1}{2}$	$4\frac{1}{2}$	$4\frac{3}{8}$	$3\frac{1}{2}$-3	$4\frac{7}{8}$	92,20	90,—	92,—	92,—	92,—	90,60	91,75	93,—
30. „ .	$5\frac{1}{2}$	$4\frac{1}{2}$	$4\frac{5}{8}$	3	$4\frac{5}{8}$	92,—	90,—	91,50	91,50	92,—	90,50	91,75	93,—
6. Septbr..	$5\frac{1}{2}$	$4\frac{1}{2}$	$4\frac{7}{8}$	3		92,—	90,—	91,25	91,50	92,—	90,30	91,75	93,—
13. „ .	$5\frac{1}{2}$	$4\frac{1}{2}$	5	3	$6\frac{1}{2}$	92,—	90,—	91,—	91,50	92,—	90,30	91,75	93,—
20. „ .	$5\frac{1}{2}$	$4\frac{1}{2}$	$5\frac{1}{4}$	$4\frac{1}{2}$	$6\frac{1}{2}$-$\frac{3}{8}$	92,25	90,—	91,—	91,50	92,—	90,20	91,75	92,50
27. „ .	$5\frac{1}{2}$	$4\frac{1}{2}$	$5\frac{1}{4}$	4	$6\frac{1}{2}$	92,25	90,—	91,—	91,50	92,—	90,20	91,75	91,75
4. Oktbr. .	$5\frac{1}{2}$	$4\frac{1}{2}$	$4\frac{7}{8}$	$4\frac{1}{2}$-4		92,30	90,—	91,—	91,50	91,50	90,20	92,—	92,—
11. „ .	$5\frac{1}{2}$	$4\frac{1}{2}$	$4\frac{3}{4}$	4		93,30	90,—	91,—	91,50	91,50	90,20	92,—	92,—
18. „ .	$5\frac{1}{2}$	$4\frac{1}{2}$	$4\frac{7}{8}$	$4\frac{1}{2}$-4		93,60	90,—	91,—	91,50	91,50	90,10	92,50	92,—
25. „ .	$5\frac{1}{2}$	$4\frac{1}{2}$	$4\frac{7}{8}$	4	$5\frac{1}{8}$	93,60	90,—	91,—	91,50	91,50	90,20	92,50	92,—
1. Novbr..	$6\frac{1}{2}$	$5\frac{1}{2}$	$5\frac{1}{2}$	$5\frac{1}{2}$		93,20	90,—	90,75	91,50	91,20	90,10	92,30	91,80
8. „ .	$7\frac{1}{2}$	7	$6\frac{5}{8}$	$6\frac{1}{2}$-6		92,70	90,—	90,75	91,50	91,20	90,—	92,—	91,50
15. „ .	$7\frac{1}{2}$	7	$6\frac{5}{8}$	6		92,50	90,—	90,25	90,75	91,20	90,—	92,—	91,30
22. „ .	$7\frac{1}{2}$	7	7	$6\frac{1}{2}$-6	$7\frac{1}{4}$	92,20	90,—	90,—	90,50	91,20	90,—	92,—	91,25
29. „ .	$7\frac{1}{2}$	7	7	$5\frac{1}{2}$	$7\frac{1}{2}$	92,20	90,—	90,—	90,50	91,20	90,—	91,80	91,25
6. Dezbr. .	$7\frac{1}{2}$	7	$7\frac{1}{8}$	6		92,40	90,—	90,—	90,50	91,20	90,—	92,—	91,25
13. „ .	$7\frac{1}{2}$	7	$7\frac{1}{8}$	6	9	92,60	89,80	90,—	90,50	91,—	90,—	91,80	91,25
20. „ .	$7\frac{1}{2}$	7	$7\frac{1}{4}$	$6\frac{1}{2}$	9	92,20	90,—	90,—	90,50	91,—	90,—	91,80	91,—
27. „ .	$7\frac{1}{2}$	7	7	6	9	92,20	90,—	90,—	90,25	91,—	90,—	92,—	91,—

3½ % Rhein. Hyp.-Bk.-Pfbr. XXIV	4 % Bad. Staatsanleihen unk. b. 1909	4 % Bayerische Staatsanleihen	4 % Hamb. amort. Staatsanl. v. 1900	4 % Braunschw.-Hann. Hyp.-Bk.-Pfbr. XXIII	4 % Deutsche Hyp.-Bk.-(Berlin) Pfbr. XIV	4 % Frankf. Hyp.-Bk.-Pfbr. XIV	4 % Hambg. Hyp.-Bk.-Pfbr. XII	4 % Meining. Hyp.-Bk.-Pfbr. XII	4 % Preuß. Bod.-Kred.-Pfbr. XXIV	4 % Preuß. Zentr.-Bod.-Pfbr. v. 1906	4 % Preuß. Pfbr.-Bk.-Pfbr. XXVII	4 % Rhein. Hyp.-Bk.-Pfbr. 83-85
94,50	102,60	101,75	102,60	102,—	101,25	101,20	101,—	101,50	101,25	102,—	101,25	100,—
94,50	102,70	102,—	102,90	102,—	101,—	100,40	101,—	101,50	101,—	101,80	101,—	100,—
94,50	102,75	102,20	102,30	102,—	101,—	100,50	101,—	101,50	101,—	101,50	101,—	100,—
94,50	102,—	102,25	101,90	102,—	101,—	100,50	101,—	101,50	101,—	101,50	101,—	100,—
94,50	102,—	102,30	101,90	102,—	101,—	100,20	101,—	101,50	101,—	101,50	101,—	100,—
94,50	101,90	102,25	101,60	101,50	100,75	100,20	101,—	101,50	101,—	101,50	101,—	100,—
94,50	101,90	102,50	101,60	101,50	100,60	100,20	101,—	101,50	101,—	101,50	101,—	100,—
94,50	101,75	102,60	101,50	101,50	100,60	100,10	101,—	101,50	101,—	101,20	101,—	100,—
94,50	101,80	102,10	101,60	101,50	100,60	100,—	101,—	101,50	101,—	101,20	100,80	100,—
94,50	101,80	102,50	101,20	101,50	100,50	100,—	101,—	101,50	101,—	101,10	100,80	100,—
94,25	101,50	102,10	100,75	101,25	100,50	100,—	100,50	101,—	100,80	100,80	100,50	100,—
93,50	101,50	100,90	100,—	101,25	100,50	100,—	100,50	101,—	100,50	100,40	100,50	100,—
93,40	101,30	100,90	101,20	101,—	100,50	100,—	100,—	101,—	100,50	100,40	100,50	100,—
93,—	101,90	101,40	101,—	101,—	100,50	100,—	100,—	100,50	100,25	100,50	100,25	100,—
93,—	101,90	101,60	101,20	101,—	100,50	100,—	100,—	100,50	100,25	100,50	100,25	100,—
93,—	101,20	101,80	100,30	101,—	100,—	100,—	100,—	100,25	100,—	100,30	100,—	100,—
92,80	100,50	100,75	100,30	100,50	100,—	100,—	100,—	100,25	100,—	100,50	100,—	99,50
92,80	100,60	101,20	100,—	100,50	100,—	99,50	100,—	100,25	100,—	100,10	100,—	99,20
93,—	100,90	101,80	100,40	100,—	100,	99,50	100,—	100,25	100,—	99,80	100,—	99,20
93,—	100,50	101,—	100,30	100,—	99,50	99,30	100,—	100,25	100,—	99,80	100,—	99,25
92,75	100,80	101,70	100,30	100,—	99,50	99,30	100,—	100,25	100,—	100,—	100,—	99,25
92,60	100,80	100,60	100,40	100,—	99,50	99,10	100,—	100,25	100,—	99,90	100,—	99,25
92,50	100,80	100,50	100,50	100,—	99,—	99,10	100,—	100,10	100,—	99,90	99,90	93,75
92,—	100,75	100,40	100,50	100,—	98,90	99,30	100,—	100,10	100,—	99,80	99,75	98,60
92,—	100,20	100,40	100,25	99,60	98,90	98,90	100,—	100,—	99,80	99,60	99,50	98,60
91,80	100,40	100,70	100,30	99,75	98,90	98,50	99,75	100,—	99,50	99,80	99,30	98,80
91,60	101,20	101,—	100,75	99,75	98,90	98,50	99,25	100,—	99,25	99,90	99,10	98,30
91,50	100,80	100,60	100,80	99,50	98,90	98,30	99,25	100,—	99,25	99,60	98,90	98,10
91,50	100,50	100,90	100,30	99,50	98,90	98,50	99,25	99,70	99,25	99,20	98,75	98,10
91,25	100,60	100,90	100,25	99,25	98,75	98,50	99,25	99,70	99,25	99,20	98,70	98,10
91,—	100,30	100,40	100,20	99,25	98,75	98,30	99,25	99,70	99,25	99,25	98,80	98,10
91,25	100,—	100,30	100,60	98,75	98,75	98,30	99,25	99,70	99,25	99,20	98,90	98,10
91,—	99,20	101,10	100,10	99,—	98,75	98,50	99,25	99,50	99,25	99,—	98,60	98,10
90,60	100,—	100,10	100,30	98,75	98,75	98,50	99,25	99,30	99,25	98,60	98,50	98,—
90,50	100,—	100,20	100,—	98,50	98,75	98,50	99,25	99,30	99,25	98,80	98,50	98,—
90,50	100,25	100,50	100,20	98,50	98,75	98,30	99,25	99,30	99,25	98,60	98,40	98,—
90,25	100,75	100,40	100,10	98,90	98,75	98,30	99,25	99,30	99,25	98,75	98,80	98,—
90,10	100,50	100,25	100,20	98,75	98,75	98,30	99,25	99,30	99,10	98,90	98,20	98,—
90,—	100,10	100,25	100,10	98,75	98,50	98,30	99,25	99,30	99,10	98,75	98,—	98,—
90,10	100,50	100,40	100,50	98,75	98,—	98,30	98,50	99,50	98,50	98,60	98,—	98,—
90,50	100,50	100,70	100,80	98,75	98,10	98,30	98,50	99,—	98,50	98,70	98,—	98,25
90,60	100,30	101,—	100,75	98,75	98,10	98,30	98,50	99,—	98,50	98,50	98,25	98,10
90,40	100,40	100,90	100,60	98,75	98,10	98,30	98,50	99,—	98,50	98,80	98,10	98,10
90,30	100,50	100,75	100,—	98,75	98,10	98,30	98,50	98,70	98,50	98,60	97,90	98,—
90,30	98,75	100,25	98,75	98,75	98,10	98,30	98,50	98,70	98,50	98,30	97,90	98,—
90,30	99,60	100,20	99,50	98,75	98,—	98,—	98,50	98,70	98,50	98,10	97,60	97,90
90,30	99,40	100,20	100,10	98,75	97,75	98,—	98,25	98,70	98,50	98,20	97,50	97,90
89,75	99,90	100,25	99,75	98,75	97,75	98,—	98,25	98,70	98,25	98,20	97,75	97,75
89,75	100,10	100,30	100,30	98,75	97,75	98,—	98,25	98,40	98,25	98,—	97,75	97,75
90,—	100,30	100,25	99,90	98,75	97,75	97,80	98,25	98,25	98,25	98,—	97,75	97,75
89,90	100,30	100,25	100,—	98,75	97,75	97,80	98,25	98,40	98,—	98,10	97,50	97,50
89,90	100,50	100,30	100,—	98,75	97,75	97,80	98,25	98,40	98,—	98,10	97,60	97,30

Tabelle 4. **Kurse im Jahre 1908.**

1908	Bank-Disk. Berlin	Bank-Disk. London	Privat-Disk. Berlin	Tägliche Gelder Berlin	Ultimo-Gelder Berlin	3 % Deutsche Reichsanleihe	3 % Preußische Konsols	3 1/2 % Deutsche Reichsanleihe	3 1/2 % Preußische Konsols	3 1/2 % Badische Staatsanleihe von 1904	3 1/2 % Bayerische Staatsanleihe	3 1/2 % Hamburger amort. Staatsanleihe von 1904	3 1/2 % Bayr. Hyp.- u. Wechsel-Bk.-Pfbr.
3. Januar.	7 1/2	6	6	7-6		82,90	82,80	94,50	94,90	92,30	92,80	93,40	92,60
10. „ .	7 1/2	6	4 7/8	5		82,60	82,60	94,—	94,25	92,30	92,20	92,50	92,60
17. „ .	6 1/2	5	5	5		82,30	82,20	93,40	93,80	91,75	92,40	—	92,90
24. „ .	6 1/2	4	4 1/2	4	5	82,60	82,60	93,40	93,70	93,—	92,60	92,10	93,20
31. „ .	6	4	4 3/8	5		83,40	83,40	93,40	93,50	93,75	93,20	92,30	93,80
7. Februar	6	4	4 5/8	4		83,20	83,20	93,20	93,50	92,—	93,20	92,50	93,50
14. „	6	4	4 5/8	4 1/2-4		82,90	82,90	92,80	93,—	92,—	92,25	92,20	93,20
21. „	6	4	4 3/8	4 1/2-4	4 3/4	82,70	82,70	92,60	92,90	92,60	92,30	92,20	92,80
28. „	6	4	4 3/8	4	4 1/2	82,70	82,60	92,30	92,40	92,25	92,40	92,—	92,80
6. März .	6	3 1/2	4 1/4	4 1/4		82,80	82,75	92,40	92,50	91,50	91,80	92,10	92,80
13. „ .	5 1/2	3 1/2	4 1/2	4		82,30	82,30	91,90	92,—	91,50	91,80	92,20	92,70
20. „ .	5 1/2	3	4 5/8	4 1/2-4	5 3/4	82,25	82,25	91,90	91,90	91,50	91,90	92,20	92,60
27. „ .	5 1/2	3	4 5/8	4	5 7/8	81,90	82,—	91,80	91,80	91,20	91,50	92,20	92,30
3. April .	5 1/2	3	4 1/8	5-4 1/2		81,80	81,90	91,80	92,—	90,70	91,40	92,—	91,70
10. „ .	5 1/2	3	4	4		82,—	82,—	91,60	91,60	90,10	90,70	91,—	91,90
16. „ .	5 1/2	3	4 1/8	4		81,80	81,80	91,50	91,50	90,20	90,80	91,30	91,40
24. „ .	5 1/2	3	4 1/8	4	4 5/8	81,60	81,60	91,20	91,20	90,50	90,70	91,20	91,70
1. Mai . .	5	3	4 1/8	4 1/2		81,60	81,60	91,20	91,20	90,20	90,20	91,20	91,70
8. „ . .	5	3	4 1/8	4		81,30	81,20	90,90	90,90	90,—	90,40	90,25	91,70
15. „ . .	5	3	3 7/8	4-3 1/2		82,20	82,20	91,40	91,50	90,70	91,40	90,90	92,—
22. „ . .	5	3	3 3/4	4-3 1/2	4 1/4	82,70	82,70	91,75	91,75	91,40	91,60	91,40	91,90
29. „ . .	5	2 1/2	3 5/8	4-3 1/2	4 1/8	82,75	82,75	91,80	91,75	90,90	91,60	91,60	92,70
5. Juni . .	4 1/2	2 1/2	3 1/2	4-3 1/2		83,40	83,25	92,20	92,10	91,40	91,40	92,30	92,20
12. „ . .	4 1/2	2 1/2	3 3/8	3		83,—	82,90	91,90	91,90	91,70	91,75	91,75	92,20
19. „ . .	4	2 1/2	3 1/8	3	4 1/4	82,80	82,70	91,90	91,80	91,60	91,70	91,50	92,30
26. „ . .	4	2 1/2	3 1/8	2 1/2	4 1/8	82,40	82,30	91,70	91,70	90,90	91,30	91,70	92,20
3. Juli . .	4	2 1/2	2 7/8	3		82,50	82,40	91,30	91,30	90,60	91,—	90,80	91,80
10. „ . .	4	2 1/2	2 3/4	3		82,90	82,80	92,—	92,—	90,80	91,60	91,60	92,25
17. „ . .	4	2 1/2	2 3/4	2 1/2		83,10	83,—	92,—	91,90	91,—	91,80	91,60	92,—
24. „ . .	4	2 1/2	2 5/8	2 1/2	3 1/4	82,60	82,60	91,90	91,80	91,—	91,60	91,40	92,30
31. „ . .	4	2 1/2	2 3/4	4-3 1/2		83,25	83,20	92,20	92,20	91,10	91,70	91,60	91,80
7. August .	4	2 1/2	2 7/8	3 1/2		83,50	83,50	92,10	92,—	91,—	91,50	91,80	91,80
14. „ .	4	2 1/2	2 7/8	3		83,60	83,50	92,—	91,90	91,—	91,20	91,90	92,20
21. „ .	4	2 1/2	2 3/4	3	3 1/4	83,60	83,60	91,90	91,90	91,—	91,30	91,90	92,—
28. „ .	4	2 1/2	2 3/4	3	3	83,80	83,70	92,20	92,10	91,20	91,50	91,90	92,40
4. Septbr. .	4	2 1/2	2 7/8	3		84,—	84,—	92,10	92,10	91,25	91,50	92,—	92,40
11. „ .	4	2 1/2	3 1/8	2 1/2		83,90	83,80	92,25	92,30	91,10	91,70	91,80	92,40
18. „ .	4	2 1/2	3 3/8	2 1/2		83,50	83,40	92,10	92,—	92,—	91,50	91,80	92,40
25. „ .	4	2 1/2	3 1/4	2 1/2	4 1/4	84,20	84,10	92,40	92,30	91,50	91,60	92,—	92,40
2. Oktbr. .	4	2 1/2	3	4		84,20	84,10	92,60	92,60	91,50	91,70	92,10	92,40
9. „ .	4	2 1/2	2 7/8	3		83,20	83,10	92,10	92,10	91,50	91,40	92,20	92,20
16. „ .	4	2 1/2	2 7/8	2 1/2-2		83,25	83,10	92,30	92,40	91,50	91,30	91,90	92,40
23. „ .	4	2 1/2	2 5/8	2	3	83,75	83,70	92,60	92,60	91,60	91,60	92,25	92,—
30. „ .	4	2 1/2	2 5/8	—	3	84,70	84,70	94,10	94,10	92,75	93,40	94,10	92,70
6. Novb. .	4	2 1/2	2 5/8	2 1/2		84,30	84,30	94,—	93,90	92,80	93,20	93,75	93,—
13. „ .	4	2 1/2	2 1/4	1 1/2		84,75	84,70	94,40	94,40	93,50	93,70	94,—	93,20
20. „ .	4	2 1/2	2 1/2	1 1/2	3	85,25	85,10	94,60	94,60	93,60	93,90	94,20	94,20
27. „ .	4	2 1/2	2 1/2	1 1/2	2 7/8	85,20	85,20	94,50	94,50	93,75	94,—	94,40	94,60
4. Dezbr. .	4	2 1/2	2 5/8	2 1/2		85,20	85,10	94,50	94,50	93,60	93,80	94,40	94,20
11. „ .	4	2 1/2	2 7/8	2-1 1/2		85,30	85,10	94,50	94,50	93,70	93,80	94,10	94,20
18. „ .	4	2 1/2	3 1/4	2 1/2-2	4 1/2	85,30	85,20	94,50	94.50	93,60	93,75	94,—	94,20
28. „ .	4	2 1/2	3	2	4 1/2	85,40	85,20	94,50	94,40	93,70	93,70	94,—	93,90

3½ % Bschw.-Hann. Hyp.-Bk.-Pfbr. XX	3½ % Deutsche Hyp.-Bk.-(Berlin) Pfbr. VIII, IX	3½ % Hamb. Hyp.-Bk.-Pfbr. 311–350	3½ % Meininger Hyp.-Bk.-Pfbr. X	3½ % Preuß. Bod.-Kred.-Pfbr. XI, XV, XVI	3½ % Preuß. Zentr.-Bod.-Pfbr. v. 1904	3½ % Preuß. Pfbr.-Bk.-Pfbr.	3½ % Rhein. Hyp.-Bk.-Pfbr. 69–82	4 % Deutsche Reichsanleihe	4 % Preußische Konsols	4 % Bad. Staatsanleihe ur.k. b. 1909	4 % Bayerische Staatsanleihe	4 % Hamb. amort. Staatsanl. v. 1900	4 % Brschw.-Hann.-Hyp.-Bk.-Pfbr. XXIV
90,—	90,—	90,25	91,—	90,—	92,—	91,—	90,50	—	—	100,—	101,—	100,50	98,75
90,—	90,—	90,25	91,—	90,—	92,—	91,—	90,—	—	—	99,30	100,50	99,40	98,75
90,—	90,—	90,25	91,—	90,—	91,80	91,—	90,—	—	—	99,—	100,—	99,—	98,75
90,—	90,—	90,25	91,—	90,—	91,80	91,—	90,—	—	—	99,10	100,25	99,20	98,75
90,—	90,—	90,25	91,—	90,—	92,—	91,—	90,—	—	—	99,60	100,40	99,50	98,75
90,—	90,—	90,25	91,—	90,—	92,—	91,—	90,—	—	—	99,90	100,75	99,50	98,75
90,—	90,—	90,25	91,—	90,—	92,—	91,—	90,—	—	—	99,60	100,50	99,50	98,50
90,—	90,—	90,25	91,—	90,—	92,—	91,—	90,—	—	—	99,80	100,90	99,80	98,50
90,—	90,—	90,25	91,—	90,—	91,80	90,60	90,—	—	—	99,40	101,25	99,40	98,50
90,—	90,—	90,25	91,—	89,50	91,80	90,60	90,—	—	—	99,70	100,10	99,25	98,30
90,—	90,—	90,25	91,—	89,70	91,80	90,60	90,—	—	—	99,80	99,80	99,50	98,10
90,—	90,—	90,25	91,—	89,40	91,60	90,60	90,—	—	—	99,70	99,70	99,75	98,—
90,—	90,—	90,25	91,—	89,60	91,20	90,60	90,—	—	—	99,70	99,50	99,80	98,—
90,—	90,—	90,25	91,—	89,50	91,—	90,50	89,75	—	—	100,—	99,80	99,90	98,—
90,—	90,—	90,25	91,20	89,40	90,80	90,50	89,90	—	—	99,60	99,60	99,70	98,—
90,—	90,—	90,25	91,30	89,40	90,80	90,50	89,90	—	—	99,50	99,50	99,60	98,—
90,—	90,—	90,25	91,30	89,30	90,80	90,25	89,90	—	—	99,30	99,80	99,70	98,—
90,—	90,—	90,25	91,30	89,50	90,80	90,30	89,90	99,50	99,50	99,40	99,50	99,40	98,—
90,—	90,—	90,25	91,30	89,50	90,50	90,30	89,70	99,50	99,50	99,10	99,50	100,—	98,—
90,—	89,50	90,25	91,30	89,40	90,60	90,30	89,90	99,50	99,50	99,50	99,60	100,—	98,—
90,—	89,50	90,25	91,30	89,60	90,50	90,30	89,80	99,50	99,50	99,50	99,80	99,80	98,—
90,—	89,50	90,25	91,30	89,50	90,40	90,30	89,90	99,50	99,50	99,50	—	99,75	98,—
90,—	89,50	90,25	91,30	89,60	90,50	90,30	89,90	99,60	99,60	99,50	99,60	99,80	98,—
90,—	89,50	90,25	91,30	89,50	90,60	90,30	89,80	99,60	99,60	99,50	99,80	99,50	98,—
90,—	89,50	90,25	91,30	89,60	90,60	90,30	89,80	99,60	99,60	99,40	100,—	99,50	98,—
90,—	89,50	90,25	91,30	89,50	90,60	90,30	89,70	99,60	99,60	98,75	99,90	99,50	98,—
90,—	89,50	90,25	91,30	89,40	90,30	90,30	89,70	99,60	99,60	99,30	100,—	99,90	98,—
90,—	89,50	90,25	91,30	89,40	90,30	90,20	89,70	99,60	99,60	99,60	100,20	99,95	98,—
90,—	89,50	90,25	91,30	89,30	90,30	90,—	89,70	99,70	99,70	99,75	100,30	99,75	98,—
90,—	89,50	90,25	91,30	89,50	90,20	90,25	89,70	99,70	99,70	99,75	100,30	99,90	98,—
90,—	89,50	90,25	91,30	89,50	90,10	90,25	89,70	99,80	99,80	99,50	100,25	100,—	98,—
90,—	89,75	90,25	91,30	89,40	90,—	90,30	89,70	99,80	99,80	99,80	100,10	100,—	98,—
90,—	89,75	90,25	91,30	89,10	90,—	90,30	89,70	99,80	99,80	99,60	99,70	100,—	98,—
90,—	89,75	90,25	91,30	89,25	90,20	90,30	89,70	100,10	100,—	99,70	100,—	99,90	98,—
90,—	89,75	90,25	91,30	89,40	90,30	90,50	89,70	100,—	100,—	100,—	100,—	100,10	98,—
90,—	89,75	90,25	91,30	89,30	90,—	90,30	90,—	100,20	100,20	100,10	100,10	99,90	98,—
90,—	89,75	90,25	91,30	89,20	90,—	90,25	90,—	100,20	100,20	99,70	100,30	100,40	98,—
90,—	89,75	90,25	91,30	89,20	90,20	90,25	89,90	100,20	100,10	99,90	101,40	100,30	98,—
90,—	89,75	90,25	91,30	89,20	90,10	90,50	89,90	100,30	100,30	100,—	100,70	100,80	98,—
90,—	89,75	90,25	91,30	89,70	90,25	90,50	89,90	100,60	100,60	100,25	100,70	100,60	98,—
90,—	89,75	90,25	91,30	89,50	90,40	90,25	89,70	100,40	100,40	99,90	—	100,30	98,—
90,—	89,75	90,25	91,30	89,50	90,40	90,25	89,60	100,75	100,75	100,—	100,75	100,70	98,—
90,—	89,75	90,25	91,30	89,50	90,70	90,50	89,70	101,—	101,—	100,50	101,—	100,60	98,—
90,—	89,75	90,50	91,50	90,75	91,20	91,—	90,30	101,30	101,25	100,80	101,10	100,90	98,25
90,50	90,25	91,—	91,80	90,90	91,60	91,50	90,50	101,30	101,30	100,40	101,25	101,20	98,50
91,25	90,25	91,—	92,20	90,70	92,—	91,80	90,60	101,90	101,90	100,75	101,—	101,—	99,—
91,25	91,—	91,50	92,20	91,10	92,40	92,25	90,60	102,10	102,—	100,60	101,50	101,40	99,50
92,—	91,10	92,—	92,40	91,25	92,30	92,30	91,30	102,30	102,10	100,70	101,60	101,50	99,50
92,—	91,75	92,—	92,80	91,25	92,20	91,80	91,60	102,30	102,30	101,40	102,60	101,80	99,75
92,—	91,75	92,—	93,—	91,60	92,40	92,—	91,60	102,30	102,30	101,10	102,10	101,60	99,75
92,—	91,75	92,—	93,30	91,25	92,30	92,10	91,50	102,50	102,50	101,10	101,70	101,50	99,75
92,—	91,75	92,—	93,30	92,—	92,30	92,30	91,50	102,40	102,40	101,50	102,—	101,75	99,75

Tabelle 4. Kurse im Jahre 1908. (Fortsetzung.)

1908	Bank-Disk. Berlin	Bank-Disk. London	Privat-Disk. Berlin	Tägliche Gelder Berlin	Ultimo-Gelder Berlin	4 % Deutsche Hyp.-Bk.-(Berlin) Pfbr. XV—XVI	4 % Frankf. Hyp.-Bk.-Pfbr. XIV	4 % Hamb. Hyp.-Bk.-Pfbr. 471—540	4 % Meining. Hyp.-Bk.-Pfbr. XIII	4 % Preuß. Bod.-Kredit-Pfbr. XXIV	4 % Preuß. Zentr.-Bod.-Pfbr. v. 1907	4 % Preuß. Pfbr.-Bk.-Pfbr. XXVIII	4 % Rh. Hyp.-Bk.-Pfbr. 66-68, 83-85
3. Januar.	$7^1/_2$	6	6	7-6		98,—	97,80	97,50	98,20	98,—	98,80	97,75	97,50
10. „ .	$7^1/_2$	6	$4^7/_8$	5		97,75	97,70	7,50	98,20	97,75	98,80	97,75	97,30
17. „ .	$6^1/_2$	5	5	5		97,75	97,50	97,50	98,20	97,75	98,80	97,75	97,—
24. „ .	$6^1/_2$	4	$4^1/_2$	4	5	97,75	97,50	97,50	98,20	97,75	98,60	97,75	97,—
31. „ .	6	4	$4^3/_8$	5		97,75	97,50	97,50	98,20	97,75	98,20	97,75	97,—
7. Februar	6	4	$4^5/_8$	4		97,75	97,50	98,—	98,20	98,—	98,30	97,75	97,20
14. „	6	4	$4^5/_8$	$4^1/_2$-4		97,75	97,50	98,—	98,20	98,—	98,30	97,75	97,20
21. „	6	4	$4^5/_8$	$4^1/_2$-4	$4^3/_4$	97,75	97,50	98,—	98,20	98,—	98,30	7,75	97,20
28. „	6	4	$4^3/_8$	4	$4^1/_2$	98,—	97,50	98,—	98,20	98,—	98,30	98,—	97,—
6. März .	6	$3^1/_2$	$4^1/_4$	$4^1/_4$		98,—	97,50	98,—	98,20	98,—	98,30	98,—	97,—
13. „ .	$5^1/_2$	$3^1/_2$	$4^1/_2$	4		98,—	97,50	98,—	98,40	98,—	98,30	98,—	97,20
20. „ .	$5^1/_2$	3	$4^5/_8$	$4^1/_2$-4	$5^3/_4$	98,—	97,50	98,—	98,40	97,25[1]	98,30	98,—	97,—
27. „ .	$5^1/_2$	3	$4^5/_8$	4	$5^7/_8$	98,—	97,50	98,—	98,40	97,75	98,30	98,—	97,—
3. April .	$5^1/_2$	3	$4^1/_8$	5-$4^1/_2$		98,—	97,50	98,—	98,40	98,—	98,30	98,—	97,—
10. „ .	$5^1/_2$	3	4	4		98,—	97,50	98,—	98,40	97,90	98,25	98,—	97,—
16. „ .	$5^1/_2$	3	$4^1/_8$	4		98,—	97,50	98,—	98,40	98,—	98,20	98,—	97,—
24. „ .	$5^1/_2$	3	$4^1/_8$	4	$4^5/_8$	98,—	97,50	98,—	98,40	97,80	98,10	98,—	97,—
1. Mai . .	5	3	$4^1/_8$	$4^1/_2$		98,—	97,50	98,—	98,40	98,—	98,10	98,—	97,—
8. „ . .	5	3	$4^1/_8$	4		98,—	97,50	98,—	98,40	97,90	98,—	98,—	97,—
15. „ . .	5	3	$3^7/_8$	4-$3^1/_2$		98,—	97,70	98,—	98,40	97,90	98,—	98,—	97,—
22. „ . .	5	3	$3^3/_4$	4-$3^1/_2$	$4^1/_4$	98,—	97,50	98,—	98,40	97,90	98,10	98,—	97,—
29. „ . .	5	$2^1/_2$	$3^5/_8$	4-$3^1/_2$	$4^1/_8$	98,—	97,50	98,—	98,40	98,—	98,10	98,—	97,—
5. Juni . .	$4^1/_2$	$2^1/_2$	$3^1/_2$	4-$3^1/_2$		98,—	97,50	98,—	98,40	98,—	98,20	98,—	97,30
12. „ . .	$4^1/_2$	$2^1/_2$	$3^3/_8$	3		98,—	97,50	98,—	98,40	98,10	98,30	98,25	97,30
19. „ . .	4	$2^1/_2$	$3^1/_8$	3	$4^1/_4$	98,—	97,50	98,—	98,40	98,—	98,20	98,25	97,50
26. „ . .	4	$2^1/_2$	$3^1/_8$	$2^1/_2$	$4^1/_8$	98,—	97,50	98,—	98,40	97,70	98,—	98,25	97,40
3. Juli . .	4	$2^1/_2$	$2^7/_8$	3		98,—	97,50	98,—	98,40	97,90	98,—	98,25	97,40
10. „ . .	4	$2^1/_2$	$2^3/_4$	3		98,—	97,50	98,—	98,40	98,—	98,—	98,25	97,10
17. „ . .	4	$2^1/_2$	$2^3/_4$	$2^1/_2$		98,—	97,60	98,—	98,40	97,50	98,—	98,25	97,—
24. „ . .	4	$2^1/_2$	$2^5/_8$	$2^1/_2$	$3^1/_4$	98,—	97,70	98,—	98,40	97,75	98,—	98,25	97,20
31. „ . .	4	$2^1/_2$	$2^3/_4$	4-$3^1/_2$		98,—	97,60	98,—	98,40	97,75	98,—	98,25	97,—
7. August.	4	$2^1/_2$	$2^7/_8$	$3^1/_2$		98,—	97,50	98,—	98,40	97,60	98,—	98,25	97,—
14. „ .	4	$2^1/_2$	$2^7/_8$	3		98,—	97,50	98,—	98,40	97,60	98,—	98,25	97,30
21. „ .	4	$2^1/_2$	$2^3/_4$	3	$3^1/_4$	98,—	97,50	98,—	98,40	97,80	98,20	98,25	97,—
28. „ .	4	$2^1/_2$	$2^3/_4$	3	3	98,—	97,50	98,—	98,40	98,—	98,20	98,25	97,10
4. Septbr. .	4	$2^1/_2$	$2^7/_8$	3		98,—	97,50	98,—	98,40	98,—	98,20	98,25	97,—
11. „ .	4	$2^1/_2$	$3^1/_8$	$2^1/_2$		98,—	97,70	98,—	98,40	7,75	98,20	98,25	97,—
18. „ .	4	$2^1/_2$	$3^3/_8$	$2^1/_2$		98,—	98,50	98,—	98,40	98,—	98,20	98,25	97,—
25. „ .	4	$2^1/_2$	$3^1/_4$	$2^1/_2$	$4^1/_4$	98,—	98,75	98,—	98,40	97,90	98,20	98,25	97,—
2. Oktbr. .	4	$2^1/_2$	3	4		98,—	98,—	98,—	98,40	98,20	98,20	98,25	97,—
9. „ .	4	$2^1/_2$	$2^7/_8$	3		98,—	—	98,—	98,50	98,10	98,30	98,25	97,10
16. „ .	4	$2^1/_2$	$2^7/_8$	$2^1/_2$-2		98,—	97,50	98,—	98,50	98,20	98,30	98,30	97,—
23. „ .	4	$2^1/_2$	$2^5/_8$	2	3	98,25	97,70	98,—	98,50	98,25	98,40	98,50	97,10
30. „ .	4	$2^1/_2$	$2^5/_8$	—	3	98,75	97,50	98,50	98,80	98,60	99,—	99,—	97,30
6. Novbr. .	4	$2^1/_2$	$2^5/_8$	$2^1/_2$		99,—	—	99,—	99,10	98,75	99,50	99,25	97,50
13. „ .	4	$2^1/_2$	$2^1/_4$	$1^1/_2$		99,50	98,20	99,—	99,50	99,50	99,50	99,50	97,80
20. „ .	4	$2^1/_2$	$2^1/_2$	$1^1/_2$	3	99,50	98,40	99,50	99,80	98,75	100,—	99,75	98,—
27. „ .	4	$2^1/_2$	$2^1/_2$	$1^1/_2$	$2^7/_8$	100,—	98,80	100,	100,—	99,50	100,50	100,—	98,40
4. Dezbr. .	4	$2^1/_2$	$2^5/_8$	$2^1/_2$		100,25	99,40	100,—	100,40	100,—	100,50	100,25	98,40
11. „ .	4	$2^1/_2$	$2^7/_8$	2-$1^1/_2$		100,25	99,20	100,—	100,40	100,10	100,50	100,25	98,80
18. „ .	4	$2^1/_2$	$3^1/_4$	$2^1/_2$-2	$4^1/_2$	100,25	99,20	100,—	100,40	100,20	100,50	100,25	99,20
28. „ .	4	$2^1/_2$	3	2	$4^1/_2$	100,25	99,50	100,—	100,40	100,25	100,20	100,25	99,10

[1] Neue Serie erscheint im Kurszettel.

Tabelle 5. **Kurse im Jahre 1909.**

1909	Bank-Disk. Berlin	Bank-Disk. London	Privat-Disk. Berlin	Tägliche Gelder Berlin	Ultimo-Gelder Berlin	3 % Deutsche Reichsanleihe	3 % Preußische Konsols	3½ % Deutsche Reichsanleihe	3½ % Preußische Konsols	3½ % Bad. Staatsanleihe von 1902, 1904, 1907	3½ % Bayerische Staatsanleihe	3½ % Hamburger amort. Staatsanl.	3½ % Bayr. Hyp.- u. Wechsel-Bk.-Pfbr.	3½ % Bschw.-Hann. Hyp.-Bk.-Pfbr. XX
2. Januar	4	2½	2¼	5		85,70	85,60	94,70	94,70	—	93,70	94,40	93,90	92,—
8. „	4	2½	2⅛	2		85,60	85,60	94,75	94,75	94,—	94,10	94,40	94,20	92,—
15. „	4	3	2½	2		85,60	85,60	94,90	94,90	94,—	94,10	94,10	94,10	92,—
22. „	4	3	2	1½	2¾	86,10	86,—	95,20	95,20	94,—	94,40	94,40	94,70	92,—
29. „	4	3	2	3	2½	86,40	86,40	95,60	95,60	95,25	95,60	95,50	95,60	93,—
5. Febr. .	4	3	1⅞	1½		87,10	87,10	96,10	96,10	96,—	96,—	95,80	95,90	92,75
12. „ .	4	3	2¼	1½		87,70	87,70	96,75	96,75	96,10	96,70	96,60	96,90	93,50
19. „ .	3½	3	2¼	1½	2½	87,20	87,20	96,60	96,50	96,—	96,—	96,20	96,60	93,50
26. „ .	3½	3	2⅜	1½	2⅞	86,70	86,60	96,25	96,25	95,50	95,80	95,80	95,50	93,40
5. März .	3½	3	2⅜	2½		87,—	87,—	6,30	96,30	95,50	95,75	96,25	95,80	93,50
12. „ .	3½	3	2⅝	2½-2		86,40	86,30	96,10	96,—	95,50	95,50	96,—	95,—	93,50
19. „ .	3½	3	2⅞	2½-3		85,60	85,60	95,30	95,30	95,—	94,25	95,40	93,90	93,50
26. „ .	3½	3	2⅞	2½	3	86,10	86,10	95,50	95,50	94,25	94,75	95,40	94,20	93,50
2. April .	3½	2½	2¼	4-3½		87,10	87,—	95,90	95,90	95,25	95,60	96,30	96,20	93,75
8. „ .	3½	2½	2	2½		87,20	87,20	96,30	96,40	95,80	95,90	96,40	96,30	93,50
16. „ .	3½	2½	2	2		87,10	87,10	96,60	96,50	95,50	95,70	96,30	95,50	93,50
23. „ .	3½	2½	1⅞	1½	2½	86,90	86,90	96,50	96,50	95,75	95,60	96,30	95,90	93,50
30. „ .	3½	2½	1⅞	3-2½		86,90	86,90	96,10	96,10	95,40	95,25	95,60	95,80	93,50
7. Mai .	3½	2½	2	2-1½		86,70	86,70	96,10	96,10	95,20	95,30	95,60	95,40	93,50
14. „ .	3½	2½	2⅜	4-3½		86,60	86.60	95,80	95,80	95,20	95,10	95,25	95,40	93,50
21. „ .	3½	2½	2½	4-3½	3¼	86,60	86,60	95,80	95,80	94,90	95,20	95,10	95,60	93,50
28. „ .	3½	2½	2¾	3	3¾-⅞	86,50	86,50	95,75	95,75	95,—	95,20	94,75	95,80	93,50
4. Juni .	3½	2½	2¾	3½		86,25	86,25	95,40	95,40	94,50	95,10	94,70	95,60	93,50
11. „ .	3½	2½	2⅞	3		86,—	86,—	95,30	95,30	94,50	94,70	94,60	95,—	93,50
18. „ .	3½	2½	3⅛	3½		85,80	85,70	95,30	95,30	94,—	94,75	94,20	94,80	93,50
25. „ .	3½	2½	2⅞	3	4¾-⅝	85,20	85,20	95,—	95,—	94,30	93,90	93,75	94,20	93,50
2. Juli .	3½	2½	2½	4		85,60	85,50	95,10	95,10	94,—	94,10	94,30	94,10	93,50
9. „ .	3½	2½	2¼	3-2½		86,40	86,25	95,30	95,25	94,40	94,80	94,70	94,50	93,50
16. „ .	3½	2½	2⅜	3		86,50	86,50	95,50	95,50	94,40	94,90	94,60	94,80	93,50
23. „ .	3½	2½	2⅛	2½	3	86,60	86,60	95,80	95,80	94,50	95,—	95,—	94,70	93,50
30. „ .	3½	2½	2¼	2½-2	2⅞	86,60	86,60	95,80	95,80	94,60	94,80	95,30	94,80	93,50
6. Aug. .	3½	2½	2⅛	3-2½		86,50	86,50	95,70	95,70	94,40	94,70	95,10	94,80	93,50
13. „ .	3½	2½	2	2		86,25	86,20	95,50	95,50	94,50	94,50	95,20	94,60	93,50
20. „ .	3½	2½	2⅛	2		86,—	85,90	95,50	95,40	94,50	94,40	94,30	94,80	93,50
27. „ .	3½	2½	2⅛	1½	2 [illegible]/4	86,—	85,90	95,30	95,25	94,20	94,30	94,90	94,80	93,75
3. Septbr.	3½	2½	2⅝	2½-2		85,90	85,90	95,20	95,20	4,70	94,50	94,70	94,80	93,75
10. „ .	3½	2½	2¾	2½		85,10	85,10	94,90	94,90	94,25	94,10	94,60	94,60	93,75
17. „ .	3½	2½	3¼	2½	4¾	85,20	85,10	94,80	94,80	94,—	93,75	94,75	94,20	93,75
24. „ .	4	2½	3⅜	2½	4⅞	85,10	85,—	94,30	94,30	93,50	93,50	94,—	93,60	93,50
1. Oktbr. .	4	2½	3½	5		85,10	85,—	94,60	94,60	93,60	93,70	93,90	93,60	93,50
8. „ .	4	3	3⅜	3½		84,10	84,—	94,10	94,—	93,60	93,30	94,25	93,70	93,50
15. „ .	5	4	3¾	4		83,90	83,75	93,60	93,60	92,60	93,—	93,80	94,30	93,30
22. „ .	5	5	4¼	4	5	83,40	83,40	93,20	93,10	92,75	92,75	93,—	93,80	93,30
29. „ .	5	5	4½	3½	5	83,75	83,70	93,—	93,—	93,—	92,60	92,90	93,20	93,30
5. Novbr.	5	5	4⅝	4½		83,90	83,80	93,10	93,10	93,—	92,80	93,—	93,20	93,30
12. „ .	5	5	4⅝	4		84,—	83,90	93,10	93,10	93,—	93,10	93,10	93,20	93,30
19. „ .	5	5	4⅜	3½		84,75	84,75	93,70	93,70	93,—	93,30	93,40	93,80	92,80
26. „ .	5	5	4¼	3	5	85,20	85,20	94,20	94,20	93,30	93,60	93,75	94,20	92,50
3. Dezbr.	5	5	4⅛	4-3½		85,10	85,10	94,25	94,25	93,90	93,70	94,—	95,—	92,50
10. „ .	5	4½	4½	3½-3		85,10	85,—	94,10	94,10	93,50	93,70	94,—	94,50	92,50
17. „ .	5	4½	4⅝	4½	6½	85,—	84,90	94,—	94,—	93,20	93,40	94,—	94,10	92,50
24. „ .	5	4½	4¼	4	6¾	85,10	85,10	94,10	94,10	93,40	93,50	93,80	94,60	92,50
31. „ .	5	4½	3¾	—	—	85,25	85,20	94,20	94,20	93,70	93,70	94,20	94,50	92,50

Tabelle 5. Kurse im Jahre 1909. (Fortsetzung.)

1909	Bank-Disk. Berlin	Bank-Disk. London	Privat-Disk. Berlin	Tägliche Gelder Berlin	Ultimo-Gelder Berlin	3½% Deutsche Hyp.-Bk.-(Berlin) Pfbr. VIII, IX	3½% Hamb. Hyp.-Bk.-Pfbr. 311—350	3½% Meininger Hyp.-Bk.-Pfbr. X	3½% Preuß. Bod.-Kred.-Pfbr. XI, XV, XVI	3½% Preuß. Zentr.-Bod.-Kred.-Pfbr. v. 1904	3½% Preuß. Pfbr. Bk.-Pfbr. XXIV	3½% Rhein. Hyp.-Bk.-Pfbr. 69—82	4% Deutsche Reichsanleihe
2. Januar	4	2½	2¼	5		91.75	92,—	93,30	92,—	92,50	92,75	91,50	102,75
8. „	4	2½	2⅛	2		91,75	92,—	93,40	91,90	92,40	92,50	91,80	102,80
15. „	4	3	2½	2		91,75	92,—	93,30	92,—	92,50	92,60	92,—	102,80
22. „	4	3	2	1½	2¾	92,—	93,—	93,30	92,—	93,—	92,80	92,10	103,—
29. „	4	3	2	3	2½	92,10	93,50	93,50	95,—	93,80	93,—	93,10	103,10
5. Febr.	4	3	1⅞	1½		93,50	93,75	94,—	94,20	94,20	94,—	93,60	103,75
12. „	4	3	2¼	1½		93,60	94,50	95,—	94,10	94,60	95,25	94,—	103,90
19. „	3½	3	2¼	1½	2½	94,25	94,—	95,10	94,50	94,60	95,40	93,90	103,40
26. „	3½	3	2⅜	1½	2⅞	94,25	94,—	95,20	94,80	94,50	95,20	93,70	103,40
5. März	3½	3	2⅜	2½		94,25	94,—	95,20	95,—	94,50	95,25	93,70	103,30
12. „	3½	3	2⅝	2½-2		94,25	94,—	95,20	94,90	94,50	95,25	93,70	103,30
19. „	3½	3	2⅞	2½-3		94,25	94,—	95,20	94,10	94,—	95,10	92,90	102,75
26. „	3½	3	2⅞	2½	3	94,25	94,—	94,70	94,30	93,80	95,—	93,20	103,—
2. April	3½	2½	2¼	4-3½		94,25	94,—	94,70	94,30	94,—	95,—	93,60	103,40
8. „	3½	2½	2	2½		94,25	94,—	94,70	94,25	94,—	94,80	93,40	103,60
16. „	3½	2½	2	2		94,25	94,—	94,70	94,—	94,20	95,—	93,50	103,75
23. „	3½	2½	1⅞	1½	2½	94,50	94,—	94,50	94,10	94,20	95,10	93,30	103,60
30. „	3½	2½	1⅞	3-2½		94,25	94,—	94,60	93,70	94,10	95,—	93,30	103,40
7. Mai	3½	2½	2	2-1½		94,25	94,—	94,60	94,—	94,10	94,80	93,40	103,25
14. „	3½	2½	2⅜	4-3½		94,25	94,—	94,60	93,90	94,—	94,40	93,40	103,10
21. „	3½	2½	2½	4-3½	3¼	94,25	94,—	94,70	93,90	94,—	94,75	93,40	103,20
28. „	3½	2½	2¾	3	3¾-⅞	94,—	94,—	94,40	93,70	93,90	94,—	93,40	103,10
4. Juni	3½	2½	2¾	3½		94,—	94,—	94,60	93,75	93,80	94,30	93,20	103,—
11. „	3½	2½	2⅞	3		94,—	94,—	94,70	93,60	93,80	94,40	92,90	102,90
18. „	3½	2½	3⅛	3½		94,—	94.—	94,70	93,40	93,80	94,10	92,90	102,75
25. „	3½	2½	2⅞	3	4¾-⅝	93,75	93,50	94,70	93,40	93,80	94,10	92,75	102,70
2. Juli	3½	2½	2½	4		93,50	93,50	94,50	93,30	93,60	94,—	92,60	102,90
9. „	3½	2½	2¼	3-2½		93,25	93,50	94,50	93,50	93,50	94,—	92,60	103,—
16. „	3½	2½	2⅜	3		93,50	93,50	94,50	93,25	93,40	94,—	92,80	103,—
23. „	3½	2½	2⅛	2½	3	93,50	93,50	94,50	93,30	93,30	94,—	92,60	103,—
30. „	3½	2½	2¼	2½-2	2⅞	93 50	93,50	94,50	93,20	93,30	94,—	92,50	103,—
6. Aug.	3½	2½	2⅛	3-2½		93,50	93,50	94,50	93,50	93,10	94,—	92,40	103,10
13. „	3½	2½	2	2		93,75	93,50	94,—	93,20	93,—	94,—	92,40	103,10
20. „	3½	2½	2⅛	2		93,75	93,50	94,50	93,25	93,—	94,—	92,50	103,10
27. „	3½	2½	2⅛	1½	2¾	93,75	93,50	94,50	93,25	92,80	94,—	92,40	103,—
3. Septbr.	3½	2½	2⅝	2½-2		93,75	93,50	94,50	93,20	93,—	94,—	92,50	103,—
10. „	3½	2½	2¾	2½		93,75	93,50	94,20	93,20	92,80	93,60	92,80	103,—
17. „	3½	2½	3¼	2½	4¾	93,50	93,50	94,20	93,10	92,75	93,75	92,80	102,80
24. „	4	2½	3⅜	2½	4⅞	93,25	93,50	94,—	93,20	92,60	93,40	92,60	102,70
1. Oktbr.	4	2½	3½	5		92,75	93,—	94,10	93,—	92,50	93,25	92,10	102,75
8. „	4	3	3⅜	3½		92,75	93,—	94,—	92,—	92,40	93,25	92,30	102,50
15. „	5	4	3¾	4		92,75	92,—	93,50	92,—	92,20	93,—	91,80	102,10
22. „	5	5	4¼	4	5	92,50	92,—	93,50	92,—	92,—	92,60	91,60	102,—
29. „	5	5	4½	3½	5	92,—	91,50	93,—	91,75	91,80	92,50	91,30	102,10
5. Novbr.	5	5	4⅝	4½		91,75	91,50	93,—	91,60	91,60	92,50	91,—	102,20
12. „	5	5	4⅝	4		91,75	91,50	93,—	91.60	91,70	92,30	91,10	102,10
19. „	5	5	4⅜	3½		91,60	91,50	93,—	91,50	91,80	92,30	91,20	102,10
26. „	5	5	4¼	3	5	91,25	91,50	93,—	91,60	91,70	92,30	91.40	102,30
3. Dezbr.	5	5	4⅛	4-3½		91.25	91,50	93,—	91,50	92,—	92,30	91,50	102,40
10. „	5	4½	4½	3½-3		91,25	91,50	93,—	91,50	92,—	92,—	91,70	102,40
17. „	5	4½	4⅝	4½	6½	91,25	91,50	92,80	91,30	91,80	92,—	91,70	102,40
24. „	5	4½	4¼	4	6¾	91,25	91,50	92.80	91,40	91,70	92,10	91,70	102,50
31. „	5	4½	3¾	—	—	91,25	91,50	92,80	91,60	91,80	92,30	91,70	102,50

[1] Neue Serie erscheint im Kurszettel.

4 % Preußische Konsols	4 % Bad. Staats-anleihe von 1901	4 % Bayerische Staatsanleihe	4 % Hamb. amort. Staatsanl. v. 1900	4 % Braunschw.-Hann. Hyp.-Bk.-Pfbr. XXIV	4 % Deutsche Hyp.-Bk.-(Berlin) Pfbr. XV, XVI	4 % Frankf. Hyp.-Bk.-Pfbr. XIV	4 % Hamb.Hyp.-Bk.-Pfbr. 541—580	4 % Meining. Hyp.-Bk.-Pfbr. XIII	4 % Preuß. Bod.-Kred.-Bk.-Pfbr. XXV	4 % Preuß. Zentr.-Bod.-Kred.-Pfbr. v. 1907	4 % Preuß. Pfbr.-Bk.-Pfbr. XXVIII	4 % Rheinische Hyp.-Bk.-Pfbr. 66—68, 83—85
102,75	101,50	—	102,—	100,40	100,25	99,40	100,50	100,40	100,75	100,20	100,25	99,20
102,90	101,60	101,80	101,90	100,40	100,25	99,60	100,50	100,40	100,75	100,40	100,50	99,80
102,80	101,80	101,80	101,70	100,40	100,25	99,80	100,50	100,60	100,75	100,30	100,50	99,90
103,—	101,50	102,20	101,90	100,40	100,30	99,80	100,50	100,60	100,75	100,60	100,50	99,80
103,10	101,60	101,75	101,70	100,40	100,75	100,40	100,75	100,80	100,75	100,80	100,75	99,80
103,75	101,60	102,—	101,90	100,60	100,50	100,40	101,—	101,30	101,—	101,20	101,—	100,—
103,90	101,75	102,80	102,—	101,—	100,75	100,80	101,25	101,50	101,25	101,60	101,—	100,—
103,40	101,70	101,75	102,—	101,—	100,75	100,60	101,25	101,50	101,50	101,60	101,25	100,40
103,30	101,50	102,—	101,70	101,25	100,75	100,60	101,25	101,50	101,50	101,60	101,25	100,50
103,40	101,10	102,30	101,90	101,25	100,75	100,60	101,25	101,50	101,50	101,60	101,25	100,40
103,30	101,40	102,40	101,80	101,25	100,75	100,40	101,25	101,50	101,30	101,50	101,25	100,40
102,75	101,40	101,90	101,—	101,25	100,75	100,40	101,25	101,20	101,30	100,80	101,25	100,30
103,—	101,60	101,80	101,50	101,25	100,75	100,40	101,25	101,20	100,70	101,—	101,10	100,30
103,50	102,—	102,20	101,70	101,25	100,75	100,40	101,—	101,20	101,—	101,20	101,—	100,40
103,75	101,75	102,—	101,80	101,25	100,75	100,40	101,—	101,20	101,20	101,20	101,—	100,40
103,75	101,60	102,—	101,70	101,25	100,75	100,40	101,—	101,30	101,—	101,—	101,—	100,10
103,70	101,60	102,—	102,—	101,25	100,75	100,40	101,—	101,30	100,80	101,10	101,—	100,30
103,40	101,80	102,30	101,80	101,25	100,75	100,40	101,—	101,40	101,—	101,10	101,—	100,30
103,25	101,80	102,—	101,60	101,25	100,75	100,60	101,25	101,20	101,10	101,10	101,—	100,50
103,20	101,75	101,70	101,80	101,25	100,75	100,40	101,25	101,20	101,—	101,10	101,25	100,40
103,20	101,50	101,90	101,70	101,25	100,75	100,40	101,25	101,10	101,10	101,—	101,25	100,30
103,—	101,75	101,70	101,70	101,25	100,75	100,40	101,25	101,10	101,10	101,—	101,25	100,40
103,—	101,30	101,60	101,40	101,25	100,75	100,60	101,50	101,—	101,10	101,—	101,25	100,40
102,90	101,30	101,80	101,75	101,25	100,75	100,40	101,50	101,—	101,10	101,10	101,25	100,10
102,75	101,10	101,70	101,80	101,25	100,75	100,40	101,50	101,—	101,—	101,10	101,25	100,—
102,70	101,—	101,60	101,60	101,30	100,75	100,40	101,50	100,80	100,80	100,90	101,25	100,—
102,90	101,20	101,60	101,90	101,30	100,75	100,20	101,—	100,80	100,80	101,—	101,25	100,10
102,90	101,70	101,80	101,90	101,30	100,75	100,20	101,—	100,90	101,—	101,—	101,—	100,10
103,—	101,60	102,25	102,10	101,30	100,75	100,20	101,—	100,80	101,—	101,—	101,—	100,10
103,—	101,90	102,—	102,—	101,30	100,75	100,20	101,—	100,60	100,90	101,—	101,—	100,10
103,—	102,25	101,70	101,75	101,30	100,75	100,20	101,—	100,60	100,80	101,—	101,—	100,—
103,10	102,30	101,80	102,20	101,30	100,75	100,20	101,—	100,60	100,70	101,—	101,—	100,10
103,10	101,90	102,—	102,—	101,30	100,75	100,20	101,—	100,60	100,70	101,—	101,—	100,10
103,10	102,10	102,10	102,20	101,30	100,75	100,25	101,—	100,75	100,70	101,—	101,—	100,—
103,—	101,80	102,—	102,—	101,30	100,75	100,25	101,—	100,60	100,70	101,—	100,80	100,—
103,—	101,70	101,60	102,—	101,30	100,75	100,20	101,—	100,90	100,70	101,—	100,80	100,—
103,—	101,40	101,30	102,10	101,30	100,75	100,20	101,—	100,70	100,75	101,—	100,80	100,—
102,75	101,10	101,30	101,30	101,30	100,75	100,20	101,—	100,80	100,70	100,90	100,75	100,—
102,70	100,60	101,25	101,90	101,30	100,60	100,10	101,—	100,60	100,60	100,90	100,60	100,10
102,70	100,70	101,25	101,50	101,30	100,50	100,20	101,—	100,50	100,50	100,80	100,70	100,30
102,40	100,50	101,80	101,50	101,30	100,60	100,—	101,—	100,75	100,60	101,—	100,60	100,30
102,10	101,25	101,70	102,10	101,30	100,50	100,—	101,—	100,40	100,40	100,60	100,50	99,90
102,—	101,10	101,60	101,90	101,30	100,40	100,—	101,—	100,50	100,50	100,40	100,40	99,80
102,10	100,90	101,25	102,—	101,10	100,40	100,—	101,—	100,20	100,40	100,50	100,—	99,80
102,20	100,90	101,40	101,50	101,—	100,40	99,80	101,—	100,30	100,40	100,50	100,—	99,50
102,10	100,60	101,40	101,75	101,10	100,40	99,80	101,—	100,10	100,60	100,60	100,—	99,50
102,10	100,70	101,25	101,10	101,10	100,40	99,80	101,—	100,20	100,40	100,60	99,75	99,60
102,30	101,40	101,20	101,50	101,10	100,40	99,80	101,—	100,20	100,—	100,60	99,75	99,70
102,40	101,50	101,90	101,—	101,10	100,40	99,80	101,—	100,20	100,50	100,60	99,75	99,70
102,40	100,80	101,60	101,20	101,10	100,40	99,80	101,—	100,20	100,50	100,60	99,80	99,60
102,40	101,—	101,30	100,80	101,—	100,30	99,80	101,—	100,10	100,50	100,60	100,20	99,70
102,40	100,70	101,50	101,60	101,—	100,20	99,80	101,—	100,25	100,25	100,60	100,25	99,70
102,40	100,80	101,10	101,60	101,—	100,—	99,80	101,—	100,40	100,25	100,60	100,25	99,40

Tabelle 6. **Obligationen-Umlauf der deutschen Hypothekenbanken nach dem Zinsfuß geordnet.**

Name der Bank	Jahr	Pfandbrief- u. Kommunal-Obligationen-Umlauf: Zusammen (1000 Mk.)	Davon verzinslich zu $3^1/_2$ %	$3^3/_4$ %	4 %	$4^1/_2$ %	5 %	Bemerkungen
A.-G. f. Boden- u. Kommunal-Kredit in Els.-Lothr., Straßburg . . .	1904	141099	129946	—	11153	—	—	
	1905	149993	139152	—	10841	—	—	
	1906	152751	142231	—	10520	—	—	
	1907	158698	144266	—	14432	—	—	
	1908	165930	142755	—	23175	—	—	
	1909	173539	142215	—	31324	—	—	
Allgem. Deutsche Kredit-Anstalt, Leipzig	1904	16428	10264	—	6164	—	—	[1]
	1905	14885	9532	—	5353	—	—	
	1906	13702	9071	—	4631	—	—	
	1907	12819	8614	—	4205	—	—	
	1908	11016	7122	—	3894	—	—	
	1909	10259	6636	—	3622	—	—	
Anhalt-Dess. Landesbank, Dessau	1904	4018	1640	—	2378	—	—	[1]
	1905	4018	1640	—	2378	—	—	Die Realkred.-Abteil. ist aufgehoben.
	1906	1640	1640	—	—	—	—	
	1907	—	—	—	—	—	—	
	1908	—	—	—	—	—	—	
	1909	—	—	—	—	—	—	
Bayer. Bodenkred.-Anstalt, Würzburg	1904	117818	41900	—	75918	—	—	[1]
	1905	132614	48343	—	84271	—	—	
	1906	141198	51291	—	89907	—	—	
	1907	137540	49688	—	87852	—	—	
	1908	137294	49508	—	87786	—	—	
	1909	136891	49231	—	87660	—	—	
Bayer. Handelsbank, München.	1904	215502	139786	—	75716	—	—	[2]
	1905	227041	150972	—	76089	—	—	
	1906	238948	160732	—	78216	—	—	
	1907	255659	157861	—	97798	—	—	
	1908	280480	154477	—	126003	—	—	
	1909	314042	152276	—	161766	—	—	
Bayer. Hypothek.- u. Wechselbank, München. . . .	1904	885182	747691	—	137491	—	—	[1]
	1905	10026	778506	—	131520	—	—	
	1906	933676	795345	—	138331	—	—	
	1 07	955987	783301	—	172686	—	—	
	1908	983484	75 994	—	223490	—	—	
	1909	1020809	741886	—	278923	—	—	
Bayer. Vereinsbank, München .	1904	329984	252229	—	77755	—	—	
	1905	338660	266675	—	71985	—	—	
	1906	347533	279893	—	67640	—	—	
	1907	364766	278046	—	86720	—	—	
	1908	390031	271201	—	118830	—	—	Außerdem:
	1909	417435	265111	—	152324	—	—	3 % $2^5/_8$ %
Berliner Hypoth.-Bank, Berlin (früher Pommersche Hyp.-Akt.-Bank)	1904	126340	5778	—	119487	—	—	986 89 (im Zinsfuß herabgesetzt)
	1905	140394	5413	—	134069	—	—	843 69
	1906	142531	5148	116	136472	—	—	735 60
	1907	143337	4907	100	137595	—	—	680 55
	1908	177326	4540	3252	148884	19988	—	634 28
	190	201298	4340	3043	173346	19947	—	601 21

[1] Nur Hypotheken-Pfandbriefe. Die Bank gibt keine Kommunal-Obligationen aus. — [2] Bis 1905 nur Hypotheken-Pfandbriefe, seit 1906 auch Kommunal-Obligationen.

Tabelle 6. Obligationen-Umlauf der deutschen Hypothekenbanken, nach dem Zinsfuß geordnet. (Fortsetzung.)

Name der Bank	Jahr	Pfandbrief- u. Kommunal-Obligationen-Umlauf						Bemerkungen
		Zusammen (1000 Mk.)	Davon verzinslich zu					
			$3^1/_2$ %	$3^3/_4$ %	4 %	$4^1/_2$ %	5 %	
Braunschw.-Hann. Hypoth.-Bank, Braunschweig-Hannover . . .	1904	156183	94656	—	61527	—	—	1
	1905	163489	95167	—	68322	—	—	
	1906	169160	94733	—	74427	—	—	
	1907	169564	92582	—	76982	—	—	
	1908	177044	90816	—	86228	—	—	
	1909	184887	88103	—	96784	—	—	
Deutsche Grundkredit-Bank, Gotha	1904	184874	70479	—	114365	—	—	1
	1905	211767	71414	—	140353	—	—	
	1906	231961	69268	—	162693	—	—	
	1907	244039	65320	—	178719	—	—	
	1908	261294	61957	—	199337	—	—	
	1909	284421	58483	—	225538	—	—	
Deutsche Hypoth.-Bank (A.-G.), Berlin	1904	155844	20648	6996	127124	—	1076	
	1905	180622	22240	13238	144144	—	1000	
	1906	188581	22265	15132	150276	—	908	
	1907	209128	21149	14383	160110	12647	839	
	1908	223626	20454	13678	169147	19584	763	
	1909	243307	19361	12959	190786	19491	710	
Deutsche Hypoth.-Bank, Meiningen	1904	413427	149154	—	264273	—	—	1
	1905	436104	147235	—	288869	—	—	
	1906	452187	143614	—	308573	—	—	
	1907	464011	138024	—	325987	—	—	
	1908	486821	134246	—	352475	—	—	
	1909	507959	128279	—	379680	—	—	
Frankfurter Hyp.-Bank, Frankfurt a. M..	1904	382215	184921	—	197294	—	—	
	1905	406987	190757	—	216230	—	—	
	1906	419279	187857	—	231422	—	—	
	1907	429742	182617	—	247125	—	—	
	1908	457572	178647	—	277925	—	—	
	1909	475222	172789	—	302433	—	—	
Frankfurter Hyp.-Kredit-Verein, Frankfurt a. M. .	1904	227781	30012	6958	190811	—	—	1
	1905	258000	29148	13315	215537	—	—	
	1906	282048	27410	16052	238586	—	—	
	1907	291038	25279	15721	250038	—	—	
	1908	312724	23955	14618	274151	—	—	
	1909	330241	22643	13920	293678	—	—	
Hann. Boden-Kred.-Bank, Hildesheim.	1904	26693	1314	2512	22867	—	—	
	1905	36762	1193	2439	33130	—	—	
	1906	40974	1099	2239	37696	—	—	
	1907	41186	1017	2042	38127	—	—	
	1908	43911	976	1955	40980	—	—	
	1909	47929	920	1876	45133	—	—	
Hessische Landes-Hypoth.-Bank, Darmstadt . . .	1904	26144	26144	—	—	—	—	
	1905	43833	43833	—	—	—	—	
	1906	70606	63897	—	6709	—	—	
	1907	89296	64408	—	24888	—	—	
	1908	103960	62559	—	41401	—	—	
	1909	116729	64282	—	52447	—	—	

[1] Nur Hypotheken-Pfandbriefe. Die Bank gibt keine Kommunal-Obligationen aus.

Tabelle 6. Obligationen-Umlauf der deutschen Hypothekenbanken, nach dem Zinsfuß geordnet. (Fortsetzung.)

Name der Bank	Jahr	Pfandbrief- u. Kommunal-Obligationen-Umlauf: Zusammen (1000 Mk.)	Davon verzinslich zu 3½ %	3¾ %	4 %	4½ %	5 %	Bemerkungen
Hypotheken-Bank in Hamburg, Hamburg . . .	1904	410128	153633	—	256495	—	—	[1]
	1905	435064	151569	—	283495	—	—	
	1906	448344	146892	—	301452	—	—	
	1907	462058	139464	—	322594	—	—	
	1908	478897	134686	—	344211	—	—	
	1909	499107	128244	—	370862	—	—	
Landwirtsch. Kredit-Bank, Frankfurt a. M. . . .	1904	3812	—	—	3812	—	—	[1]
	1905	3885	—	—	3885	—	—	
	1906	8153	—	—	8153	—	—	
	1907	4610	—	—	4599	11	—	
	1908	3759	—	—	3662	97	—	
	1909	3352	—	—	3270	82	—	
Leipziger Hypoth.-Bank, Leipzig .	1904	115344	29631	—	85713	—	—	[1]
	1905	130480	24141	4381	101958	—	—	
	1906	136525	33028	4763	98734	—	—	
	1907	140395	32010	4574	103811	—	—	
	1908	154795	31653	4439	118703	—	—	
	1909	162677	31019	4490	127168	—	—	
Mecklenburgische Hypotheken- u. Wechsel-Bank, Schwerin i. M. .	1904	98688	35563	5000	57000	1125	—	[1]
	1905	109907	33809	6500	68495	1103	—	
	1906	115002	31427	7000	75495	1080	—	
	1907	113036	29485	7000	75495	1056	—	
	1908	116587	28561	7000	79905	1031	—	
	1909	128636	27288	5500	94844	1004	—	
Mecklbg.-Strelitzsche Hypothek.-Bank, Neustrelitz	1904	14706	3457	—	11249	—	—	[1]
	1905	12205	3099	—	9105	—	—	
	1906	11721	3015	—	8706	—	—	
	1907	9574	2765	—	6810	—	—	
	1908	8228	2403	—	5825	—	—	Ferner Grundrentenbriefe:
	1909	8129	2346	—	5782	—	—	
Mitteldeutsche Boden-Kredit-Anstalt, Greiz . .	1904	36090	2790	—	33300	—	—	18879 (fast ausschließlich 4%)
	1905	41039	2678	—	38361	—	—	19521
	1906	42260	2498	—	39762	—	—	19049
	1907	40656	2352	—	38304	—	—	18464
	1908	41056	2249	—	38807	—	—	19057
	1909	45961	2168	—	43793	—	—	23488
Norddtsch. Grund-Kredit-Bank Weimar	1904	61164	12803	378	47983	—	—	[1]
	1905	69357	12316	1755	55286	—	—	
	1906	71741	11664	2093	57984	—	—	
	1907	70590	11080	1914	57596	—	—	
	1908	74279	10766	1943	61570	—	—	
	1909	80393	10386	1988	68019	—	—	
Pfälzische Hypotheken-Bank, Ludwigshafen a. Rh.	1904	309783	243872	—	65911	—	—	
	1905	329319	264064	—	65255	—	—	
	1906	343783	275725	—	68058	—	—	
	1907	358191	275129	—	83062	—	—	
	1908	379417	268588	—	110829	—	—	
	1909	397224	260927	—	136297	—	—	

[1] Nur Hypotheken-Pfandbriefe. Die Bank gibt keine Kommunal-Obligationen aus.

Tabelle 6. Obligationen-Umlauf der deutschen Hypothekenbanken, nach dem Zinsfuß geordnet. (Fortsetzung.)

Name der Bank	Jahr	Pfandbrief- u. Kommunal-Obligationen-Umlauf						Bemerkungen
		Zusammen (1000 Mk.)	Davon verzinslich zu					
			3½ %	3¾ %	4 %	4½ %	5 %	
Preußische Boden-Kredit-Aktien-Bank, Berlin . .	1904	296016	91422	24586	177535	2473	—	1
	1905	322587	88825	31195	200308	2259	—	Die 4½ % sind
	1906	336928	85149	35155	214705	1919	—	Prämienpfbr.
	1907	342482	81517	32701	226510	1754	—	ältest. Serien.
	1908	363117	78748	31746	251097	1526	—	
	1909	380783	75172	30832	273461	1318	—	
Preußische Zentr.-Bodenkredit-A.-G., Berlin . .	1904	701476	443776	—	257700	—	—	
	1905	703673	446258	—	257415	—	—	
	1906	721518	432918	—	288600	—	—	
	1907	751550	416809	—	334741	—	—	Außerdem her-
	1908	808691	407190	—	401501	—	—	abgesetzte zu:
	1909	867445	397159	—	470286	—	—	$3\frac{6}{10}$ $3\frac{1}{5}$ $2\frac{1}{5}$ %
Preußische Hyp.-Aktien-Bank, Berlin	1904	269683	53088	—	211561	1160	—	392 2477 1006
	1905	286199	49588	—	231661	1160	—	392 2422 976
	1906	286832	46088	—	235917	1160	—	392 2359 917
	1907	283629	43488	—	235451	1160	—	392 2271 867
	1908	303798	41688	—	257517	1160	—	392 2195 846
	1909	327681	41688	—	281986	1112	—	375 1761 759
								Außerd. Kleinbahn-Obl. 4 % 3½ %
Preußische Pfandbrief-Bank, Berlin	1904	221140	79098	23290	118752	—	—	5996 505
	1905	259406	82739	32069	144598	—	—	6089 436
	1906	284030	81227	39082	163721	—	—	6158 367
	1907	299190	77427	37597	184166	—	—	5669 356
	1908	319433	74149	36249	209035	—	—	5669 356
	1909	348959	70587	34494	243878	—	—	5599 356
Rheinische Hypotheken-Bank, Mannheim . . .	1904	387662	257512	—	130150	—	—	
	1905	408449	270589	—	137860	—	—	
	1906	423079	272759	—	150320	—	—	
	1907	443809	269082	—	174727	—	—	
	1908	477746	266516	—	211230	—	—	
	1909	503186	260305	—	242881	—	—	
Rhein.-Westfäl.-Bod.-Kred.-Bank, Köln a. Rh. . .	1904	178391	37783	—	140658	—	—	1
	1905	196455	38030	—	158425	—	—	
	1906	200936	36617	—	164319	—	—	
	1907	202147	35274	—	166873	—	—	
	1908	212883	33832	—	179051	—	—	
	1909	230439	32643	—	197796	—	—	
Sächsische Bodenkreditanstalt, Dresden	1904	105127	49372	17429	38326	—	—	1
	1905	117159	50812	24217	42130	—	—	
	1906	122907	50851	27603	44453	—	—	
	1907	129347	50172	26342	52893	—	—	
	1908	140176	50930	25420	63826	—	—	
	1909	150262	49878	24800	75584	—	—	

[1] Nur Hypotheken-Pfandbriefe. Die Bank gibt keine Kommunal-Obligationen aus.

Tabelle 6. Obligationen-Umlauf der deutschen Hypothekenbanken, nach dem Zinsfuß geordnet. (Fortsetzung.)

Name der Bank	Jahr	Pfandbrief- u. Kommunal-Obligationen-Umlauf: Zusammen (1000 Mk.)	Davon verzinslich zu 3½ %	3¾ %	4 %	4½ %	5 %	Bemerkungen
Schlesische Boden-Kred.-Akt.-Bank, Breslau	1904	316650	94280	12782	209588	—	—	
	1905	341584	94770	14448	232366	—	—	
	1906	369956	96767	14617	258572	—	—	
	1907	386779	96505	14617	275657	—	—	
	1908	404688	95430	14617	294641	—	—	
	1909	426132	92582	15000	318550	—	—	
Schwarzburg. Hypothekenbank, Sondershausen	1904	29800	1760	—	28040	—	—	[1]
	1905	37963	1702	712	35549	—	—	
	1906	43741	1619	964	41158	—	—	
	1907	45048	1558	891	42599	—	—	
	1908	48753	1500	875	46378	—	—	
	1909	54085	1401	823	51861	—	—	
Süddeutsche Bod.-Kreditbank, München	1904	401003	345728	—	55275	—	—	[1]
	1905	410508	356135	—	54373	—	—	
	1906	422654	365040	—	57614	—	—	
	1907	435739	358498	—	77241	—	—	
	1908	448247	349372	—	98875	—	—	
	1909	462303	338689	—	123614	—	—	
Vereinsbank, Nürnberg	1904	251390	188380	—	63010	—	—	[1]
	1905	255292	199474	—	55818	—	—	
	1906	265083	204467	—	60616	—	—	
	1907	273118	197209	—	75909	—	—	
	1908	288050	191194	—	96856	—	—	
	1909	298500	184614	—	113886	—	—	
Westdeutsche Bodenkreditanst. Köln a. Rh.	1904	77107	27407	—	49701	—	—	[1]
	1905	88339	27765	—	60574	—	—	
	1906	92714	26603	—	66111	—	—	
	1907	93143	25472	—	67671	—	—	
	1908	98103	24820	—	73283	—	—	
	1909	104261	24011	—	80250	—	—	
Württemberg. Hypothekenbank	1904	152351	119228	—	33123	—	—	[1]
	1905	154882	125505	—	29377	—	—	
	1906	153912	125844	—	28068	—	—	
	1907	160339	122661	—	38178	—	—	
	1908	168590	119231	—	49359	—	—	
	1909	172420	114959	—	57461	—	—	
Württemberg. Vereinsbank	1904	24172	12946	—	11226	—	—	[1]
	1905	26112	14471	—	11641	—	—	
	1906	28738	15019	—	13719	—	—	
	1907	31843	14123	—	17720	—	—	
	1908	34555	13300	—	21255	—	—	
	1909	37769	12576	—	25193	—	—	
Grundkredit-Bank, Königsberg i. Pr.	1904	3619	200	—	3419	—	—	[1]
	1905	3974	175	—	3799	—	—	
	1906	4636	132	—	4504	—	—	
	1907	4720	126	—	4594	—	—	
	1908	4729	122	—	4607	—	—	
	1909	5264	119	—	5145	—	—	

[1] Nur Hypotheken-Pfandbriefe. Die Bank gibt keine Kommunal-Obligationen aus.

Tabelle 7.

Gesamtumlauf von Pfandbriefen und Kommunal-Obligationen der Hypothekenbanken[1].

Ende des Jahres	Umlauf													
	Zusammen (in 1000 Mk.)	Davon verzinslich zu												
		weniger als $3^1/_2$ %		$3^1/_2$ und $3^3/_5$ %		$3^3/_4$ %		4 %		$4^1/_2$ %		5 %		Durchschn.-Verzinsung %
		1000 Mk.	%	1000 Mk.	%	1000 Mk.	%	1000 Mk.	%	1000 Mk.	%	1000 Mk.	%	
1904	7 874 805	4557	0,06	4 190 632	53,21	99 932	1,27	3 573 848	45,38	4 759	0,06	1076	0,02	3,73
1905	8 399 033	4310	0,05	4 340 128	51,68	144 268	1,72	3 904 804	46,49	4 523	0,05	1000	0,01	3,74
1906	8 761 969	4071	0,05	4 401 235	50,23	164 817	1,88	4 186 780	47,78	4 159	0,05	907	0,01	3,74
1907	9 049 303	3873	0,04	4 299 676	47,52	157 882	1,74	4 570 405	50,51	16 628	0,18	839	0,01	3,76
1908	9 590 089	3703	0,04	4 190 522	43,70	155 792	1,63	5 195 922	54,18	43 386	0,44	764	0,01	3,78
1909	10 159 835	3143	0,03	4 075 692	40,12	149 723	1,47	5 887 613	57,95	42 953	0,42	711	0,01	3,80

[1] Die Ziffern sind „Schulte, Die deutschen Bodenkreditinstitute 1900—1909“ entnommen.

Tabelle 8.

Die Emissionen in Deutschland[1].

	I. Sem. 1905		II. Sem. 1905		I. Sem. 1906		II. Sem. 1906		I. Sem. 1907	
	Nom.-Betrag	Kurswert	Nom.-Betrag	Kurswert	Nom.-Betrag	Kurswert	Nom.-Betrag	Kurswert	Nom.-Betrag	Kurswert
	Mk.	Mk.	Mk.	Mk.	Mk.	Mk.	Mk.	Mk.	Mk.	Mk.
Deutsche Staatsanleihen . . .	454,—	454,68	—	—	628,—	627,90	40,—	41,07	546,—	541,06
Ausländische Staatsanleihen .	519,71	492,34	204,50	184,05	150,68	145,11	18,34	18,50	51,11	49,83
Stadt- und Provinz-Anleihen .	316,86	314,30	104.80	104,06	284,57	282,16	146,66	147,63	320,17	319,94
Deutsche Hyp.-Bank-Obligat. .	348,68	348,68	164,34	164,34	250,36	250,36	109,38	109,38	191,94	191,94
Ausländ. Hyp.-Bank-Obligat. .	—	—	5,62	5,12	6,75	6,77	—	—	—	—
Sonstige Obligationen	206,63	205,40	126,52	125,91	218,57	217,24	39,50	40,05	117,35	118,28
Bank-Aktien	79,05	106,52	72,94	96,92	127,85	183.38	78,39	106,39	72,16	94,82
Eisen- und Straßenbahn-Aktien	2,10	4,41	4,70	6,65	23,10	27,01	14,—	15,45	2,61	3,67
Industrie-Aktien	183,51	277,14	143,79	215,68	231,15	334,26	209,59	290,02	146,39	210,95
	2110,54	2203,56	826,91	902,93	1921,03	2074,13	656,34	768,49	1447,73	1530,49

	II. Sem. 1907		I. Sem. 1908		II. Sem. 1908		I. Sem. 1909		II. Sem. 1909	
	Nom.-Betrag	Kurswert	Nom.-Betrag	Kurswert	Nom.-Betrag	Kurswert	Nom.-Betrag	Kurswert	Nom.-Betrag	Kurswert
	Mk.	Mk.	Mk.	Mk.	Mk.	Mk.	Mk.	Mk.	Mk.	Mk.
Deutsche Staatsanleihen . . .	—	—	1069,—	1060,64	18,78	18,88	1011,—	1008,29	58,10	58,37
Ausländische Staatsanleihen .	—	—	37,80	37,23	66,10	61,23	121,49	115,77	66,72	66,79
Stadt- und Provinz-Anleihen .	185,40	176,72	433,95	425,90	182,28	180,53	412,83	416,62	115,05	116,20
Deutsche Hyp.-Bank-Obligat. .	95,30	95,30	242,32	242,32	295,17	295,17	357,94	357,94	211,—	211,—
Ausländ. Hyp.-Bank-Obligat. .	—	—	2,—	1,98	—	—	20,69	20,21	26,93	25.63
Sonstige Obligationen	55,49	54,88	248,69	238,19	167,27	163,96	190,50	184,22	148,27	144,97
Bank-Aktien	9,80	12,49	31,81	51,71	18,—	23,52	37,52	42,50	79,27	102,88
Eisen- und Straßenbahn-Aktien	1,—	1,03	20,—	19,82	6,57	8,52	—	—	15,—	18,60
Industrie-Aktien	18,27	29,25	134,97	181,53	115,93	145,13	120,98	169,70	114,48	152,72
	365,26	369,67	2220,54	2259,32	870,10	897,39	2272,95	2315,25	835,49	897,16

[1] Nach den Zusammenstellungen im Handelsblatt der „Frankfurter Zeitung“.

Tabelle 9. **Zunahme des Obligationen-Umlaufes und der Durchschnittsverzinsung.**

	Obligationen-Umlauf				Obligationenverzinsung (in Prozenten)		
	Mill. Mk.		Zunahme				
	1904	1909	Mill. Mk.	%	1904	1909	Zunahme
1. Zunahme über 75%:							
Hessische Landes-Hypothekenbank .	26,1	116,7	90,6	**350,00**	3,50	3,69	**0,19**
Schwarzburgische Hypothekenbank .	29,8	54,9	25,1	**84,23**	3,97	3,99	**0,02**
Hannoversche Bodenkreditbank. . .	26,7	47,9	21,2	**77,78**	3,95	3,98	**0,03**
2. Zunahme 40—75%:							
Berliner Hypothekenbank	126,3	201,3	75,0	**59,52**	3,94	4,02	**0,08**
Preußische Pfandbriefbank	221,1	349,0	127,9	**57,92**	3,79	3,87	**0,08**
Deutsche Hypothekenbank, Berlin .	155,8	243,3	87,5	**55,77**	3,95	3,99	**0,04**
Deutsche Grundkreditbank	184,9	284,4	99,5	**53,51**	3,79	3,90	**0,11**
Württembergische Vereinsbank. . .	24,2	37,8	13,6	**56,20**	3,73	3,83	**0,10**
Bayerische Handelsbank	215,5	314,0	98,5	**45,83**	3,65	3,76	**0,11**
Frankf. Hypotheken-Kreditverein . .	227,8	330,2	102,4	**44,93**	3,93	3,94	**0,01**
Sächsische Bodenkreditanstalt . . .	105,1	150,3	45,2	**42,86**	3,69	3,82	**0,13**
Leipziger Hypothekenbank	115,3	162,7	47,4	**40,87**	3,90	3,93	**0,03**
3. Zunahme 20—40%:							
Westdeutsche Bodenkreditbank. . .	77,1	104,3	27,2	**35,06**	3,82	3,88	**0,06**
Schlesische Bodenkreditbank	316,7	426,1	109,4	**34,39**	3,84	3,89	**0,05**
Rhein.-Westfäl. Bodenkreditbank . .	178,4	230,4	52,0	**29,22**	3,91	3,95	**0,04**
Norddeutsche Grundkreditbank . . .	61,2	80,4	19,2	**31,15**	3,89	3,93	**0,04**
Mecklenb. Hypoth.- und Wechselbank	98,7	128,7	30,0	**30,30**	3,82	3,92	**0,04**
Rheinische Hypothekenbank	387,7	503,2	115,5	**29,90**	3,67	3,72	**0,05**
Preuß. Bodenkredit-Aktienbank. . .	296,0	380,8	84,8	**28,71**	3,83	3,85	**0,02**
Pfälzische Hypothekenbank	309,8	397,2	87,4	**28,06**	3,58	3,67	**0,09**
Mitteldeutsche Bodenkreditanstalt .	36,1	46,0	9,9	**27,78**	3,96	4,00	**0,04**
Bayerische Vereinsbank	329,9	417,4	87,5	**26,36**	3,62	3,68	**0,06**
Frankfurter Hypothekenbank	382,2	475,2	93,0	**24,34**	3,76	3,79	**0,03**
Preuß. Zentral-Bodenkredit-A.-G. . .	701,5	867,4	165,9	**23,68**	3,69	3,77	**0,08**
Deutsche Hypothekenbank Meiningen	413,4	508,0	94,6	**23,00**	3,82	3,87	**0,05**
A.-G. für Boden- u. Kommunalkredit	141,1	173,5	32,4	**22,70**	3,54	3,57	**0,03**
Hypothekenbank in Hamburg . . .	410,1	499,1	89,0	**21,70**	3,81	3,89	**0,07**
Preuß. Hypotheken- u. Aktienbank .	269,7	327,7	58,0	**21,48**	3,85	3,90	**0,05**
4. Zunahme unter 20%:							
Vereinsbank in Nürnberg	251,4	298,5	47,1	**18,72**	3,63	3,69	**0,06**
Braunschw.-Hann. Hypothekenbank.	156,2	184,9	28,7	**18,58**	3,72	3,76	**0,04**
Bayerische Hyp.- u. Wechselbank .	885,2	1020,8	135,6	**17,63**	3,58	3,64	**0,06**
Bayerische Bodenkreditanstalt . . .	117,8	136,8	19,0	**16,10**	3,82	3,82	—
Süddeutsche Bodenkreditbank . . .	401,0	462,3	61,3	**15,21**	3,57	3,64	0.07
Württembergische Hypothekenbank.	152,2	172,4	20,0	**13,16**	3,61	3,66	**0,05**
Sämtliche Banken	7874,8	10159,8	2285,0	**29.00**	3,73	3,80	**0,07**

Tabelle 10. **Zinsfuß für Hypotheken in Berlin.**

(Nach den Gesch.-Berichten des Vereins Berliner Grundstücks- und Hypotheken-Makler.)

	1905	1906	1907	1908	1909
	%	%	%	%	%
Erstklass. feinste Hypotheken	3 5/8–7/8	3 3/4–7/8–4	4–4 1/4	4 1/4–4 1/8	4 1/4–4 1/8
Bank- u. Vers.-Gelder (Institutsgelder)	4–4 1/8–4 1/4	4 1/8–4 1/2	4 1/8–4 3/4	4 1/2–4 1/8	4 1/4–1/8–1/4–3/8
Vororts-Hypotheken	4 1/4–4 5/8	4 1/4–4 5/8	4 1/4–5	4 3/4–5–4 3/8	4 1/2–4 3/8–4 1/2
Baugelder	4 1/2–5 1/2	5–6 1/2	5–7	6 1/2–5	5–6
Zweitstellige Hypotheken . .	4 3/4–5 1/2	4 3/4–5 1/2	5–6	5 1/2–6–5	5–6
Abschluß-Prov. f. Instit.-Gelder	1/2–1 1/2	1/2–1 1/2	1/2–2	2 1/2–1 1/2	1 1/2–2 1/2

Tabelle 11. **Besonders bemerkens-**

	2./1. 1905	30./12. 1905	26./10. 1906	31./12. 1906
$3^1/_2$ % Pfandbriefe.				
Durchschnitt lt. graphischer Darstellung . . .	96,78	96,53	95,31	95,22
A.-G. f. Boden- u. Kommunalkredit-Pfandbriefe [1]	100,—	100,—	99,—	98,—
Bayerische Handelsbank-Pfandbriefe [2]	98,90	98,40	96,70	96,90
Bayerische Hyp.- u. Wechselbank-Pfandbriefe [2]	99,20	98,50	96,70	96,90
Bayerische Vereinsbank-Pfandbriefe [2]	99,—	98,40	96,80	97,—
Hessische Landes-Hypothekenbank-Pfandbriefe	99,80	99,40	97,70	97,30
Leipziger Hypothekenbank-Pfandbriefe, Ser. III	98,20	97,80	97,40	96,60
Leipz. Hypothekenbank-Pfandbr., neueste Ser.	—	97.80	97,—	96,60
Preuß. Zentral-Bodenkredit-Pfandbriefe	96,60	97,50	96,10	96,—
Sächs. Bodenkredit-Pfandbriefe, Serie II . . .	99,50	99,—	97,50	97,—
Sächs. Bodenkredit-Pfandbriefe, neueste Serie	—	—	—	—
Süddeutsche Bodenkredit-Pfandbriefe [2]	98,80	98,40	96,80	96,90
4 % Pfandbriefe.				
Durchschnitt lt. graphischer Darstellung . . .	102,27	102,28	101,30	101,06
A.-G. f. Boden- u. Kommunalkredit-Pfandbriefe [1]	101,—	101,—	101,—	101,—
Bayerische Handelsbank-Pfandbriefe [2]	103,20	102,—	102,10	102,10
Bayerische Hyp.- u. Wechselbank-Pfandbriefe [2]	104,10	103,70	102,70	102,40
Bayerische Vereinsbank-Pfandbriefe [2]	103,30	102,30	101,60	101,70
Hessische Landes-Hypothekenbank-Pfandbriefe	—	—	—	—
Leipziger Hyp.-Bank-Pfandbriefe, Serie VIII .	103,—	102,90	102,10	101,40
Leipziger Hyp.-Bank-Pfandbriefe, neueste Serie	102,70	103,—	102,30	101,90
Preuß. Zentral-Bodenkredit-Pfandbriefe	103,75	103,60	101,40	101,—
Sächs. Bodenkredit-Pfandbriefe, Serie III . .	103,60	103,—	102,30	102,—
Sächs. Bodenkredit-Pfandbriefe, neueste Serie	103,—	103,—	102,20	102,—
Süddeutsche Bodenkredit-Pfandbriefe [2]	101,90	101,10	101,10	101,—

Tabelle 12. **Kurse alter und neuer**

	2./1. 1905	31./12. 1905	26./10. 1906	31./12. 1906
4 % Pfandbriefe.				
Braunschw.-Hann. Hypothekenbank 17—18 . .	101,—	101,—	100,40	100,30
„ „ „ neueste Ser.	102,25	102,75	102,25	102,—
Differenz	1,25	1,75	1,85	1,70
Deutsche Hypothekenbank Berlin 7	100,40	100,50	100,—	100,—
„ „ „ neueste Ser.	102,30	103,	101,50	101,50
Differenz	1,90	2,50	1,50	1,50
Hamburger Hypothekenbank 141—340	100,50	100,20	100,25	100,25
„ „ neueste Serie . .	103,—	103,—	101,50	101,—
Differenz	2,50	2,80	1,25	0,75

[1] In Straßburg. [2] In München.

werte Kurse.

22./3. 1907	16./8. 1907	18./10. 1907	31./12. 1907	8./5. 1908	23./10. 1908	31./12. 1908	12./2. 1909	19./3. 1909	5./11. 1909	31./12. 1909
94,46	91,77	91,42	90,71	90,36	90,41	92,40	94,60	94,10	92,16	92,31
97,—	95,—	95,—	95,—	95,—	95,—	95,—	95,—	96,—	95,—	95,—
95,—	92,40	93,—	92,—	90,40	91,—	92,60	96,50	93,40	92,70	93,30
95,40	92,60	93,60	92,20	91,75	92,—	93,90	96,90	93,90	93,20	94,50
95,20	92,50	93,20	92,—	90,50	91,20	93,—	96,80	93,60	92,80	93,10
95,60	92,95	92,20	91,90	91,40	91,—	92,—	94,25	94,90	93,10	92,80
96,30	93,10	92,80	92,—	91,—	91,—	93,75	94,75	94,90	92,80	92,50
96,—	93,25	92,60	92,—	90,90	91,—	93,75	94,75	94,90	92,80	92,50
95,80	91,75	92,50	92,—	90,80	90,70	92,30	94,60	94,—	91,60	91,80
96,50	93,25	92,75	92,—	91,—	91,50	93,—	94,90	95,30	93,—	93,25
—	—	—	—	—	—	—	—	—	—	—
95,20	92,50	93,30	92,—	90,30	91,10	92,80	96,20	93,70	92,80	93,60
100,55	98,88	98,44	97,90	97,86	98,07	99,96	101,02	100,94	100,32	100,33
101,—	101,—	100,50	100,50	100,50	100,50	101,—	102,—	102,50	102,—	102,—
101,90	100,30	100,20	100,20	99,80	99,80	100,30	102,20	101,80	101,50	101,50
101,40	100,20	100,20	100,20	100,—	100,50	100,30	102,50	101,40	101,50	101,50
101,30	100,20	100,20	100,20	99,70	99,80	100,30	102,10	101,70	101,40	101,30
—	99,90	100,—	99,90	99,50	100,10	100,30	102,—	101,80	100,60	101,40
101,30	99,40	99,25	98,75	98,50	98,70	100,50	101,50	101,50	101,—	100,90
101,20	99,50	98,90	98,10	98,—	98,25	99,75	100,60	100,80	100,—	99,90
100,70	99,—	98,50	98,10	98,10	98,40	100,20	101,60	100,80	100,50	100,60
101,70	100,—	100,—	99,—	98,50	98,80	100,—	101.40	101,40	—	99,50
101,50	99,50	99,50	99,—	98,50	98,75	100,—	101,—	101,50	100,—	100,—
101.40	100,—	99,80	100,—	99,70	99,70	100,30	102,—	101,60	101,50	101,30

Serien derselben Institute.

23./3. 1907	16./8. 1907	18./10. 1907	31./12. 1907	8./5. 1908	23./10. 1908	31./12. 1908	12./2. 1909	19./3. 1909	5./11. 1909	31./12. 1909
99,25	96,60	97,50	97,50	97,30	97,30	99,25	100,—	100,—	99,75	99,75
101,25	99,—	98,75	98,75	98,—	98,—	100,40	101,—	101,25	101,10	101,—
2,—	2,40	1,25	1,25	0,70	0,70	1,15	1,—	1,25	1,35	1,25
99,25	97,75	97,50	96,70	96,25	97,—	98,75	99,75	99,70	99,60	99,50
100,80	99,—	98,50	98,—	98,—	98,25	100,25	101,25	101,25	101,—	101,—
1,55	1,25	1,—	1,30	1,75	1,25	1,50	1,50	1,55	1,40	1,50
99,50	98,—	97,25	96,50	96,50	97,—	99,—	100,—	100,—	99,50	99,50
100,50	99,25	98,50	98,—	98,50	98,50	100,50	101,25	101,25	101,—	101,—
1,—	0,75	1,25	1,50	2,—	1,50	1,50	1,25	1,25	1,50	1,50

Tabelle 12. Kurse alter und neuer Serien derselben Institute. (Fortsetzung.)

	2./1. 1905	31./12. 1905	26./10. 1906	31./12. 1906
Meininger Hypothekenbank II	100,60	100,40	100,—	100,—
„ „ neueste Serie . . .	102,90	103,—	102,—	101,40
Differenz	2,30	2,60	2,—	1,40
Norddeutsche Grundkreditbank 3—5	100,—	100,—	100,—	100,—
„ „ neueste Serie .	102,—	102,75	101,25	101,20
Differenz	2,—	2,75	1,25	1,20
Preußische Bodenkreditbank 13—14	100,30	100,25	100,—	100,—
„ „ neueste Serie . .	102,50	103,—	101,50	101,50
Differenz	2,20	2,75	1,50	1,50
Preuß. Zentr.-Bod.-Kreditbank v. 1890	101,—	100,50	100,10	100,10
„ „ „ „ neueste Ser.	103,70	103,60	102,—	102,—
Differenz	2,70	3,10	1,90	1,90
$3^1/_2$ % Pfandbriefe.				
Braunschw.-Hann. Hyp.-Bank 1, 10, 11	96,75	96,50	95,50	95,10
„ „ „ 2—9, 12—15, 19	95,50	95,60	94,30	94,25
„ „ „ neueste Serie .	96,—	95,75	94,50	94,50
Differenz neueste gegen älteste .	**0,75**	**0,75**	**1,—**	**0,60**
„ „ „ mittlere	0,50	0,15	0,20	0,25
Gothaer Grundkreditbank 5	96,30	97,30	95,80	95,60
„ „ neueste Serie . .	97,50	97,80	96,25	96,20
Differenz	1,20	0,50	0,45	0,60
Hamburger Hypothekenbank 1—140	95,—	94,80	93,75	94,—
„ „ neueste Serie . .	96,50	96,50	95,—	95,—
Differenz	1,50	1,70	1,25	1,—
Meininger Hypothekenbank konv.	96,50	97,—	95,—	94,50
„ „ neueste Serie . .	99,—	97,60	96,—	96,—
Differenz	2,50	0,60	1,—	1,50
Norddeutsche Grundkreditbank 7.	94,80	94,50	94,—	94,—
„ „ neueste Serie	97,—	96,75	96,—	96,—
Differenz	2,20	2,25	2,—	2,—
Preußische Bodenkreditbank 9	95,10	95,40	94,—	94,—
„ „ neueste Serie .	95,—	94,70	93,90	94,—
Differenz	**0,10**	**0,70**	**0,10**	—
Preuß. Zentral-Bodenkreditbank v. 86, 89 u. 94	96,—	96,—	94,—	94,—
„ „ „ neueste Serie	96,50	97,50	96,10	96,—
Differenz	0,50	1,50	2,10	2,—

23./3. 1907	16./8. 1907	18./10. 1907	31./12. 1907	8./5. 1908	23./10. 1908	31./12. 1908	12./2. 1909	19./3. 1909	5./11. 1909	31./12. 1909
100,—	98,—	98,—	97,10	97,—	97,10	99,—	100,—	100,—	99,70	99,80
101,—	99,50	99,—	98,20	98,40	98,50	100,40	101,50	101,20	101,—	101,—
1,—	1,50	1,—	1,10	1,40	1,40	1,40	1,50	1,20	1,30	1,20
99,50	97,25	97,—	96,40	96,—	96,75	98,20	99,60	99,50	99,—	99,25
100,25	98,80	98,25	97,75	97,90	98,20	100,—	101,—	101,—	101,—	101,—
0,75	1,55	1,25	1,35	1,90	1,45	1,80	1,40	1,50	2,—	1,75
99,75	97,70	97,40	96,90	96,60	97,—	99,10	100,25	100,—	99,50	99,50
100,50	99,25	98,50	98,—	98,50	98,75	100,75	101,25	101,50	101,—	101,—
0,75	1,45	1,10	1,10	1,90	1,75	1,65	1,—	1,50	1,50	1,50
99,70	97,50	97,50	97,10	97,—	97,40	99,30	100,60	100,—	99,75	99,80
100,70	99,50	99,50	98,70	98,—	98,40	100,20	101,60	100,80	100,80	101,—
1,—	2,—	2,—	1,60	1,—	1,—	0,90	1,—	0,80	1,05	1,20
94,75	93,75	93,60	93,60	93,40	93,40	94,—	95,50	95,50	95,50	95,50
92,90	90,30	90,50	90,40	90,25	90,—	92,—	93,50	93,50	92,60	92,75
94,—	90,—	90,—	90,—	90,—	90,—	92,—	93,50	93,50	93,30	92,50
0,75	**3,75**	**3,60**	**3,60**	**3,40**	**3,40**	**2,—**	**2,—**	**2,—**	**2,20**	**3,—**
1,10	**0,30**	**0,50**	**0,30**	**0,25**	—	—	—	—	0,70	**0,25**
95,—	91,40	91,—	90,75	90,—	90,60	93,—	94,75	94,—	92,50	92,70
95,80	93,60	92,50	92,—	91,—	91,60	92,75	94,75	94,75	92,75	92,70
0,80	2,20	1,50	1,75	1,—	1,—	**0,25**	—	0,75	0,25	—
93,25	91,—	90,50	89,50	90,—	90,—	92,—	94,—	94,—	91,50	91,50
94,50	92,50	91,50	90,25	90,25	90,25	92,—	94,50	94,—	91,50	91,50
1,25	1,50	1,—	0,75	0,25	0,25	—	0,50	—	—	—
93,70	91,70	90,60	90,—	90,50	90,60	93,—	94,50	94,50	92,—	91,50
94,80	92,50	91,50	91,—	91,30	91,30	93,30	95,—	95,20	93,—	92,80
1,10	0,80	0,90	1,—	0,80	0,70	0,30	0,50	0,70	1,—	1,30
93,30	92,—	90,75	89,75	89,25	89,25	91,25	93,50	94,—	92,10	91,50
95,25	93,25	92,50	92,—	92,—	92,—	92,—	94,—	95,—	93,30	92,50
1,95	1,25	1,75	2,25	2,75	2,75	0,75	0,50	1,—	1,20	1,—
93,10	90,40	90,10	90,—	89,50	89,50	92,—	94,10	94,10	91,60	91,60
93,10	90,40	90,10	90,—	89,50	89,50	92,—	94,10	94,10	91,60	91,60
—	—	—	—	—	—	—	—	—	—	—
92,90	90,70	91,50	90,40	89,60	90,40	92,40	94,—	93,70	90,80	91,10
95,80	91,75	92,50	92,—	90,50	91,20	92,30	94,60	94,—	91,60	91,80
2,90	1,05	1,—	1,60	0,90	0,80	**0,10**	0,60	0,30	0,80	0,70

Tabelle 13.

Monats-Durchschnitt des Berliner Privat-Diskonts.

	Jan.	Febr.	März	April	Mai	Juni	Juli	Aug.	Sept.	Okt.	Nov.	Dez.	Ganzes Jahr
1905	2,56	1,91	2,21	1,93	2,30	2,32	2,12	2,22	2,99	3,98	4,62	4,94	2,84
1906	3,83	3,35	4,01	3,45	3,38	3,66	3,49	3,43	4,23	4,82	5,27	5,50	4,04
1907	4,89	4,66	5,40	4,69	4,44	4,67	4,45	4,61	5,07	4,90	6,61	7,03	5,12
1908	5,02	4,47	4,48	4,12	3,90	3,35	2,77	2,82	3,14	2,78	2,54	2,93	3,52
1909	2,24	2,16	2,61	1,98	2,33	2,91	2,25	2,11	3,07	3,84	4,46	4,35	2,87

Tabelle 14.

Diskont-Sätze in Berlin, London und Paris.

	Jahres-Durchschnitt						
	1904	1905	1906	1907	1908	1909	1910
Berlin. Reichsbankdiskont	4,22	3,82	5,15	6,03	4,76	3,93	4,35
„ Offener Markt	3,14	2,85	4,04	5,12	3,52	2,87	3,54
London. Bank von England	3,30	3,01	2,27	4,93	3,01	3,10	3,72
„ Offener Markt	2,70	2,66	4,05	4,53	2,31	2,31	3,18
Paris. Bank von Frankreich	3,—	3,—	3,—	3,46	3,04	3,—	3,—
„ Offener Markt	2,19	2,10	2,72	3,40	2,25	1,79	2,44

Kolibri 360 GmbH
Ferdinand-Jühlke-Straße 7
99095 Erfurt, Deutschland
produktsicherheit@kolibri360.de

Druck:
CPI Druckdienstleistungen GmbH
im Auftrag der
Kolibri 360 GmbH
Ferdinand-Jühlke-Str. 7
99095 Erfurt